Klassische Reisen

Erich von Drygalski

Zum Kontinent des eisigen Südens

Herausgegeben
und mit einem Nachwort versehen
von Hans-Peter Weinhold

VEB F. A. Brockhaus Verlag Leipzig

Bildnachweis

Die Negative für die Textabbildungen stellte freundlicherweise
das Institut für Geographie und Geoökologie der AdW in Leipzig
aus seinem Archiv zur Verfügung.

ISBN 3-325-00227-7

1. Auflage
© *VEB F.A. Brockhaus Verlag Leipzig, DDR, 1989*
Mit freundlicher Genehmigung des Verlages
Walter de Gruyter & Co., Berlin (West)
Lizenz-Nr. 455/150/8/89   LSV 5009
Lektor: Rüdiger Thomas
Buchgestaltung: Hans-Jörg Sittauer
Gesamtherstellung: Grafische Werke Zwickau
Printed in the German Democratic Republic
Redaktionsschluß: 1. 3. 1989
Bestell-Nr. 587 205 6
01350

Inhalt

Die Entstehung der Expedition

Der Gedanke an eine deutsche Südpolarexpedition hatte schon in den 8oer Jahren des vorigen Jahrhunderts manchen kühnen Plan entstehen lassen. Den eigentlichen Beginn solcher Bemühungen kann man im Bremer Geographentag 1894 sehen, auf dem ich, in Gemeinschaft mit Ernst Vanhöffen, der die biologische Seite der Frage vertrat, über die Bedeutung der Südpolarforschung sprach. Im Resultat dessen wurde eine »Deutsche Kommission für die Südpolarforschung« gebildet, welche die Möglichkeit einer deutschen Expedition in das Südpolargebiet zu erwägen und eine solche gegebenenfalls in die Wege zu leiten hätte. Der Direktor der Deutschen Seewarte, G. von Neumayer, wurde zum ersten Vorsitzenden gewählt. Die Kommission tagte zwischen 1895 und 1898 sechsmal. Die Beratungen drehten sich im wesentlichen um zwei Punkte, nämlich erstens um Art und Umfang der auszusendenden Expedition, zweitens um die Beschaffung der Geldmittel. Beide Punkte hingen natürlich eng zusammen: Denn allein die Klärung des ersten Punktes konnte die erforderliche Grundlage, nämlich Kostenanschläge, für die Förderung des zweiten bieten. Über den ersten Punkt aber bestanden von vornherein zwei Ansichten: G. von Neumayer hielt an der Ansicht fest, daß die Expedition mit zwei Schiffen ausgeführt werden müßte, während andere, unter denen auch ich war, in dem Wunsch, überhaupt etwas zustande zu bringen, nach reiflichen Erwägungen die Überzeugung gewonnen hatten, daß sie auch mit einem Schiff durchführbar sei.

Die Feststellung, daß ein großes Interesse in allen Teilen Deutschlands bestand, daß insbesondere alle wissenschaftlichen Kreise die Verwirklichung einer Südpolarexpedition erhofften, beschleunigte die Bildung eines Aktionskomitees. Es wurden an verschiedenen Stellen zunächst kleinere Versammlungen abgehalten, um maßgebende Kreise von dem Stande der Dinge in Kenntnis zu setzen, dann große glänzende Versammlungen, um das allgemeine Interesse zu erregen. Es wurden Aufrufe erlassen und versandt, Listen ausgelegt und Sammlungen veranstaltet. Ein frisches, fröhliches Leben begann sich allerorten zu regen, unterstützt von solchen Persönlichkeiten wie Freiherr von Richthofen, Hans Meyer, P. Güßfeld und anderen. Innerhalb des Aktionskomitees trat auch zum erstenmal die Frage an mich heran, ob ich bereit sei, die Leitung der geplanten Expedition zu übernehmen. Als ich sie bejaht hatte, wurde einstimmig danach beschlossen, und ich begann meine Tätigkeit noch am gleichen Tag mit dem Entwurf und der Versendung eines kurz gefaßten Planes für eine deutsche Südpolarexpedition mit einem Schiff.

In diesen Tagen vollzog sich noch ein anderes folgenschweres Ereignis, welches für die Verwirklichung und die ganze Entwicklung der Expedition von grundlegender Bedeutung wurde, nämlich die Bekundung des Interesses an der Förderung des Unternehmens durch die Kaiserliche Marine und die sofortige Betätigung durch Graf von Baudissin, damals Chef der nautischen Abteilung des Reichsmarineamtes. Er erachtete bei dem mächtigen Aufschwung der Marine ihre aktive Beteiligung auch an wissenschaftlichen Unternehmungen zur Erforschung der Meere für geboten. Durch die Mitwirkung an solchen Unternehmungen haben große Seemächte ihre nautischen Kräfte geschult und erprobt und ihren Aufschwung begründet. Ähnliche Unterstützung wurde dem jungen Unternehmen durch Anregung und wirksame Förderung seitens des preußischen Kultusministeriums zuteil.

Nun galt es, das lebhafte Interesse in allen Kreisen und in allen Teilen des Reiches zu verstärken, sei es durch Privatsammlungen oder anderweitige Unterstützung, um die Aussichten für die Erlangung einer Reichsunterstützung günstiger zu gestalten. Ein anderer Gesichtspunkt war der, welcher Bau und Ausrüstung des Schiffes betraf. Ich wandte mich zunächst persönlich an sechs deutsche Werften mit der Bitte, hierfür Zeichnungen und weiteres Material zu liefern. Schließlich wurde im Juli 1898 nach längeren Verhandlungen eine Immediateingabe an den Kaiser von mir entworfen und von sämtlichen Mitgliedern der Kommission unterzeichnet.

Im April 1899 genehmigte der Kaiser die Durchführung der Expedition und wies an, daß die Kosten durch den Reichshaushaltsetat angefordert werden können. Durch diese Entschließung waren die Würfel gefallen, und die Organisation der Expedition konnte sogleich beginnen.

Unter den nun an erster Stelle vorzunehmenden Arbeiten standen zwei Gruppen allen anderen voran, der Bau des Schiffes und die Festlegung der Grundzüge eines Programms, nach welchem die Auswahl der Expeditionsmitglieder und die Beschaffung der Ausrüstung erfolgen konnte. Der Bau des Schiffes wurde von der Nautischen Abteilung des Reichsmarineamtes in die Hand genommen. Unter den eingegangenen Entwürfen wurden Plan und Angebot der Howaldtwerke angenommen und ist mit den Änderungen und Zusätzen, welche sich während des Baues noch ergeben haben, zur Ausführung gekommen. Im Mai 1900 wurde der Kiel gestreckt, Ende September desselben Jahres standen die Spanten und Ende 1900 war die Beplankung vollendet, so daß Anfang 1901 nach der Legung des Decks mit den inneren Einrichtungen begonnen werden konnte. Am 2. April 1901 fand der Stapellauf statt und Mitte Mai 1901 die Abnahme des Schiffes durch die dazu bestellte Kommission. Ab Anfang 1900 konnte schon der inzwischen designierte Kapitän des Südpolarschiffes, Hans Ruser, herangezogen werden mit dem Recht und der Pflicht, von allen Einzelheiten des Baues Kenntnis zu nehmen und Wünsche zur Sprache zu bringen. Ihm folgte wenige Monate später der Obermaschinist Albert Stehr zu dem gleichen Zwecke.

Der zweite Hauptpunkt der Vorbereitungen, die Festlegung der Grundzüge für die Organisation der Expedition, wurde vom Reichsamt des Innern derartig in die Wege geleitet, daß ein »Deutscher Beirat« einberufen wurde zur Beurteilung des von mir entworfenen Planes und zur eingehenden Begutachtung der einzelnen Teile desselben durch seine dafür zuständigen Mitglieder. Von besonderen Punkten kam vor allem die Route der Expedition sowie die Frage nach dem Verhältnis zwischen dem Leiter und dem Schiffsführer zur Sprache, auch wurde erörtert, ob die Expedition Hunde mitnehmen solle. Die Ergebnisse der eingegangenen Gutachten des Beirats, welche auch von Vorschlägen über die Ausrüstung begleitet waren, wurden mit einer Darlegung der sonst schon getroffenen Vorbereitungen in einer Denkschrift zusammengefaßt und dem Reichstag im Winter 1899/1900 unterbreitet. Als ein besonders wichtiges Ergebnis muß auch der Antrag bezeichnet werden, die Arbeiten der Expedition durch die

Errichtung einer erdmagnetisch-meteorologischen Basisstation auf Kerguelen zu erweitern.

Auf diesen Grundlagen begannen nun sogleich auch die Auswahl der Mitglieder der Expedition und die Beschaffung der Ausrüstung. Die ersten Instrumente astronomisch-geodätischer Art wurden schon im Juli 1899 bestellt. Damals fanden auch schon Erhebungen über die beste Art der Beschaffung von Polarhunden statt sowie Aufstellungen über die Proviant- und Bekleidungsausrüstung der Expedition. Daran reihte sich Punkt für Punkt, eine Bestellung hatte die andere zur Folge, zunächst im langsamen Tempo, dann immer schneller und schneller. Der Umfang der Arbeiten wuchs lawinenartig mit der Annäherung an die für August 1901 vorgesehene Abreise der Expedition.

Bei dieser Sachlage war es naturgemäß mein Wunsch, die Mitglieder der Expedition so frühzeitig zu wählen und zur Mitwirkung heranzuziehen, daß sie von den täglich wachsenden Aufgaben entsprechende Teile übernehmen und mit eigener Initiative ausgestalten konnten. Ab Anfang 1900 begannen sich die Gelehrten, auf den verschiedensten Arbeitsfeldern neue Kenntnisse zu holen und den Vorbereitungen auf ihrem speziellen Forschungsgebiet zu widmen. Die ersten Mannschaften traten ihren Dienst im April 1901 an, teilweise zur Mitwirkung bei dem Bau der mitzunehmenden Observatorien in Potsdam, teilweise zur Ausbildung im Präparieren von Bälgen und Skeletten, teilweise auch schon im Schiffsbau. In dem Zusammenwirken der Mitglieder bildeten sich, je näher der Termin der Abreise heranrückte, immer schärfer drei Zentren bei den vorbereitenden Arbeiten aus: In Kiel wurde die Ausrüstung des Schiffs in praktischer Hinsicht wie für seine wissenschaftlichen Zwecke betrieben, in Potsdam entstanden die Gebäude für die geplanten Stationen im Südpolargebiet selbst und auf Kerguelen nebst den dafür bestimmten Betrieben, in Berlin liefen die beiderseitigen Bestrebungen zusammen und wurden hinsichtlich der persönlichen Verhältnisse der Mitglieder wie durch die Regelung des Gesamtbetriebes ergänzt.

Der vorliegende Abschnitt über die Entstehung der deutschen Südpolarexpedition kann nicht geschlossen werden, ohne auch der anderen Unternehmungen zu gedenken, welche mit uns zusammengewirkt haben. Sie hängen eng mit dem deutschen Unternehmen zusammen, weil ihre Sicherstellung sich an die des letzteren schloß und ihre Pläne sich mit den unsrigen in engster Fühlung befanden, zum Teil auf ihm beruhten.

Erwähnt wurde bereits, daß in den Verhandlungen über die Notwendigkeit der deutschen Expedition vielfach die Rede davon gewesen ist, daß Deutschland bei der Lösung dieses schwerwiegendsten wissenschaftlichen Problems nicht zurückstehen dürfe, wo andere Nationen vorgehen wollten oder sich schon bestätigt hatten. Mittlerweile hatten Expeditionen in das südliche Eismeer zu Fangzwecken wirklich begonnen. Die letzte dieser Fahrten war die Reise des Schiffs »Antarctic«, welcher es 1894/95 gelang, daß von J. C. Ross entdeckte Victorialand von neuem zu finden und zum erstenmal zu betreten.

Während die von diesen Fangexpeditionen entstandene Anregung in Deutschland und England zunächst keine praktischen Erfolge zeitigte, sondern nur die von den wissenschaftlichen Kreisen betriebene Agitation belebte, fiel sie in Belgien auf günstigeren Boden und schuf in überraschender Schnelligkeit die bekannte Expedition der »Belgica« unter der Leitung von Adrienne de Gerlache als erstes wissenschaftliches Unternehmen nach den großen Expeditionen von Ross, Dumont d'Urville und Wilkes und als die erste Expedition, welche eine glückliche und erfolgreiche Überwinterung im Südpolargebiet vollzog.

Schon im Jahre darauf erfolgte 1898 eine zweite Überwinterung im Südpolargebiet durch die Expedition des englischen Verlegers Newnes, die durch die Teilnahme wissenschaftlicher Kräfte an Bedeutung gewann. Die belgische Expedition hatte, im Schelleneis treibend, westlich von Grahamland überwintert, die englische am Kap Adare auf Victorialand. Durch diese einjährigen Beobachtungen an zwei voneinander so entfernten Stellen der Antarktis haben wir die erste grundlegende Kunde von der Natur des Südpolargebiets erhalten.

Im Laufe des Jahres 1899 gelang es der Energie von Sir Clements Markham, des Präsidenten der englischen Royal Geographical Society, eine englische Expedition ins Werk zu setzen. Auf diesen wichtigen Erfolg hin begann sogleich die gemeinsame Arbeit zur Herbeiführung eines zweckmäßigen Zusammenwirkens der beiden Expeditionen. Auf dem Internationalen Geographenkongreß, welcher Ende September und Anfang Oktober 1899 in Berlin getagt hat, wurden die Grundzüge der beiderseitigen Pläne dargelegt. Sie ergaben bereits eine Teilung der Arbeitsgebiete, eine vollständige Verständigung über die Routen, so daß die deutsche Expedition die indisch-atlantische Seite, die englische die pazifische Seite des Südpolargebiets übernahm.

Weitere Vereinbarungen für das Zusammenwirken erschienen nur noch hinsichtlich der erdmagnetischen und meteorologischen Fragen erwünscht. Meinem Antrag zur Bildung einer Internationalen Kommission mit dem Auftrag, diese Vereinbarungen zu schaffen, wurde Folge gegeben. Ein anderes wichtiges Ergebnis der Berliner Kongreßverhandlungen war, daß das Interesse in weite Kreise aller Nationen hineindrang. Dadurch kam es zu den Anfängen der schwedischen Expedition unter Führung von Nordenskiöld sowie des magnetisch-meteorologischen Stationsnetzes, welches in der Zeit der Wirksamkeit der drei Expeditionen in noch nie erreichter Ausdehnung die ganze Erde umspannt hat. Dr. Bidlingmaier übernahm die Ausarbeitung des internationalen Programms dafür.

Wie weit die Erfolge dieser internationalen Bemühungen reichen werden, wird sich erst in einiger Zeit übersehen lassen, wenn die Ergebnisse zur Erscheinung kommen. Es konnte jedoch schon vor der Ausreise der Expedition mit Genugtuung festgestellt werden, daß es nicht bei einer rein akademischen Betätigung des Interesses blieb, denn auch Argentinien beschloß die Errichtung einer Station auf der Staateninsel. Durch einen ähnlichen Schritt wurden in Schweden Nordenskiölds Bestrebungen zu unterstützen gesucht und auch für die schottische Expedition, welche 1902 zustande kam, konnte noch im gleichen Sinn gewirkt werden.

Darüber hinaus erfolgte aber von der Leitung des Internationalen Geographenkongresses die Bitte um Mitwirkung an alle die Staaten, die entsprechende Observatorien besaßen sowie an die, von welchen die neue Errichtung zu erhoffen stand. Fast überall fand diese Bitte ein wohlwollendes Entgegenkommen.

So hat sich der Umfang der mit dem Jahre 1901 begonnenen Südpolarforschungen von Deutschland her auf die weitesten Kreise erstreckt, durch die Entsendung von Expeditionen, durch die Errichtung neuer Observatorien, die planmäßige Mitwirkung der schon bestehenden und die Mitarbeit der vielen Schiffe aller Nationen, welche die südlichen Meere durchfahren, ist die Erde mit einem Beobachtungsnetz überzogen worden von einer Ausdehnung und Gleichmäßigkeit wie noch niemals zuvor.

Bei der Fülle der Aufgaben, die der Expedition harrten, mußte es nach ihrer Sicherstellung die erste Pflicht sein, geeignete Mitarbeiter zu gewinnen. So wurde viel überlegt und geprüft, doch hatte die Expedition dann auch schließlich Mitglieder, die ihre Aufgabe voll eigener Initiative erfaßt und ausgestaltet haben und sich dabei des großen Zusammenhangs bewußt blieben.

Schon bevor die Expedition gesichert war und in gelegentlicher Mitwirkung bei ihrer Entstehung hat mir Ernst Vanhöffen zur Seite gestanden. Das Fach seiner Wahl und besonderen Tätigkeit war die Zoologie, doch daneben übernahm er in der Expedition die Botanik, für welche er kaum ein geringeres Interesse und jedenfalls nicht geringeres Geschick und Kenntnisse hatte. Somit den ganzen biologischen Teil der Expedition in seinen Händen zu wissen, war mir schon bei den Arbeiten für ihre Entstehung eine Entlastung gewesen und bei der Durchführung später stets ein Ruhepunkt, an welchem aufsteigende Bedenken um das Gelingen unsres Strebens vergingen und Befriedigung fanden. Vanhöffen war in der Messe das belebende Element, welches oft genug trüben Gedanken und Grübeleien wehrte, indem er Fragen aufwarf und verfocht, die er dann nicht immer zu dem ursprünglich erwarteten, aber doch zu einem Ende geführt hat.

Als Arzt und Bakteriologe hat Dr. Hans Gazert die Expedition begleitet. Gazerts Teilnahme bedeutete mehr als die des Arztes im besonderen Sinn. Was er als solcher geleistet hat, werden die Beteiligten in dankbarer Erinnerung halten. Durch seine Sicherheit und seine Kenntnisse blieben wir in zwei Fällen vor schwerem Unheil bewahrt. Neben seinen besonderen bakteriologischen Studien und gelegentlichen physiologischen Beobachtungen fand auch manches andere Gebiet bei ihm wirksame Förderung und Interesse, besonders alle Arbeiten, welche auf die ihm von den Alpen her wohlvertraute Eiswelt gerichtet waren, über welche er unter anderem eine große Reihe ausgezeichneter photographischer Aufnahmen unten im Süden gewann. Gesucht und gern gewährt war seine praktische Hilfe bei dem Betrieb und der Verbesserung von Instrumenten, und bereitwillig übernahm er vor allem im Mai 1902 die Leitung des ganzen meteorologischen Dienstes, für dessen verständnisvolle und glückliche Durchführung unter schweren Verhältnissen die Expedition ihm besonderen Dank weiß. Auf der Rückreise fielen ihm nach dem Ausscheiden Dr. Philippis auch die chemischen Arbeiten zu.

Die geologischen und chemischen Arbeiten der Expedition hatte Dr. Emil Philippi übernommen. Besonderes Interesse und Geschick hatte Philippi vor allem auch für photographische Arbeiten, so daß er dieselben bei der Expedition dann im weitesten Umfang versah und diese ihm eine Fülle ausgezeichneter Aufnahmen verdankt. Als während des langen antarktischen Winters geologische Arbeiten unausführbar wurden, widmete er sich mit Sorgfalt und Humor auch der Mitwirkung an dem meteorologischen Dienst.

Die erdmagnetischen und zunächst auch die meteorologischen Arbeiten fielen dem jüngsten wissenschaftlichen Mitglied der Expedition, Dr. Friedrich Bidlingmaier, zu. Er trat insofern in schwierige Verhältnisse ein, als seine Arbeiten am meisten, wo nicht ausschließlich, auf instrumentellen Einrichtungen beruhten, die naturgemäß den bisherigen Erfahrungen entnommen waren, bei ihrer Anwendung im Südpolargebiet aber ebenso natürlich auf vielfache Schwierigkeiten stießen. Dazu hatte die Lebhaftigkeit der Wünsche, welche aus erdmagnetischen Kreisen für das Zustandekommen einer Südpolarexpedition gehegt waren, mit dem Grade der Vorbereitungen in diesem Forschungsgebiet nicht ganz in Einklang gestanden. Über die Möglichkeit und über die Mittel, die vorliegenden Wünsche zu befriedigen, war

Auf der Hinreise. Bidlingmaier (links) und Werth

Zu Beginn der Reise

namentlich bezüglich der Beobachtungen auf dem Meer noch keine genügende Auskunft zu erhalten gewesen. Es fehlte natürlich nicht an der Bereitwilligkeit, diese zu erteilen, wohl aber an Erfahrungen dazu, vielleicht auch etwas an dem Sinn für das Erreichbare. Bei dieser Sachlage erforderten die erdmagnetischen Arbeiten ebensowohl ein auf gründlichem theoretischem Wissen beruhendes eindringendes Verständnis für ihre wesentlichen Zwecke und Ziele, wie das energische Wollen, diese durchzuführen. Beiden Anforderungen wurde Bidlingmaier in ausgezeichneter Weise gerecht.

In unserem behaglichem Salon, in dem die fünf Gelehrten und fünf Offiziere der Expedition sich zu den Mahlzeiten und geselligen Veranstaltungen zusammenfanden und bei besonderen Festtagen wie Weihnachten oder Sonnenwendfest auch die ganze aus 22 Köpfen bestehende Mannschaft zugegen war, nahmen im gewöhnlichen Gebrauch die wissenschaftlichen Mitglieder die linke oder Sofaseite ein, während die Offiziere die mit Drehstühlen versehene rechte Seite innehatten, um von dort aus schneller hinausgelangen zu können, wenn es der Schiffsdienst verlangte. Diese Teilung hatte nur in den ersten Tagen, bis auch die wissenschaftlichen Mitglieder seefest geworden waren, etwas Bedenken hervorgerufen, wurde sonst aber gern beibehalten, da sie auch dem wechselseitigen Gedankenaustausch zwischen den verschiedenen Berufsarten diente.

Wenn ich nun nach der Schilderung der linken Seite der ersten Messe zu der rechten übergehe, habe ich dabei zunächst des Führers des Expeditionsschiffes »Gauß« zu gedenken, des Kapitäns Hans Ruser. Zur Bewerbung um die Führung des Schiffes wurde Kapitän Ruser durch Unternehmungslust und die Neigung zu der Besonderheit dieser Aufgabe getrieben. Sein besonderes Interesse galt den Obliegenheiten der Navigation, welche er über die ihn schon vorher vertrauten Methoden hinaus mit peinlicher Sorgfalt und Geschick durchzuführen bestrebt war.

Dem Kapitän stand als Leiter der maschinellen Anlagen der Expedition der Obermaschinist Albert Stehr zur Seite. Er leitete die zum Schiffsdienst gehörigen maschinellen Betriebe einschließlich der Vorrichtungen für die elektrische Beleuchtung und den Betrieb der Dampfwinden mit derselben Sicherheit, wie die uns sehr nützlichen Aufstiege eines Fesselballons und die Handhabung der Sprengmittel. Stehr versah die Instandhaltung und Reparaturen der Maschine sowie der vielen wissenschaftlichen Instrumente und nahm durch die Ausführung von Bohrungen bis zu 30 m Tiefe im Eis, durch laufende Beobachtungen über Eistemperaturen, Hilfeleistungen bei den Schwerkraftbestim-

Obermaschinist Albert Stehr

mungen und bei vielen anderen Dingen stets mit Geschick und Pflichttreue auch an den wissenschaftlichen Arbeiten Anteil.

Als Erste und Zweite Offiziere waren Wilhelm Lerche, Richard Vahsel und Ludwig Ott in den Dienst der Expedition eingetreten. Sie waren durchweg tüchtige Seeleute, die ihren Beruf liebten und mit praktischer Erfahrung versahen. Auch sie halfen bei den verschiedensten wissenschaftlichen Tätigkeiten bereitwilligst mit.

Zu den zehn Mitgliedern der ersten Messe trat bei der Fahrt von Kiel bis Kerguelen noch Dr. Emil Werth hinzu, um dann die Leitung der dortigen wissenschaftlichen Station zu übernehmen, und während unseres Aufenthalts in der Beobachtungsbucht auf Kerguelen, wo die Station lag, im Januar 1902 noch Josef Enzensperger und Dr. Karl Luyken, welche mit einem Teil ihrer und unserer Ausrüstung bis Sydney und von dort auf dem Lloyddampfer »Tanglin« nach Kerguelen vorausgeeilt waren.

Wenn man unsere Besatzung mit derjenigen anderer ähnlicher Expeditionen vergleicht, so fällt darin die geringe Zahl der Mannschaften auf. Die Hauptexpedition hat seit Kapstadt einschließlich der fünf wissenschaftlichen Mitglieder und der fünf Offiziere aus 32 Personen bestanden, die Kerguelenstation aus drei Gelehrten und zwei Matrosen. Die große französische Südpolarexpedition der Jahre 1837—1840 unter Dumont d'Urville wies für jedes der beiden Schiffe über 100 Mann auf, die gleichzeitige amerikanische Expedition unter Wilkes für ihre sechs Schiffe im ganzen 680 Mann. Die englische Expedition unter Ross hatte für die beiden Schiffe je über 60, auch die mit uns gleichzeitig ausgehende an Bord der »Discovery« unter Kapitän Scott über 50 Mann. Wir zogen es vor, lieber die Mannschaft während der Seefahrt bei geringerer Zahl etwas mehr zu belasten, um nicht später während der längeren Zeit der Überwinterung mit all den Schwierigkeiten und Gefahren der Untätigkeit zu rechnen zu haben. Auch durften wir im Besitz einer vortrefflichen Maschine an Bord die Zahl weit geringer wählen, als die nur mit Segeln ausgeführten früheren Expeditionen.

Der Dienstantritt bei der Expedition erfolgte für die Mannschaft, die noch eine besondere Ausbildung genossen hatte, im April 1901. Der Erste Zimmermann war August Reimers. Die wechselvollen Schicksale der Expedition wirkten stark auf ihn ein und konnten manche Wunderlichkeiten erzeugen, indem er die in Schneestürmen klappenden Taue für Geisterstimmen oder Warnungen hielt oder sich findig Einrichtungen für die in der Polarkälte etwas unbehaglichen Arbeiten im Freien ersann. Gewöhnlich kam er bei solchen Plänen selbst nicht zu schlecht fort und fiel dann den Neckereien seiner Kameraden anheim, wenn andere seine Hintergedanken durchschauten. Er wurde der »Polar-August« genannt, was er aber mit geeigneter Ergebung ertrug.

Der Zweite Zimmermann war Willy Heinrich. Er erklärte es für das größte Glück seines Lebens, an der Expedition teilzunehmen. Wesentliche Dienste hat er uns bei verschiedenen Gelegenheiten durch Taucherarbeiten geleistet, für welche er bei der Marine vorgebildet und auch in der unbehaglichen Kälte des Eismeeres stets bereit war. Außerdem wurde er im Ersinnen und Ausführen mechanischer Verbesserungen in den verschiedenen Betrieben geschätzt, mochten auch manche seiner Erfindungen wie zum Beispiel ein Eisfahrrad auch mehr dem allgemeinen Vergnügen als dem Gebrauche anheimfallen.

Unter den neun Matrosen hatten wir vier deutsche und fünf skandinavische. Während der Seefahrt hatten alle den gleichen Dienst zu versehen, bei der Überwinterung jedoch bildete sich für jeden eine besondere Tätigkeit heraus.

So hatte Georg Noack während der Seefahrt schon teilweise und dann ausschließlich zoologischen Dienst, wofür er am Museum für Naturkunde in Berlin noch eine besondere Ausbildung genossen hatte. Es lag ihm das Abbalgen von Vögeln und manche andere zoologische Arbeit, die ihm bei seinen Kameraden den achtungsvollen Titel »Geheimrat« eintrug.

Der Norweger Paul Björvig war für den besonderen Posten eines Eislotsen bei uns angestellt. Er hatte zahlreiche Fahrten im nördlichen Eismeer hinter sich, teils auf Fangschiffen, teils auch bei wissenschaftlichen Expeditionen, bei denen er Erfahrungen aller, auch der schwersten Art gemacht hatte. Bei einer dieser Reisen war er mit einem Kameraden zu einer Schlittenfahrt entsandt worden, um ein Proviantdepot anzulegen. Sie konnten wochenlang nicht zurückkehren, sein Begleiter starb, und er selbst hatte nicht mehr die Kraft, die Leiche aus dem gemeinsamen Schlafsack zu entfernen. Erst nach längerer Zeit wurde er gerettet, hatte aber in übertriebener Treue das Depot, das er mitführte, nicht angerührt. Seine Erfahrungen kamen uns wohl zustatten, bei vielen kleinen unscheinbaren Dingen half eben Paul Björvig. In seiner

Lebensführung war er gänzlich bedürfnislos, wenn er auch Tabak und andere Anregungsmittel bis zum Übermaß schätzen konnte, nie aber anders gebrauchte, als wie sie ihm rechtlich zufielen. Hatte er keinen Tabak, so kaute er Tauenden oder ähnliche Genüsse. Nehmen wir hierzu eine Gutherzigkeit sondergleichen, so haben wir wohl die Hauptzüge dieses Originals, über dessen Starrheit sich wohl jeder ärgern konnte und dem doch nie einer gram war.

Gegenüber dem Mannschaftslogis und der Mannschaftsmesse an der Steuerbordseite der »Gauß« wohnte an der Backbordseite das Maschinenpersonal. Der Senior der Maschinenbesatzung war der Heizer Leonhard Müller. Er schaute auf eine längere Lebenserfahrung zurück, die einen stoischen Gleichmut gegen die Wechselfälle des Lebens in ihm erzeugt hatte. Die antarktische Kälte mochte ihm wohl anfangs Unbehagen bereiten, denn man sah ihn damals nur selten im Freien und dann auch stets schnellen Schritts die notwendigen Gänge verrichten. Dann gewöhnte er sich auch daran und trieb später, in seiner äußeren Erscheinung dem göttlichen Hirten Eumaeus vergleichbar, seine Pinguine herbei, um diese in seiner geliebten Transiederei im Kesselraum in weitere Verwendung zu nehmen.

Last not least komme ich zu zwei wichtigen und tüchtigen Mit-

Ein Teil der Mannschaft während der Hinreise

gliedern der Expedition, dem Koch und dem Steward. Wilhelm Schwarz war seit Kapstadt unser Koch, nachdem wir den bisherigen stotternden und trotzdem redseligen Inhaber dieser Stelle dort entlassen hatten. Schwarz hatte ein bewegtes Leben gehabt, er hatte im amerikanischen Dienst gegen Kuba gestanden und jetzt vor Eintritt bei uns zuletzt im südafrikanischen Krieg auf englischer Seite. Die mannigfachen Erfahrungen des Lagerlebens hatte er sich zunutze gemacht, er wußte jetzt mit der Konservenkost Bescheid und verstand dieselbe schmackhaft zuzubereiten.

An Menge der Pflichten sowohl wie an Tüchtigkeit zu deren Bewältigung von keinem übertroffen war August Besenbrock, der Steward der Expedition. Er war ein Typus pommerschen Wesens, ein gerader, pflichttreuer und in jeder Beziehung zuverlässiger Mensch. Sein Wirken in der Pantry verschönte er sich dabei gern durch einen das Schiff durchdringenden Gesang patriotischer Lieder und duldete in seinem dortigen Bereich Eingriffe höchstens gelegentlich von einem der ihm eng befreundeten Hunde.

Über die allgemeine Organisation der Expedition kann ich mich kurz fassen, nachdem ich der Schilderung ihrer Mitglieder den obigen Raum gewährte. Ich war und bin auch heute der Ansicht, daß die wohldurchdachteste Organisation eine leere Form bleibt, wenn nicht die Persönlichkeiten dazu da sind, sie mit lebendigem Inhalt zu erfüllen. Aus diesem Grund habe ich die Expedition hinsichtlich der Durchführung des in Umrissen von mir festgestellten und vorbereiteten Planes wesentlich als ein menschliches Problem gefaßt und meine eigene Ausbildung und mein Verhalten danach einzurichten gesucht.

Auf dieser persönlichen Grundlage galt für die Expedition als Ganzes wie für ihre einzelnen Teile das Prinzip der Freiheit, der verantwortungsvollen Entscheidung an Ort und Stelle für jeden innerhalb seines Gebietes, doch im Rahmen des Ganzen. Als besonders förderlich wurde es von allen empfunden, daß wir nicht an ein bestimmtes Programm gebunden waren. Die uns erteilten Anweisungen waren ganz allgemein gehalten. Die Grundlagen dafür sind in einem kaiserlichen Erlaß niedergelegt, der im wesentlichen folgenden Wortlaut hatte: »Ich bestelle den außerordentlichen Professor an der Universität zu Berlin, Dr. Erich von Drygalski, zum Leiter der Deutschen Südpolarexpedition. Die Expedition hat im August 1901 Kiel zu verlassen und sich nach den Kerguelen zu begeben. Auf denselben ist eine magnetisch-meteorologische Station zu errichten. Alsdann ist die Fahrt nach Süden fortzusetzen. Als Forschungsfeld gilt die indisch-atlantische Seite des Südpolargebiets. Falls die Erreichung eines Südpolarlandes gelingt, wenn angängig, auf demselben eine wissenschaftliche Station zu gründen und tunlichst während eines Jahres zu unterhalten. Die Rückkehr ist nach den Bestimmungen des Expeditionsleiters im Frühjahr 1903 oder spätestens im Frühjahr 1904 anzustreben.«

Von besonderer Wichtigkeit war unsere Dienstanweisung, die unter anderem das Verhältnis zwischen dem Leiter der Expedition und dem Führer des Schiffs regelte, eine stete Verständigung zwischen beiden forderte, den Kapitän und die Offiziere als Vermittler zur Mannschaft aufforderte sowie die Expedition an einen eisernen Bestand von Proviant anband. Rechtlich galt die »Gauß« als Forschungsschiff des Reichs. Die Ergebnisse der Expedition und die anzulegenden Sammlungen wurden Eigentum des Reichs.

Die Bestimmungen der Dienstanweisung betonen sonst vor allem in schönen Worten die Gemeinsamkeit der Interessen aller Mitglieder, die Einheitlichkeit der Expedition nach außen und nach innen sowie den nationalen Charakter des Ganzen.

Bei der Ausrüstung der Expedition stand naturgemäß die Sorge für den Bau eines geeigneten Schiffes allen anderen voran. Nach der üblichen Bezeichnungsweise war die »Gauß« ein Dreimast-Marssegelschoner mit Hilfsmaschine. Die Abmessungen stellten sich nach der Bauvorschrift wie folgt:

Länge zwischen den Perpendikeln:	46,00 m
Breite auf Außenhaut:	10,70 m
Tiefe des inneren Raumes bis zum Oberdeck:	6,30 m
Konstruktionstiefgang mit 546 t Last:	4,80 m
Indizierte Pferdestärken:	325
Geschwindigkeit mit 728 t Last:	7 Knoten

Das Baumaterial waren Hölzer von ausgesuchter Beschaffenheit und zwar überwiegend gute trockene Eiche. Außerdem wurde in den verschiedenen Teilen amerikanisches Fichtenholz und unter anderem auch Teakholz verwandt. Aus Eiche bestand der Kiel, die Spanten und Steven sowie die beiden inneren Plankenlagen an den Steven und die gesamten Verstärkungen gegen den Eis-

Die »Gauß« im Eis

druck, welche in Gestalt von Querstützen und Knien zwischen den Decksbalken und Spanten sowie von Bändern am Bug und am Heck reichlich angebracht waren. Aus Greenheart endlich bestand die äußerste Plankenlage, die sogenannte Eishaut des Schiffs, welche am Bug und Heck noch durch Stahlplatten verstärkt war. Die Verwendung von Eisen war bei dem Bau nach Möglichkeit beschränkt, einmal, weil es schwierig ist, eiserne Bestandteile in geeigneter Weise mit den Holzkonstruktionen zu verbinden, und zweitens, weil die wissenschaftlichen Aufgaben der Expedition in ihrem erdmagnetischen Teil eine möglichste Eisenfreiheit erforderten.

Noch eine dritte Art von Baumaterialien spielte bei der »Gauß« eine erhebliche Rolle, nämlich die, welche zum Schutz gegen Kälte dienten. Es wurde dazu im wesentlichen Kork in der Gestalt von Korkstein und Korkmehl, Kesselfilz, Linoleum, Pech und Marineleim verwandt.

Das ganze Schiff hatte innen und außen einen dreifachen Anstrich mit Ölfarbe. Der innere war weiß, der äußere Anstrich war bis Kapstadt ebenfalls weiß, mußte dort aber einer schwarzen Farbe weichen, um erst auf der Rückfahrt in Simonstown für die Tropenreise wieder das weiße Gewand zu erhalten.

Die Raumaufteilung auf der »Gauß« war ursprünglich so gedacht, daß die Maschine sowie die Wohn- und Arbeitsräume im Hinterschiff, die Stauräume im Vorderschiff liegen sollten. Um jedoch einer verhältnismäßig zu starken Belastung der letzteren vorzubeugen, wurde bei der Ausführung auch im Hinterschiff ein Stauraum geschaffen. Vom hinteren Stauraum, in der Höhe des Besanmastes beginnend, lag in einem zum Deck emporführenden Schacht der Maschinen- und Kesselraum von 2 Stahlschotten eingeschlossen, während um ihn herum im Zwischendeck, nur durch Gänge von ihm getrennt, die Wohn- und Gebrauchsräume der Expedition begannen. Die letzteren endeten nach vorn zu erst halbwegs zwischen dem Groß- und dem Fockmast, während der Maschinen- und Kesselraum, von 2 Seitenbunkern für je 16 t Kohlen mit 2 Öffnungen nach Deck flankiert, schon etwa nach $^2/_3$ des Weges zwischen Besan- und Großmast seinen Abschluß fand. Vor diesen Räumen lagen im Unterraum wie im Zwischendeck die Provianträume, für 30 Mann auf 1000 Tage berechnet.

Jedes wissenschaftliche Mitglied und jeder Offizier hatte seine eigene Kabine. Die übrigen 16 Mann der Besatzung waren auf 2 gemeinsame Schlafräume verteilt. Die Mannschaft hatte einen gemeinsamen Waschraum mit 3 Ständen. Selbstverständlich waren auch die Mannschaftsräume in derselben Weise mit Heizkörpern, Ventilation und Beleuchtung versehen wie die Einzelkabinen. Eine besondere Mannschaftsbibliothek hatte in den Gängen vor den Mannschaftswohnräumen Aufstellung gefunden und wurde viel benutzt.

Für die Mahlzeiten und die geselligen Vereinigungen der Mitglieder dienten 2 größere Räume, der Salon und die Mannschaftsmesse. Der erstere hatte eine elegante Ausstattung erhalten. Ringsherum nahe der Decke stand die reichhaltige und oft gebrauchte Bibliothek. Auch ein Klavier war vorhanden.

Da sich der größte Teil unserer Arbeiten und unseres Lebens im Freien bzw. an Deck vollzog, sei es mir gestattet, noch einen Blick auf die Deckseinrichtungen zu werfen. Das Schiff hatte vorn eine kurze Back und hinten ein kurzes Quarterdeck und bot dadurch auch an Deck noch geschützten Raum zur Verstauung. Der Raum unter der Back diente in sehr zweckmäßiger Weise zur Unterbringung der Hunde in zwei Etagen an den Seiten. Sonst standen an Deck unmittelbar vor dem Besanmast bzw. vor dem Groß-

mast je ein Deckshaus, von denen das erstere den Maschinen-
und Kesselschacht nebst der darin hängenden Küche und Trok-
kenkammer sowie einen Niedergang zum Zwischendeck und
einen anderen zum Heizraum enthielt, das letztere von 7,5 m
Länge das Hauptlaboratorium und das Kartenhaus, durch einen
zweiten Niedergang zum Zwischendeck voneinander getrennt.

Neben dem ersteren ruhten in der Höhe seines Dachs, auf
Querstützen aufliegend, die beiden großen Rettungsboote, eine
Walfangschaluppe und ein Naphtamotorboot, »Leipzig« genannt, weil es durch die Geographische Gesellschaft in Leipzig
geschenkt war. Unmittelbar vor dem Maschinendeckshaus stand
eine Dampfwinde zur Hebung von Lasten, während eine größere
zwischen Fockmast und Back aufgestellt war. Auf der Trommel
dieser waren 4000 Meter schweres Drahtkabel von 12 mm Durch-
messer aufgerollt, für Dredschezüge und Vertikalnetzfänge in der
Tiefsee bestimmt. Von den in Höhe der Deckshäuser getroffenen
Einrichtungen habe ich bereits gesprochen. An dem Schlinger-
tisch auf der Kommandobrücke sind die erdmagnetischen, von
der den vorderen Teil des Maschinenhauses überquerenden
Brücke die ozeanographischen Arbeiten der Expedition erfolgt,
während die vordere Winde wesentlich den zoologischen und Fi-
schereizwecken diente. Auf diese Weise war für die Arbeiten der
Expedition eine zweckmäßige Dreiteilung des Schiffs geschaffen,
welche gestattete, daß gleichzeitig an verschiedenen Stellen gearbeitet werden konnte, ohne daß in der Tiefe eine Verwicklung der
verschiedenen Drähte und Kabel zu besorgen war. Der Zoologe
konnte gleichzeitig vorn seine Netze herablassen, während der
Ozeanograph seine Lote und Thermometer zu beiden Seiten der
hinteren Brücke zur Tiefe sandte und der Erdmagnetiker zwischen beiden auf der Kommandobrücke tätig war oder der Kapitän von derselben Stelle aus seine Kompaßdeviationen bestimmte.

Die Takelage war, wie erwähnt, die eines Dreimarssegelscho-
ners. Am vordersten oder Fockmast fuhren fünf Rahsegel und von
ihm quer hinüber zum Großmast noch vier Schrattsegel, am mitt-
leren oder Großmast sowie am hinteren oder Besanmast fuhren je
zwei Schrattsegel. Dazu traten vier Segel vorn am Klüverbaum.
An der Spitze des Großmasts in der Höhe von 33 m über Deck
war eine Tonne befestigt, die zum Ausguck diente und deshalb
mit einem besonderen Fernrohr ausgestattet war.

Die Maschineneinrichtungen der »Gauß« gliederten sich in den eigentlichen Maschinenraum und in den Kesselraum. Der letzte war geräumig und enthielt zwei Zylinderkessel, einen Wassertank, Hebevorrichtungen und Aufgänge, durch welche man unmittelbar ans Oberdeck gelangen konnte. Der Maschinenraum war für die vielen darin untergebrachten Einrichtungen zu klein und beengt, an einer Stelle derart, daß diese mit einigem Recht als Verbrecherecke bezeichnet werden konnte, weil es fast eine Strafe war, darin arbeiten zu müssen – besonders bei der Fahrt durch die Tropen, als das Pech aus den Fugen hervorquoll und die Pumpenrohre verstopfte. Außer der Hauptmaschine, einer dreifachen Expansionsmaschine von 325 PS bei 12 at Dampfspannung, mit allem Zubehör hatten darin reichliche Pumpeneinrichtungen zum Speisen der Kessel, zum Lenzen und Feuerlöschen, Öltanks, eine Dynamomaschine für 110 Volt Spannung und 25 Ampère zur Erzeugung des elektrischen Lichts für 60 Lampen, ein Seewasserverdampfer und in Verbindung damit ein Trinkwasserdestillierapparat Platz gefunden, mit den letzteren konnten in 24 Stunden 3000 Liter beziehungsweise 1000 Liter frisches Wasser hergestellt werden.

Sämtliche Maschineneinrichtungen haben sich vortrefflich bewährt, und wenn die Aufstellung auch auf kleinem Raum erfolgt war, konnte man doch überall gut hingelangen. Die Aufstellung war überaus geschickt, wie man überhaupt die ganze Maschinenanlage ein Kunstwerk der Howaldtwerke nennen kann. Zur Feuerung haben wir Cardiffkohle und neuseeländische Westportkohle verwandt, dazu für die Füllöfen Nußanthrazit. Wenn ich schließlich noch erwähne, daß die Feuer unter den Kesseln die letzen 10 Tage vor unserer Befreiung aus dem Eis, als wir diese erwarteten, mit Pinguinfellen und auch mit ganzen Pinguinen, mit Robbenspeck und alten Kisten unterhalten wurden, so habe ich damit alle Eventualitäten der auf der Expedition verwandten Feuerungsmethoden erschöpft und möchte nur noch hinzufügen, daß sich auch die letztere Methode im südlichen Eismeer weiter ausbilden läßt und ein wichtiges Hilfsmittel im Falle der Not werden kann.

Nach dem Gesagten wird es nicht wunder nehmen, daß ich der »Gauß« als Ganzem ungeteilte Anerkennung zolle. Es war das beste Polarschiff, das bisher existiert hat, ohne diesbezügliche Vergleiche hier im einzelnen durchführen zu wollen. Sie lag fest in der See und hielt sich vortrefflich im Sturm, ohne dabei mehr zu schlingern als in gleicher Lage jedes andere Schiff. Im Eis war sie wuchtig und stark genug, auch dicke Schollen zu brechen und sich mit sicherem Gang ihre Wege zu bahnen. Stoßen und reiben machten ihr nichts, und auch aus Pressungen ging sie unbeschädigt hervor. Im Innern war sie behaglich und wohnlich.

Über die Kapverden und Kapstadt zu den Kerguelen

Je näher die Zeit der Abreise herankam, desto lebhafter und allgemeiner wurde das Interesse, welches der Expedition und ihrer Ausrüstung von allen Seiten entgegengebracht wurde. Kiel ist im Sommer 1901 ein wahrer Wallfahrtsort gewesen, an dem die verschiedenartigsten Kreise des Deutschen Reiches und des Auslands sich zusammenfanden. In den Besuchszeiten von 2 bis 4 Uhr nachmittags war es aber derart, daß man weder vorwärts noch rückwärts gehen konnte, wenn man sich mit einem Arm voll Bücher oder wissenschaftlicher Instrumente nach einem Bestimmungsort umsah, und das alles in einer wahrhaft tropischen Hitze in den für die Polarkälte gut isolierten Räumen der »Gauß«.

Prachtvolles Wetter herrschte am 11. August 1901, dem Tag unserer Ausfahrt. Nach herzlichen Abschiedsworten setzte sich das stolze Schiff nach Holtenau in Bewegung. Von den Kriegsschiffen, die im Hafen lagen und Flaggenschmuck angelegt hatten, erschollen uns dreifache Hurras zum Abschied. Bis 15. August lagen wir auf der Unterelbe, dann dampften wir von dem Ebbestrom getragen zur See. Während wir bis dahin unter Dampf gefahren waren, wurde am 20. August die Maschine abgestellt.

Unterwegs gab es vielerlei Kurzweil. Bei der Fahrt am Biskayischen Meerbusen vorbei waren zahlreiche Fischerboote in Sicht, die dort dem Makrelenfang oblagen und auch uns dazu veranlaßten, Angeln auszusetzen. Doch haben wir die schmackhafte Nahrung vergeblich erhofft. Mehrfach hatten wir auch heftige Regengüsse, und es war hübsch zu sehen, wie sich die Grenze der Regenschauer auf der Meeresoberfläche abzeichnete, indem der Regen

Der Anker wird gelichtet

das Meer beruhigte, so daß es dann nur glatte Schwankungen zeigte, während es sich außerhalb der Regenzone in unruhigen Wellen kräuselte.

Mehrfach mißglückt sind auch unsere ersten Tiefseearbeiten. In dem beneidenswerten Optimismus, welcher den Anfänger ziert, hatten wir dem Lotdraht, als er zum ersten Mal herabgelassen wurde, mehr Instrumente anvertraut, als zweckmäßig war und als uns später geboten erschien. Mit den Bremsvorrichtungen der Sixbee-Lotmaschine noch nicht genügend vertraut, loteten wir eine unmögliche Tiefe. Als es unglaublich wurde, war es leider zu spät. Das Aufhieven des Lots ging am Anfang noch gut, dann wurde aber plötzlich die von der Maschine angezeigte Kraft, die auf dem Draht stand, ganz gering, und ein abgerissenes Ende erschien an der Oberfläche, während gegen 3000 m weiteren Drahtes samt mehreren Instrumenten in der Tiefe verblieben. Nicht anders verlief auch der erste Fischzug in der Tiefsee, indem er nur zwei unbrauchbare Quallen zu Tage förderte, die fortgeworfen wurden.

Am 30. August näherten wir uns Madeira. Wenige Tage später sahen wir die ersten fliegenden Fische, die eigentlichen Bewohner der Passatregionen, welche an Anzahl bis zu den Kapverden sehr zunahmen. Nun wurde ein Tiefseefischversuch probiert, der mißglückte, da die Schließvorrichtung des Netzes versagte und dieses selbst zerriß.

Mittlerweile stieg die Hitze im Schiff, und der allgemeine Durst wuchs. Wir tranken damals Soda mit Fruchtsäften, ersteres jenes jetzt wohl bekannte Schweizer Patent für Kapseln mit komprimierter Kohlensäure, die in gewöhnliches Wasser eingelassen kohlensäurehaltiges Wasser ergeben, welches für derartige Reisen sehr empfehlenswert ist. Um die Getränke einigermaßen kühl zu erhalten, wurden die Flaschen in angefeuchteten Leinwandbeuteln an Deck aufgehängt, um sie durch Verdunstung ein wenig unter die Lufttemperatur herabzukühlen. Von Durstesqualen gepeinigt, ging dann mancher auf Raub nach gekühlten Sodabeuteln aus, was von den Geschädigten durch Beimengung unschuldiger, aber übel schmeckender Pulver mit dem Erfolg geahndet wurde, daß der Täter sich verriet.

Am 11. September um 11 Uhr vormittags tauchte die Kapverdeninsel São Antonio aus dem Nebel empor, hoch aufragend, von einzelnen scharfen Spitzen gekrönt, durch mehrere Seeschwalben im voraus verkündet. Die Brandung sah man an den Steilküsten emporschlagen. Auf dem niedrigen Vorland des Nordens lag eine Stadt, weiße Häuser mit roten Ziegeldächern, unter welchen das Zollhaus auffiel. Bald tauchte auch São Vicente hervor, und wir fuhren zwischen den beiden Inseln dem Hafen Porto Grande des Städtchens Mindello entgegen.

Unsere Arbeiten in Mindello waren erstlinig magnetischer Art, indem Bidlingmaier die magnetischen Einflüsse des Schiffskörpers auf acht verschiedenen Kursen im Hafen dadurch bestimmte, daß er die Größe der erdmagnetischen Elemente auf der »Gauß« maß und dann mit den auf dem Land neben dem Hafen gefundenen Werten verglich. Ich selbst nahm am Ufer eine Schwerkraftbestimmung vor. Der Zoologe der Expedition hatte im Hafen seine Netze gestellt und dabei eine reiche Ausbeute an Fischen und Krebsen erlangt. Am anderen Tag hatte ein Hai die Netze verschleppt und war ihnen schließlich zum Opfer gefallen.

Am 16. September hatten wir unsere Arbeiten beendigt und konnten den Hafen verlassen, nachdem uns noch am Vormittag eine Post aus der Heimat zugegangen war. Um 1 Uhr etwa lichteten wir die Anker und dampften hinaus. Draußen fanden wir frischen Passat, konnten die Maschine abstellen und verließen die Inseln in schneller Fahrt.

Am 27. September kam der Südostpassat durch. Das Wetter wurde frischer, die Böen seltener, sternklarer Himmel erhellte die Nächte, und der herannahende Vollmond stand im Zenit, nur durch vorübergehende Wolken, in denen sich farbige Höfe bildeten, von Zeit zu Zeit verdeckt. Am nächsten Tag wurden die Segel festgemacht, und wir fuhren allein unter Dampf auf den in Aussicht genommenen Lotungspunkt am Äquator, die sogenannte Romanchetiefe, zu. Die Dünungen hatten sich gelegt, und der Fortschritt war erfreulich.

Die geplanten Lotungen an der Romanchetiefe erfolgten am 1. Oktober. Die Messungen ergaben die bedeutendsten Tiefen, welche bisher am Äquator überhaupt mit Sicherheit festgestellt worden sind, nämlich über 7200 m, und rechtfertigten damit die Berichte des französischen Kriegsschiffes »La Romanche«, durch welches für diese Gegend solche Tiefen angekündigt waren, die aber späterhin mehrfach in Zweifel gezogen wurden. Bei den ersten dieser Lotungen hatten wir den Verlust von Instrumenten zu beklagen, indem der Draht beim Aufhieven unmittelbar über ihnen brach.

Am 2. Oktober hatten wir fröhliche Äquatortaufe. Eine Flasche, die am Lotdraht hing, als er an diesem Tag heraufkam, leitete das Fest mit einer Ankündigung ein. Es vollzog sich dann in

Bordhund »Treff« gratuliert Dr. Bidlingmaier zum Geburtstag

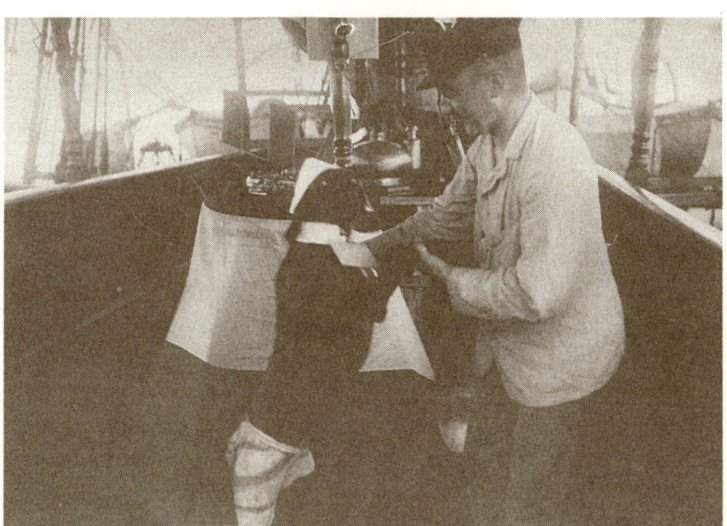

den bekannten scherzhaften Formen. Ein Umzug in phantastischen Kostümen unter Musikbegleitung endigte mit der Aufstellung der gesamten Mannschaft vor einem Trog, den Prof. Vanhöffen, wie ich vermute, eigens zu diesem Zweck mitgenommen hatte, nachdem er schon während der Tiefseeexpedition der »Valdivia« dieselbe Verwendung gefunden. Die Täuflinge wurden dann einzeln an den Trog geführt und auf einem Brett mit dem Rücken dagegen plaziert. Es folgte Einseifen des Gesichts unter zeremoniellen Anreden und nach dessen Vollendung ein Sturz rückwärts in den Trog. Alles in allem verlief die Zeremonie heiter und zu allgemeiner Zufriedenheit. Den Schluß bildete die Taufe unseres Bordhunds »Treff«, der unter großem Lärm eingefangen und ins Wasser versenkt wurde. Am Abend folgten Feiern bei Bier und Zigarren mit Schaustellungen und Deklamationen der Matrosen, wobei der Koch trotz seines Stotterns ganze Schleusen von Beredsamkeit erschloß.

Der folgende Teil der Fahrt wurde trotz der flauen Winde fast ganz unter Segeln zurückgelegt und ging deshalb langsam vonstatten. Mit dem wenigen Fortschritt, den bisweilen Windstillen ganz unterbrachen, bis wir die Roßbreiten erreicht und überwunden hatten, fanden wir uns nun ab, so gut es ging. Die Flauheit des Passats war auffallend und in diesem Umfang nicht zu erwarten gewesen. So nutzten wir die unfreiwilligen Verzögerungen zu wissenschaftlichen Arbeiten aus und hatten hierbei den Vorteil, einen sicheren Fonds von Erfahrungen sammeln zu können. Zum Loten wurde immer die Sixbeemaschine benutzt. Bald war in den Lotungen völlige Fertigkeit erreicht, so daß wir Tiefen von 5000 m und darüber alles in allem in wenig über einer Stunde Zeit erloten konnten.

Eine andere Klasse von Arbeiten, die wir im Südatlantik vornahmen, war biologischer Art. Hier wurden Schließnetze verwandt, welche dazu bestimmt sind, bestimmte Wassersäulen in der Tiefsee zu durchfischen, um so die Abstufungen der Tierwelt mit der Tiefe erkennen zu können, außerdem Vertikalnetze, welche oben offen wieder zur Oberfläche emporkommen. Die Netzzüge lieferten gute Ergebnisse. Rote Krebse der Tiefsee zeigten sich schon in 600 m Tiefe, während die schwarzen, der Tiefsee eigentümlichen Fische erst bei 800 m auftraten, aber gelegentlich dann auch, alle Theorien durchkreuzend, bei nächtlichen Fischzügen an der Oberfläche gefangen wurden. Aus 1200 m Tiefe kam ein schwarzer Fisch herauf, der nur aus einem ungeheuren Maul und Schwanz zu bestehen schien. Stets waren viele Pfeilwürmer in den Netzen und ein wahres Gemüse von Krebsen. Mit großem Interesse wurde das Auftreten der Radiolarien verfolgt, welche die Sichtung des Materials bisweilen erschwerten, wenn sie sich mit ihren Kieselstacheln an die zarteren Tiere anhefteten. Am 18. Oktober hatten wir auch noch einen Aufstieg mit dem meteorologischen Drachen gehabt, der dann leider vorläufig der letzte sein sollte, weil er ein tragisches Ende nahm. Beim Niederholen nämlich fiel der Drache mit dem Instrument ins Wasser und wurde in einem Trauerzug mit dem kleinen Dingi zum Schiff zurückgeholt.

In den Roßbreiten hatten wir immer bedeckten Himmel, unstete Winde, vielfach auch Regen. Mit der veränderten Witterung begann eine veränderte Lebensweise an Bord. In den Tropen hatten alle so viel wie möglich an Deck gelebt. Die gemeinsamen Mahlzeiten wurden schnell in den inneren Räumen eingenommen, danach saßen wir unten selten zusammen. Mitte November begann die Geselligkeit sich unten heimisch zu fühlen. Unser Leben an Bord war sonst so eingeteilt, daß wir zwischen sechs und sieben Uhr ein erstes Frühstück in Gestalt von Kaffee oder Kakao genossen, und zwar jeder für sich. Um acht Uhr folgte gemein-

Beim Niederholen des meteorologischen Drachens fiel der Apparat ins Meer

sames Frühstück in den beiden Messen. Um 12 ½ Uhr aßen wir Mittag, das aus einer Suppe und einem Fleischgericht mit Gemüse bestand. An bestimmten Tagen tranken wir Wein, an den übrigen pflegten wir Wasser mit Zitronensaft, »Juchhei« genannt, zu trinken. Gegen 15 Uhr tranken wir Kaffee oder Kakao, abends um 6 ½ Uhr war gemeinschaftliches Abendessen, bei dem wir ein warmes Gericht und kalten Aufschnitt nahmen.

Eine Unterbrechung, kurz bevor wir Kapstadt erreichten, bot uns ein gewaltiger Sturm, der am 18. November hereinbrach. Wir hatten am Nachmittag noch hydrographisch gearbeitet und dieses kaum beendigt, als Böen, die schon ringsherum am Himmel gestanden hatten, sich um 6 Uhr abends schnell zusammenballten, um einen Sturm von elementarer Gewalt zu entfesseln. Schnell wurden alle Luken geschlossen und die Segel bis auf die wenigen, zum Stützen des Schiffes gegen die See notwendigen gerefft. Großartig war das Meer in seiner wilden Gewalt. Die hoch erregten Wogen überschlugen das Deck und spülten gleich Leuchtkugeln große Feuerwalzen (Ansammlungen von Manteltieren) hinüber, an deren leuchtenden Schwärmen wir uns schon einige Abende vorher erfreut hatten. Zu tun war nicht viel. Die »Gauß« hielt sich vortrefflich. »Der Kahn schwimmt wie eine Ente«, habe ich in jenen Tagen mehrfach von der Mannschaft gehört.

Wir befanden uns nunmehr schon in der Nähe der afrikanischen Küste, die aus verschiedenen Anzeichen bemerkbar wurde. Am 22. November trat die Küste hervor, und zwar zunächst der hohe Tafelberg, wie gewöhnlich auch jetzt von Wolken verhüllt. Wir hielten den Kurs etwas nördlich von ihm und näherten uns so rasch, daß wir die Küste schon am selben Abend erreichten. Vor uns lag Kapstadt mit übervollem Hafen, mit seinen Häusern sich schon am Abhang des Tafelberges emporziehend, davor die Robbeninsel, ein niedriges sandiges Land, auf welchem heute neben dem Leuchtturm ein Leprahospital steht.

Wir wurden zuvorkommend empfangen und, trotzdem der Hafen und die Tafelbai davor überfüllt waren, sogleich in den Innenhafen gelotst, wobei sich die wißbegierigen Mitglieder der Expedition sofort die neuesten Nachrichten übermitteln ließen.

In Kapstadt hatten wir verschiedenartige Aufgaben. In ihrem wissenschaftlichen Teil waren sie verhältnismäßig einfach und bestanden außer Bestimmungen der magnetischen Schiffskonstanten wesentlich noch darin, die magnetischen Instrumente selbst mit denen eines festen Observatoriums zum letzten Mal zu vergleichen, bevor wir ins Südpolargebiet aufbrachen. Wir wählten zum Beobachtungsort den Signalhügel auf dem Lions-Rump, einen Ort, der ebenfalls frei von elektrischen Bahnen lag und auch sonst keine lokalen Störungen befürchten ließ. Schwieriger als diese wissenschaftlichen Aufgaben waren zwei andere, die wir in Kapstadt zu erledigen hatten, nämlich die Ausbesserung des Schiffs und die Ab- und Neuanmusterung eines Teils der Mannschaft.

Kapstadt stand wegen des Burenkriegs unter Kriegsrecht, doch merkte man nicht viel davon. Die Stadt selbst machte einen einförmigen und staubigen Eindruck. In der Hitze des südafrikanischen Sommers war der Boden ausgetrocknet. Winde wirbelten den Staub empor und hüllten alles in eine dicke, unerfreuliche Atmosphäre.

Unter den Ausflügen, die ich selbst gemacht habe, wird mir der eine auf den Tafelberg stets in Erinnerung bleiben. Der Tafelberg ist von verschiedenen Seiten her zu ersteigen, und die Technik seiner Bergtouren wird durch einen Bergklub eifrig gepflegt. Ich selbst begehrte Bergtouren von besonderem sportlichen Interesse nicht, sondern zog es vor, auf dem gangbareren Weg von Westen her den Gipfel zu gewinnen. Auf diesem Weg konnten wir uns der ganzen Fülle tropischer Vegetation erfreuen, und unser Botaniker Dr. Werth hatte Arbeit genug, um auch nur das Notwendigste zu sammeln. Oben herrschten grasartige Gewächse vor, mit mannshohem, dichtem Buschwerk, das man schwer durchdrang und nicht, ohne von Zeit zu Zeit in tiefe Löcher zu fallen, deren Grund sumpfig war und mitunter auch Schlangen zur Wohnung diente. Durch eine enge Schlucht mit üppiger Vegetation stiegen wir nun auf die kleine oberste Tafel hinauf, die noch von einer flachen, wie eine Bastei aufgesetzten tafelförmigen Kuppe gekrönt wird. Unmittelbar zu unseren Füßen lag Kapstadt, davor die Tafelbai, von zahllosen Schiffen erfüllt, und in weiter Ferne eine große Nebelbank, welche die öden, sandigen Flächen bedeckte und sich erst weit im Meer verlor. Es war ein Ausblick, wie man ihn selten genießt: Zwei Ozeane, am Kap sich begegnend, durch das Tafelbergmassiv nördlich davon nur in einem schmalen Streifen getrennt, und dazwischen, wo dieser Trennungsrücken wieder eine Einschnürung erfährt, die große Stadt, die dem Land in hartem

Ringen ihr Gepräge aufzudrücken bestrebt war. Auf dem Rückweg von unserem Aussichtspunkt kreuzten wir die obere Tafel auf etwas anderen Wegen. Große Pflanzungen von Fichten bedecken das Plateau. Vielfach herrscht dort oben Sumpf, besonders, wo die Vegetation sich in Vertiefungen zu dichten Gebüschen gesammelt hat. In diesen sumpfigen Hochflächen des Tafelbergs liegen die Anfänge der Wasserleitung für Kapstadt, und es ist wunderbar, daß aus einem Gebiet, welches als eines der regenärmsten bekannt ist, die ungeheuren Wassermengen für die Versorgung der Stadt und ihrer Fabriken gewonnen werden können.

Mittlerweile war an Bord das Deck kalfatert und das Hinterschiff gedichtet worden. Auch die wissenschaftlichen Beobachtungen konnten am 30. November beschlossen werden. Um 12 Uhr mittags am 7. Dezember 1901 konnte also die Abfahrt vonstattengehen. Unsere Stimmung war ernst und ergriffen, ein Behagen wollte nicht aufkommen, dazu wurden wir auch von der Dünung zu heftig geschüttelt.

Die Fahrt um das Kap der Guten Hoffnung ist im Sommer verhältnismäßig leicht, während sie im Winter Schwierigkeiten bereitet. Auch wir merkten diesen Gegensatz bald. Schon am Tag nach unserer Abfahrt wurde eine starke Erwärmung des Meerwassers beobachtet und seine Farbe wurde blau, während sie am Tag vorher schmutziggrün gewesen war. Wir hatten den Agulhasstrom erreicht, standen aber noch in Sicht des Landes. Am 11. Dezember näherten wir uns der südlichen Grenze des warmen Agulhasstroms und nahmen an der wirren Bewegung des Wassers wahr, wie er hier mit der entgegengesetzten Strömung der Westwindregionen kämpfte.

Die See war spitz und kraus, ohne durch Winde wesentlich erregt zu sein. Mit der Wärme der Wasseroberfläche sank auch die Lufttemperatur schnell und die Tropenkleidungen verschwanden. Wir befanden uns in dem kühlen Wasser des subarktischen Meeres.

Wir fuhren in der Folgezeit meistens nur unter Segeln, doch Dampf war angestellt und wurde immer benutzt, wenn der Wind ungünstiger wurde, so daß wir andauernd schnelle Fahrt hatten. Den Kurs legte ich über die Crozetinseln nach Kerguelen.

Das Wetter war anhaltend stürmisch, wenn auch vielfach die Sonne dabei schien. Die See war so unruhig, daß alle Arbeiten wesentlich erschwert wurden. Bei den magnetischen Beobachtun-

Sonntag an Bord

gen sprang einmal durch das Schlingern des Schiffes die Nadel aus ihren Lagern heraus, und bei den Lotungen mußte man sich mit Händen und Füßen halten, weil die Lotungsbrücke bisweilen fast bis ins Wasser tauchte. Das Schiff schöpfte von beiden Seiten, und knietief schälte das Wasser auf Deck, mitunter auch bis in die inneren Räume des Schiffs hinein. Am 20. Dezember wurde im Bodenschlamm die erste Verbindung mit dem Eismeer verspürt, kantige Feldspatstücke darin deuteten auf einen Transport durch Eisberge hin. An diesem Tag hatten wir das seltene Schauspiel, eine Herde von etwa 100 Walen in unmittelbarer Nähe zu sehen. Sie spielten um das Schiff, sprangen im Wasser umher, legten sich auf den Rücken oder standen auch senkrecht, nur mit dem stumpfen Kopf oder mit dem Schwanz aus dem Wasser emportauchend. Sie hatten eine weiße Kehle und einen weißen Bauch, eine scharfe Rückenflosse und dahinter einen länglichen weißen Fleck, auch weiße Streifen an der Seite wurden gesehen. Es waren alte und junge, die hier mit Sicherheit als Grindwale erkannt wurden.

Am Morgen des 21. Dezember trafen wir auf einen großen Dampfer der White-Star-Linie. Er kam dicht an uns heran, brachte drei Hurras, hißte mit Flaggensignalen; wir hißten »Alles wohl an Bord« und »Gruß für die Heimat« und hatten damit unsere letzte Begegnung mit der Kulturwelt gehabt. Wenige Tage

Gewichtskontrolle an Bord

später war es dann, als plötzlich an Backbord ein großer Eisberg erschien und gleich darauf an Steuerbord noch ein zweiter. Diese ersten soweit nach Norden vorgeschobenen Boten der Antarktis erregten große Sensation.

Nichtsdestoweniger feierten wir ein friedliches, schönes Weihnachtsfest. Bei rollendem Schiff wurden am Nachmittag ein künstlicher Baum geschmückt und die zahlreichen Geschenke aufgebaut, die uns von fern und nah zugeströmt waren. Um 4 Uhr wurden die Lichter angezündet und alle dazu gerufen, die an Deck irgendwie entbehrlich waren. Später versammelten wir uns dann um eine Punschbowle. Während das Nebelhorn oben ertönte, der Sturm wuchs und die im Dienst befindlichen Seeleute ab- und zuliefen, erfreuten wir uns unten des heimischen Festes.

Am nächsten Morgen wurde ich um 5 Uhr mit der Nachricht geweckt, daß die Inseln hervorkämen. Vor uns lag die Possession-Insel mit flach geneigten, breiteren Formen, die höheren Gipfel von Nebelwolken gekrönt, und rechts davon die Ost-Insel, als steiles Kastell aus dem Meer emporsteigend, oben gänzlich von Wolken bedeckt. Die Küste selbst ist steil und in der Wasserlinie von tiefen Grotten durchbrochen, in welchen die Wogen branden und schäumen. Man erkennt in ihnen den Kampf der Wellen mit dem Land, wie sie dieses mit starker Kraft unterhöhlen, so daß die Steine von oben nachstürzen, die Felsen herunterbrechen und eine Steilküste entsteht. Wir fuhren an der Südostküste entlang und spähten nach einer Landungsstelle aus, doch keine der Buchten schien dafür groß genug und geeignet zu sein. Wollten wir daher landen, konnte es nur durch Ausbootung vor der Küste geschehen. Ich beschloß, die Ausbootung zu versuchen, und es ging trotz stark bewegter See und schweren, böigen Windstößen wunderbar gut.

Am Ufer fanden wir ein paradiesisches Tieridyll vor. See-Elefanten lagen wie dicke Fettsäcke am Strand, mächtige Tiere, die bis 6 m lang werden können, mit stumpfer Schnauze. Sie hoben die Köpfe, um uns mit ihren riesengroßen Augen anzuschauen, brüllten und sperrten das Maul auf, um sich aber dann langsam wieder niederzulegen oder ebenso bedächtig ins Wasser zu wälzen. Auf den Felsenstufen umher standen massenhaft Pinguine. Über der Bucht umschwirrten uns zahlreiche Enten und viele Raubmöwen, auch ein Kormoran wurde zwischen den Pinguinen gesehen. Am Ufer liefen die weißen Chionis, der Scheidenschnabel, ein Uferläufer, umher und ließen sich mit leichter Mühe erbeuten, während der Riesensturmvogel, eine Mahlzeit erwartend, umherflog.

Wir nutzten die kurzen Stunden unseres Aufenthaltes auf der Possession-Insel nach allen Richtungen aus. Bidlingmaier nahm mit Ott magnetische Messungen vor. Philippi hatte den vulkanischen Kegel besucht und ein junges Alter dafür konstatiert. Werth botanisierte und Vanhöffen sammelte Insekten und Würmer, die er reichlich fand, und unter denen eine flügellose Fliege sein besonderes Interesse erregte, deren Umtaufung in »Gehe«, des Mangels an Flügeln wegen, angeregt wurde. Mittlerweile fuhr die »Gauß« vor der Küste hin und her, Nebel zogen hin und wieder, die sie bald unseren Blicken entzogen, bald wieder zeigten. Zweimal rauschten Regenböen herab, der Wind umbrauste das Schiff und auch uns oben auf dem Plateau. Wenn die Nebel sich zusammenzogen, hörten wir das Schiff mit der Dampfpfeife locken, ohne dem aber Folge geben zu können, weil die Arbeit noch nicht beendet war.

Zu allgemeiner Befriedigung waren wir gegen 7 Uhr abends auf dem Schiff zurück, reich an Beute und des Erlebten froh. Sofort wurde der Kurs dann ostwärts auf Kerguelen gesetzt. Bald war das Land außer Sicht. Am 30. Dezember loteten wir überraschend geringe Tiefe und schlossen daraus, daß wir uns auf dem Kerguelensockel befanden, welcher von dem Crozetsockel durch eine tiefe Mulde getrennt ist.

In der nächsten Nacht rollte das Schiff gewaltig. Ich war erst um Mitternacht zur Ruhe gekommen, weil ich die Sichtung von Kerguelen erwarten wollte. Um 5 Uhr jedoch trat die Insel hervor. Scharen von Vögeln stellten sich ein als die sichersten Anzeichen des Landes, Kaptauben, Albatrosse, Prion (Taubensturmvögel), Kormorane und Enten in unerschöpflicher Menge. Die Taubensturmvögel schaukelten auf den Tangen, die bis weit hinaus die Insel umgürten. Am Nachmittag des 31. Dezember hatten wir die Insel in deutlicher Sicht. Wir erblickten im Hintergrund echt vulkanische Bergformen. Die Berge waren mit Schnee bedeckt. Um 9 Uhr abends fiel der Anker.

In dieser Lage haben wir die Neujahrsnacht bei Punsch und Scherzen gefeiert wie in der Heimat. Das neue Jahr begann mit einem Sturm aus Süd, der uns hinderte, in das Innere des Sundes zu fahren. Gegen die Mittagszeit hatte der Wind abgeflaut und der Anker konnte gelichtet werden.

Bei schönem Wetter hatten wir durch ein Insellabyrinth, welches im Hintergrund die Schneeberge des Rossbergs und des Croziergebirges überragten, eine genußreiche Fahrt bis zur Beobachtungsbucht. Als wir uns dieser gegen drei Uhr nachmittags näherten, sahen wir dort ein weißes Haus, dann erschienen zwei Gräber, dann ein zweites Haus und dann ein großer Stapelplatz von Kohlen und Holz, endlich in einer langen Kette an einem Felsen lebhafte Gestalten, die sich durch ihr lautes Geheul als unsere Hunde vorstellten. Dann öffnete sich die Tür des einen Hauses und hinaus stürzten drei Gestalten, lebhaft winkend und rufend und wie närrisch bis zum Strand hineilend, immer und immer wieder in Rufe ausbrechend, welche die große Freude über unsere späte, aber glückliche Ankunft kundgaben. Im Augenblick waren Anker und Boot herunter und ebenso schnell von zahlreichen Insassen erfüllt. In wenigen Minuten waren wir mit unseren Freunden vereint.

Fragen drängten sich nun auf Fragen: Woher unsere späte Ankunft, wir wären schon für verschollen gehalten, wessen die Gräber – zwei Chinesen ruhen dort, die auf der »Tanglin« gewesen und an Beriberi gestorben waren, fast die ganze Mannschaft der »Tanglin« hätte diese Krankheit gehabt, daher große Schwierigkeiten mit der Ausladung, endlose Schwierigkeiten beim Aufbau der Station und so weiter. So folgten Erzählungen auf Erzählungen, bei denen uns dieser erste wie noch mancher andere Abend in froher Runde vereint hat.

Auf den Kerguelen

Der Plan, eine Station auf den Kerguelen in Verbindung mit der deutschen Südpolarexpedition zu errichten, rührte im wesentlichen noch von älteren Entwürfen her. Nach diesen sollten zwei Schiffe gleichzeitig in die Antarktis vordringen, von denen das eine die Aufgabe hatte, eine Verbindung zwischen dem eigentlichen Polarschiff und der Heimat zu erhalten – und zwar durch die Vermittlung eben jener Station auf den Kerguelen, welche zugleich mit größeren Vorräten an Kohlen und Proviant versehen sein sollte, um davon der südlichen Abteilung durch das Verbindungsschiff immer mitteilen zu können. Die Kerguelen-Inseln sollten mithin nicht allein den Ausgangspunkt der Expedition, sondern auch ein Verbindungsglied mit der Heimat bedeuten.

Dieser Plan wurde dann eingeschränkt und die Expedition nur mit einem Schiff ausgerüstet.

Etwas anders stand es mit den wissenschaftlichen Aufgaben der Kerguelenstation, für welche die Frage war, ob es unbedingt notwendig wäre, mit den Arbeiten in der Antarktis gleichzeitig magnetische und meteorologische Beobachtungen auf einer der Inseln des subantarktischen Meeres ausführen zu lassen, um dadurch ein wissenschaftliches Verbindungsglied zu haben, da die wissenschaftlichen Stationen der zivilisierten Welt von der geplanten deutschen Station in der Antarktis allzu weit entfernt lagen.

In dieser Beziehung stand die englische Expedition glücklicher da, indem sie ihre antarktischen Beobachtungen auf die Stationen Australiens und Neuseelands beziehen konnte, welche ihrem Arbeitsgebiet weit näher lagen wie eine antarktische Station südlich vom Indischen Ozean von irgend einem Observatorium der Kulturwelt. Noch günstiger war es hierin mit der schwedischen Expedition südlich von Amerika bestellt, zumal die Argentinische Republik sich auf gemeinsames Ersuchen Deutschlands und Englands entschlossen hatte, ihre schon bestehende wissenschaftliche Station bei der Staaten-Insel für die Zeit der Südpolarexpeditionen zu einer magnetisch-meteorologischen Station erster Ordnung auszugestalten. Wollte Deutschland daher ähnliche fundamentale Anschlußbeobachtungen haben wie die anderen Expeditionen, so mußte es sich eine Station dafür erst schaffen. Da die Kerguelenroute aus den älteren Entwürfen ohnehin übernommen worden war, ist es das Nächstliegende gewesen, an die Kerguelen selbst für die Errichtung dieser Station zu denken.

Die Gründung der Zweigstation auf Kerguelen wurde also wesentlich aus wissenschaftlichen Gründen beschlossen, und zwar auf direktes Ansuchen der Meteorologen und der Magnetiker des deutschen Beirates, welche diese Station für unerläßlich erklärten, um für die antarktischen Beobachtungen ein Fundament zu gewinnen. Ich selbst stand der ganzen Angelegenheit nicht ganz in gleicher Weise überzeugt gegenüber. Ich hielt die Station wohl für wichtig, legte ihr aber doch nicht den grundlegenden Wert bei, daß ich die Arbeiten auch der Hauptexpedition in ihrem Werte hiernach bemaß. Ich glaube bis heute, daß alle Beobachtungen in der Antarktis für sich allein schon fundamentalen Wert besitzen, der durch Beobachtungen auf den Kerguelen und durch die internationale Kooperation wohl noch gesteigert werden kann, aber in seinem Erfolge nicht dadurch bedingt ist. Waren doch die als unerläßlich geforderten Anschlußbeobachtungen der Station auch nur magnetischer und meteorologischer Art, während alle anderen Forschungen in der Antarktis schon für sich allein und für jeden Ort in ihrem Wert bestanden. Ich konnte mich aber nicht entschließen, bei dem erweiterten Forschungsplane unserer Expedition auf Meteorologie und Erdmagnetismus den Plan der Expedition allein zu begründen und die Kerguelenstation für unerläßlich zu halten. Die genannten Wissenszweige erschienen mir wohl für überaus wichtig, aber doch nur für gleichberechtigt mit Biologie, Ozeanographie und anderen Forschungsrichtungen.

Dieses war der Grund, weswegen die Kerguelenstation in meinen ersten Entwürfen nicht enthalten gewesen ist, desgleichen auch nicht in meinem Entwurf der Immediateingabe an Kaiser Wilhelm II., meinen ersten Vorträgen bei der Reichsregierung und Denkschriften an den Deutschen Reichstag. Wenn ich später aber den erdmagnetisch-meteorologischen Wünschen die Aufnahme in mein Programm einräumte, so geschah es in voller Würdigung der großen Wichtigkeit der Station für diese Disziplinen, aber doch in der Überzeugung, daß sie nur ein Teil der Expedition blieben.

Die Mitglieder der Kerguelenstation wurden möglichst frühzeitig gewählt und zur aktiven Mitwirkung bei den Vorbereitungen herangezogen. Die Herren Dr. Karl Luyken und Dr. Emil Werth sind im Herbst 1900 zu uns getreten und haben sich ihrer Aufgabe mit Hingabe gewidmet. In zwei Matrosen gewannen wir frühzeitig gute Kräfte für die Hilfsarbeiten. Ein fünfter Mitarbeiter für meteorologische Zwecke ist seit dem Frühjahr 1901 bei uns beschäftigt gewesen. Die Umstände brachten es mit sich, daß dieser letztere kurz vor unserer Abreise wieder ausschied. Unter den zahlreichen Bewerbungen, welche noch vorlagen, fielen die Blicke damals sofort auf Josef Enzensperger, der auf der Zugspitze weilte und den meteorologischen Dienst dort gerade ein Jahr lang versehen hatte.

Enzensperger, Luyken und der Matrose Wienke waren mit dem Lloyddampfer »Karlsruhe« zunächst nach Sydney gefahren, um dort unsere Hunde, einigen Proviant und die Ausrüstung der Kerguelenstation zu übernehmen und mit dem Lloyddampfer »Tanglin«, welchen das Reich für diese Zwecke gechartert hatte, nach den Kerguelen zu bringen. Unsere Vereinbarungen vor Rendsburg galten demnach den in Sydney vorzunehmenden Schritten und dann der ersten Anlage der Station auf den Kerguelen für den wahrscheinlichen und wünschenswerten Fall, daß die »Tanglin« dort früher eintreffen würde als die »Gauß«. In letzterer Hinsicht wurde verabredet, daß die »Tanglin« zunächst nach dem bekannten, von Wal- und Robbenschlägern am meisten geschätzten Dreiinselhafen des Royal-Sundes vorgehen sollte, weil man mit diesem am sichersten rechnen konnte; die Herren sollten sich umtun, ob die Inseln des Hafens selbst sich zur Anlage der Station eigneten. Hiernach ist auch verfahren worden. Daß die Umgebung des Dreiinselhafens sich nicht für die Anlage der Station eignete, war Enzensperger und Luyken bei ihrer Ankunft ebenso klar gewesen wie uns, als wir mit der »Gauß« dort einfuhren. Sie waren deshalb gleich nach der Beobachtungsbucht weiter gefahren und hatten sich nach kurzem Suchen dafür entschieden, die Station an diesem Orte zu gründen.

Mit der Anlage der Station wurde dann auch sogleich begon-

nen, und als die »Gauß« auf Grund einer im Dreiinselhafen vor-
gefundenen Nachricht den Stationsplatz erreichte, stand bereits
das Wohnhaus am Fuße eines niedrigen Lavaberges, der sich
nach Norden hin in Stufen zum Fjorde hinabsenkte. Der Berg bot
dem Hause Schutz gegen die herrschenden westlichen Winde
und war doch nicht so hoch, um die meteorologischen Anlagen in
der Umgebung des Hauses störend zu beeinflussen. Ferner stand
bereits Luykens magnetisches Variationshaus, wenn auch die
Wahl des Platzes dafür wegen des wasserdurchtränkten, schwan-
kenden Bodens schwierig gewesen war und die momentanen Arbeiten wesentlich darauf gerichtet wurden, feste Unterlagen zu
schaffen, um die Instrumente fundieren zu können. Östlich von
dem Stationshause war ein kleiner See mit trübem, aber brauch-
barem Wasser. Sein Abfluß war sogleich vertieft worden, um den
Wasserspiegel zu senken und den Boden in der Umgebung des
Hauses zu trocknen. Westlich vom Hause senkte sich das Gelände
zu einem Bach herab, der im Hintergrunde des Fjordes mündete
und frisches Wasser für alle Zwecke hergab. In der Umgebung des
Stationshauses waren nicht allein die astronomischen Beobach-
tungspfeiler und die Wegeanlagen der früheren englischen Expedition noch erhalten, sondern in zahlreichen Rundhöckerfelsen,
den Spuren früherer größerer Vergletscherung, auch natürliche
Pfeiler gegeben, auf welchen sich wissenschaftliche Arbeiten
zweckmäßig ausführen ließen. In der Nähe des Hauses lag zwischen steilen Felsen eine kleine Bucht, in welcher das Boot der
Station einen guten Schutz fand. Die Küste war 10 bis 20 m hoch,
aber in dieser Bucht und in dem erwähnten Bach für alle Zwecke
zugänglich.

Der erste Rundgang um die Stationsanlagen, welchen wir unmittelbar nach der Ankunft am Nachmittag des 2. Januar machten, zeigte, was noch zu tun war. Wir ließen unsere Zimmerleute
Heinrich und Reimers an Land gehen, um die Stationsanlagen
weiter zu fördern, während die »Gauß« am ersten schönen Tage
die Bucht wieder verlassen sollte, um etwas weiter draußen, aber
noch vor dem Dreiinselhafen, zur Bestimmung magnetischer
Konstanten auf verschiedenen Kursen zu drehen. Dann sollte sie
beginnen, die für sie auf den Kerguelen gestapelte Bagage einzu-
nehmen, welche aus der neuseeländischen Westportkohle, etwas
Proviant, Holzmaterial für den Bau der Stationshäuser in der Antarktis und vor allem in unseren Hunden bestand, die in vor-

trefflicher Gesundheit, wenn auch mager, um den Felsen des Stationshauses angekettet waren und sich bereits reichlich vermehrt hatten. Junge Tiere spielten um die alten herum und fielen nur ab und zu den Raubmöwen zur Beute, welche in großen Scharen den Stationsfelsen umschwärmten und in ihrer dummen Dreistigkeit nicht allein Kaninchen und junge Hunde, sondern auch Menschen zum Ziele ihrer Begehrlichkeit wählten, was aber natürlich zu ihrem Unheile ausfiel.

Am 3. Januar konnten wir das Drehen nicht vornehmen, weil ein böiger Sturm war, bis zur Stärke 11 oder mehr. Der Tag wurde deshalb mit kleineren Ausflügen verbracht, wobei Philippi geschrammte Geschiebe fand, welche von der früheren Vergletscherung herrührten. Vanhöffen konstatierte an einem unzugänglichen Steilabfall noch zwei prächtige Stauden Kerguelenkohl, welche die Kaninchen übriggelassen hatten, weil sie dorthin nicht gelangen konnten. In diesem Sturm setzte sich die »Gauß« ungewollt in Bewegung und begann um 4 Uhr nachmittags zu treiben. Die Schiffsmannschaft wurde schnell alarmiert, der zweite Anker fiel, und die Katastrophe war verhütet. Abends um 6 Uhr versuchten an Land gewesene Mitglieder der Expedition, zum Schiff zurückzugelangen. Unter der Steuerung Vanhöffens kamen sie

Das Wohnhaus der Kerguelen-Station (von links Drygalski, Ruser, Bidlingmaier, Enzensperger, Werth)

auch quer zum Winde bis in die unmittelbare Nähe der »Gauß«, vermochten die ihnen zugeworfene Fangleine aber nicht zu erhaschen und trieben nun rettungslos an der Schiffswand vorbei nach außen hin. Es blieb ihnen nichts anderes übrig, als das Boot hinter eine vorspringende Landzunge zu steuern, was auch gelang, und so entstand dort die erste jener unfreiwilligen Landungsstellen, welche sich im Laufe des Monats infolge des unberechenbaren Kerguelenwetters noch stark vermehren sollten und zu Ehren der jeweilig gestrandeten Mitglieder mit Namen wie Stehrs-Ruh, Vanhöffens-Ruh, Lerches-Ruh und anderen an die Schicksale der Unternehmer erinnerten.

Am 4. Januar war das Wetter besser, und in aller Frühe begann das Ankerhieven, um mit dem Schiff hinauszugehen. Natürlich ging es nicht glatt vonstatten, indem an der großen Winde die Pleuelstange brach und die schweren Anker mit der Hand aufgeholt werden mußten. Störend war auch das viele Kraut, welches sich um sie geschlungen hatte, und auch deshalb, weil es die Seeventile verstopfte und in der Zufuhr des Wassers zu den Kesseln Störungen brachte. Wir haben selbst im Eise noch einige Zeit Kerguelenkraut in den Seeventilen gehabt. Gegen 10 Uhr kamen wir aber vom Fleck und drehten mit der »Gauß« bis 6 Uhr abends auf kleinem Raum, welcher zwar nicht gestattete, längere Zeit auf demselben Kurse zu liegen, aber dennoch alles gut erledigen ließ. Am Vormittag wurden die Konstanten für Horizontalintensität und zum Teil für Deklination, am Nachmittag für Inklination, für Vertikalintensität und die übrigen Teile der Deklination bestimmt. Trotz zeitweiliger heftiger Böen lag die »Gauß« in dem ruhigen Wasser des Sundes stetig und fest auf ihrem Kurse. Kapitän Ruser ließ dabei vom Fockmast noch die beiden obersten Rahen entfernen, um dem Winde nicht zu viele Angriffspunkte zu lassen. In der Maschine wurden für diese Arbeiten nicht weniger als 96 verschiedene Manöver ausgeführt.

Der nächste Tag war ein Sonntag und sollte allgemein gefeiert werden, weil die Mannschaft seit Kapstadt wegen des bösen Wetters ohne Feierstunden geblieben war. Sein schönes sonniges Wetter lud auch zu Ausflügen ein.

So begaben sich die Offiziere Vahsel und Ott schon in früher Morgenstunde auf Jagd und wünschten dazu die Begleitung von Treff, mußten das arme Tier aber förmlich an den Haaren herausziehen, da es nicht die geringste Lust zum Mitgehen verspürte. In der ersten Stunde, in der er an Land gewesen, hatte er sich über die Kaninchen, die ihn umsprangen, derartig aufgeregt, daß er darüber selbst seinen Herrn Luyken, der ihn nach der langen Trennung am Ufer erwartete, nicht wiedererkannte, sondern sich in das erste beste Kaninchenloch vergrub, aus dem er auch bald mit seiner Beute hervorkam. Außerdem hatte er bei seinen Begegnungen mit den Polarhunden bereits üble Erfahrungen gemacht. Die zottigen Hündinnen begünstigten freilich den schmucken europäischen Kavalier, wie wir nicht lange nach unserer Abreise von den Kerguelen an einem Wurf von sechs jungen Treffs erkannten; die männlichen Zuchthunde waren aber anderer Ansicht und hatten das arme Geschöpf gleich zu Anfang derartig zerbissen, daß ihm die Augen verquollen und sein glattes, leicht angreifbares Fell von Bißwunden bedeckt war. Er hatte sich in den harten Kämpfen wacker gewehrt, merkte aber doch, daß sein Aufenthalt am Lande nicht eine ungetrübte Freude war. Schließlich folgte er aber den beiden Offizieren, hat bei ihnen aber auch üble Erfahrungen gemacht, weil er das wenig scheue Wild seinen Jägern eher verjagte als zutrieb; anerkannt wurden nur sein Mut und die Sicherheit, mit welcher er die gefallenen Vögel aus den Fjorden herausholte.

Die Mannschaft hatte sich in den Sonntag geteilt, weil das Schiff bei dem unberechenbaren Wetter nicht zugleich von allen verlassen werden konnte. Die erste Partie, aus Urbansky, Franz, Berglöf, Bähr und anderen bestehend, kam am Nachmittag mit großem Hallo zurück und brachte einen Schafbock mit, der von den sie begleitenden Hunden aufgespürt und ins Wasser getrieben worden war, in dem sie ihn fingen. Es war einer der beiden entlaufenen Böcke, welche die Mitglieder der Station auf der »Tanglin« nach den Kerguelen gebracht hatten und dort laufen ließen, weil die beiden zugehörigen Schafe, mit welchen sie Zucht treiben wollten, auf der Reise von den Hunden zerrissen worden waren. Das Tier stand nun in ödem Stumpfsinn auf der »Gauß« einige Zeit lang unter der Back, wurde dann aber wieder freigelassen, weil wir nichts mit ihm anzufangen wußten und auch zu seinem Genuß keine Neigung verspürten. Nahrung gab es für ihn auf den Kerguelen reichlich in einer kleinen halbstrauchigen Heidepflanze, Acaena, Gräsern und anderen Pflanzen, so daß man für sein Fortkommen nicht besorgt zu sein brauchte. Auch viele Vögel brachten die Leute mit, die sie aus Erdlöchern ausgegraben hatten. Dadurch ermunterten sie die zweite Partie, am Nachmittag mit Hacke und Spaten auszuziehen, um dieses Werk fortzusetzen – vielleicht auch in der Hoffnung, auf der unbekannten Insel noch Gold und Diamanten zu finden.

Auch sie brachten Vögel und Kaninchen mit. Assistent Heinacker, der in seinem Leben das erste Mal auf Jagd ging, hatte es sich dabei nicht versagen können, auch das Gewehr zu benutzen. Da die Tiere ihm dazu nun wenig Gelegenheit boten, weil sie sich ohne Feuerwaffe erreichen ließen, hatte er schließlich ein Kaninchen eingefangen und es angebunden, um es so aus der Ferne zu schießen. Die Fama sagte dann aber weiter, daß er die Schnur durchschoß, so daß gerade dieses Tier ihm schleunigst entlief. Philippi brachte acht Enten und einige Chionis; auch Kormorane und Raubmöwen wurden erlegt. Vahsel und Ott hatten noch reichlichere Beute, deretwegen sie allerdings bis zum Leib und darüber im Moore versunken waren. Stehr schoß einen Pinguin, der nachher aber in seinem Rucksack wieder auflebte und zu schnarchen begann. So hatten wir für die nächsten Tage Nahrung genug.

Ich selbst begab mich mit Gazert und Enzensperger von der Station in das breite Tal, welches nordwestlich von ihr mündet. Es mag fast einen Kilometer breit und nur drei Kilometer lang sein, ist an seinem Boden von vielverschlungenen Seen bedeckt und in der Mitte von einem Rundhöckerfelsen (Mittelberg) in zwei parallele Talzüge geteilt. Wir gingen in der rechten Hälfte dieses Tales aufwärts und hatten zunächst von dem Mittelberg eine schöne Umschau über das Land. Er besteht aus Basalt und Mandelstein, die in verschlungenen Grenzen gegeneinander absetzten; oben und unten war Basalt und dazwischen Mandelstein, den die Basalte noch mehrfach durchdrangen. An seinem westlichen sanft geneigten Abhang lag ein grober Sand, der aus weißen Kristallsäulen und Platten bestand.

Von der Höhe des zweiten Rundhöckers, welcher das Tal im Westen abschloß und später von den Mitgliedern der Station nach mir benannt wurde, hatten wir eine schöne Umschau über das Land. Nach Westen sahen wir in ein weiteres, vielverschlungenes Seengebiet hinunter, in dem einzelne Teile durch ihre schwarzen, mit Tangen besetzten Uferlinien deutlich erkennen ließen, daß es schon Fjorde waren, die mit dem Royalsund in Beziehung stehen, während in anderen Seearmen, die sich mit ihnen begegneten, diese Kennzeichen fehlten.

Weit in der Ferne, im Südwesten, blickten wir auf das grandiose Massiv des Rossbergs. Er selbst ist der dritte Gipfel einer Halbinsel und besteht aus zwei Gipfeln, die durch eine vergletscherte Scharte voneinander getrennt sind. Mehr gegen Westen hin sah man noch sieben bis acht weitere Schneegipfel, hohe Kegel, seltener Rücken mit Kuppen, teilweise fast kraterförmig gestaltet. In den Mulden lagen Firnmassen, die an steilen Felskanten abbrachen. Aus der Scharte zwischen den beiden Gipfeln des Rossbergs führte eine Lawinenbahn hinab. Jene Gegend hat eine mächtige Gletscherentwicklung, welche von der Höhe teils in steilen Fällen, teils auch in ruhiger geformten Strömen zur Tiefe, vielleicht bis zum Meere herabsteigen. Ausgeprägt ist in jenem höchsten Teil der Insel nicht die Gratform, sondern die Kegelform auf den Höhen, so daß es aus der Ferne den Anschein hat, als hätten wir es mit einem vulkanischen Gebirge zu tun. Dieses gewaltige Massiv zu durchstreifen, bildete in unseren langen Betrachtungen über den Verlauf der Gletscher und Grate darin das Ziel unserer Sehnsucht. Namentlich Gazerts und Enzenspergers Blicke waren heute wie noch bei folgenden Gängen immer wieder auf diese Bergmassen gerichtet, doch sollte es auch für Enzensperger nicht dazu kommen. Denn dieses wie andere hohe Ziele, die ihn beschäftigt hatten, wurden durch das furchtbare Schicksal, das ihn ereilte, zunichte gemacht.

Mit dem 6. Januar hatte die Verstauung unserer Bagage begonnen. Die Kohlen an Land wurden in Säcke getan, diese unter der Aufsicht Otts mit einem Hundeschlitten über Acaenapolster zum Fjorde gefahren und dort mit Booten zum Schiffe verfrachtet. Unser Naphtamotorboot »Leipzig« unter der Führung Stehrs bugsierte die Kohlenboote zum Schiffe und zurück. Etwa 20 solcher Säcke machten eine Tonne aus, und etwa 2 Tonnen gingen in ein Boot; 18 bis 20 Tonnen pro Tag ließen sich auf diese Weise hinüberschaffen. So war die Kohleneinnahme eine mühsame und zeitraubende Arbeit, doch ließ es sich nicht anders machen. Die »Tanglin« hatte zum Löschen der Kohlen unmittelbar am Ufer gelegen und sich mit ihm durch eine Landungsbrücke verbunden, was Kapitän Ruser jedoch wegen des größeren Tiefganges der »Gauß« nicht versuchen wollte. Immerhin ging die Arbeit rüstig vonstatten, zeitweilig so schnell, daß die Leute an Bord die ihnen zugeführten Kohlen nicht schnell genug in die unteren Schiffsräume wegstauen konnten und die Arbeit dann unterbrochen werden mußte, um ihnen Zeit zu lassen. Die größte hierbei erreichte Leistung ist wohl 500 Sack gleich 25 Tonnen an einem Tage gewesen.

Mittlerweile gingen die Arbeiten an der Landstation ihren ruhigen Gang. Nachdem der Windschutz vor dem magnetischen Variationshaus beendigt war, wurde von den Zimmerleuten ein Schuppen zur Stapelung der Bagage an dem Ostgiebel des Wohnhauses erbaut. Dann ging es an die Aufstellung des magnetischen Beobachtungshauses für absolute Messungen, an die Einrichtung einer Landungsstelle für das Boot durch Spannung eines Drahtkabels quer über die kleine Bucht nördlich vom Wohnhause. Die inneren Einrichtungen des Wohnhauses wurden durch Anbringung von Konsolen und Regalen ergänzt, auf denen die Bibliothek und die Instrumente Platz fanden. Schon am 8. Januar stand die meteorologische Hütte und kam in Betrieb.

Von besonderer Wichtigkeit waren magnetische Arbeiten, welche jetzt einmal darin bestanden, eine kleine Rundvermessung in der Umgebung der Station vorzunehmen, um den am wenigsten durch die vulkanischen Gesteine lokal gestörten Ort für die Aufstellung des »absoluten Hauses« kennenzulernen, sodann aber in Messungen auf den Inseln, zwischen welchen die »Gauß« zu den Bestimmungen der Schiffskonstanten gedreht hatte. Ersteres wurde durch die Herren Bidlingmaier und Luyken erledigt, während zu letzterem Zweck Bidlingmaier mit dem zweiten Offizier Ott auszog. Sie hatten ursprünglich geplant, es mit Kajaks zu tun, doch hatte ich dem nicht zugestimmt, weil in dem schon genügend bekannten Kerguelenwetter die Verwendung von Kajaks in den äußeren Teilen des Sundes bedenklich erschien. Sie unternahmen die Tour deshalb auf der Naphtabarkasse »München«, welche zur Station gehörte, und wurden für den Anfang noch durch die andere Naphtabarkasse »Leipzig« bugsiert, bis sie günstigen Wind bekamen und segeln konnten, weil die Maschine von »München« momentan nicht verwendbar war. Verabredet war, daß sie jeden Abend um 9 Uhr von der Höhe derjenigen Insel, auf der sie sich gerade befanden, farbige Leuchtkugeln abschießen sollten, und zwar rote, wenn alles in Ordnung war, grüne dagegen, wenn sie Hilfe bedurften.

Sie zogen mit Zuversicht hinaus, und man sah sie am Nachmittag des ersten Tages auf der Heughinsel arbeiten. Am Abend dieses und des nächsten Tages signalisierten sie rot; es war also alles in Ordnung. Dann aber kam in der Nacht auf den 10. ein Sturm, einer der schwersten, die wir gehabt. Der Kapitän wurde in der Nacht gerufen, weil Bedenken bestanden, daß das Schiff sich los-riß und ins Treiben geriet; es war derselbe Tag, an dem Herr Stehr mit der Naphtabarkasse »Leipzig« rettungslos davontrieb und wo die Einnahme von Kohlen eingestellt werden mußte, weil kein Verkehr mit dem Lande möglich war. Gazert war in einem Kajak fortgefahren und kam nur mit Mühe zurück; ich selbst brauchte vier Mann zum Rudern, weil ich ans Land kommen mußte. An diesem Tage war auch unserer magnetischen Partie ein Unglück passiert, welches uns durch am Abend zur verabredeten Stunde von der Blakeney-Insel emporsteigende grüne Leuchtkugeln kundgetan wurde.

Wir antworteten von der »Gauß«, daß das Signal verstanden war, und am Morgen des 11. Januar zogen die Offiziere Vahsel und Stehr mit Dr. Gazert und dem kundigen Norweger Björvig auf der Naphtabarkasse »Leipzig« hinaus, um nach den Schiff-brüchigen zu sehen. Sie fanden sie auf der Blakeney-Insel selbst in gutem Wohlsein und noch zur Fortsetzung ihrer Arbeiten be-reit; für die Nächte hatten sie noch nicht einmal den Schlafsack gebraucht. Wohl war aber ihr Boot zu Schaden gekommen. In der offenen Bucht, in welche sie es gelegt hatten, war das Ankertau im Sturme gerissen und es selbst auf die Felsen getrieben; dabei war die Schraube verbogen, eine Naphtazuflußröhre verletzt und ein Leck entstanden. Auch einige Sachen waren verlorengegangen. Da Bidlingmaier seine Arbeiten noch fortsetzen wollte, wurde zu-nächst nur Björvig zurückgelassen und ihnen selbst Abholung mit der »Gauß« für den nächsten Tag versprochen. Ihre Arbeit war dann glücklich erledigt worden in elf Stationen auf drei ver-schiedenen Inseln.

Das Wetter war auch in der Folgezeit anhaltend scheußlich; ozeanische Weststürme kamen und gingen, Kumuluswolken jag-ten über die Felsen, verdichteten sich sofort oben zu Nebel und verdeckten den Himmel. Wir ließen uns aber nicht abhalten, auch weitere Touren zu machen. Die größte nahm Philippi vor, der dabei interessante Sammlungen an Gesteinen, glazialen Resten und vornehmlich auch Photographien mit heimbrachte. Ich selbst führte in den Tagen um den 20. Januar Schwerkraftbestim-mungen aus, und zwar im Zelt, wobei ich mehrfach unter den Stürmen mit ihren Schnee- und Regenschauern zu leiden hatte, die am 18. Januar so stark gewesen waren, daß Bidlingmaiers Zelt, in welchem er magnetische Beobachtungen machte, zusammenbrach und Luykens Variationshaus, das mit Leinwand umnagelt war, von dieser entblößt wurde, während mein Pendelzelt glücklicherweise hielt. Ich wurde nur insofern in Mitleidenschaft gezogen, als der erste Offizier Lerche, der mich zum Schiff hinüberholen sollte, mit dem Boot an der üblichen Landzunge strandete, so daß wir mehrere Stunden unfreiwilligen Landurlaub hatten.

Am 14. Januar waren die Arbeiten im magnetischen Observatorium so weit gediehen, daß die Aufstellung der Instrumente versucht werden konnte. Prüfungen mit Libellen, ob die Stative ruhig und konstant stünden oder ob der Boden sich noch bewegte, hatten befriedigende Resultate ergeben. Um innen eine konstante Temperatur zu erhalten, wurde mit einem kupfernen Ofen geheizt; es wurde dadurch bewirkt, daß die Temperatur im Laufe des Tages innen nur um ein Minimum schwankte. Am 24. Januar wurden die ersten Registrierungen versucht und am 26. die ersten Kurven gezeigt; aus denselben ging hervor, daß wir der Zukunft dieser Station mit Vertrauen entgegensehen konnten. Dazu war die meteorologische Station schon längst im Gange und wurde nur noch in Einzelheiten verbessert.

Auch die Einnahme der Kohlen näherte sich um den 20. Januar ihrem Ende; einschließlich der an Deck verstauten Kohlen betrug unser Bestand bei der Abfahrt 370 Tonnen, wozu noch 40 Tonnen Anthrazit zum Betriebe der Füllöfen kamen. Am 24. Januar war auch die Holzlast an Bord und kunstvoll an Deck verstaut, und zwar von der vorderen Winde nach hinten zu bis in die Mitte des Laboratoriums. Wenn man den vorderen Teil des Schiffes aufsuchen wollte, mußte man über sie hinwegturnen, da sie bis zur Höhe der Reeling lag. Die Taue der Segel waren für diese Zeit an den Wanten befestigt, damit ihr Gebrauch durch die Verstauung der Holzlast nicht behindert war. Großen Umfang nahmen auch die Platten von Korksteinen ein, die ebenfalls für den Bau von Stationsgebäuden in der Antarktis zur besseren Isolierung derselben mitgeführt wurden. Sie fanden auf der Lotungsbrücke über dem Maschinenhaus Platz. Die Arbeiten mit diesen Platten hatten Augenkrankheiten bewirkt aus Ursachen, die uns nicht recht klar waren; sie gingen auch bald vorüber. Schon am 23. Januar war unser Naphtamotorboot »Leipzig« aufgehißt und in

ihm die Netze des Zoologen verstaut, wodurch den immer wiederholten Strandungen mit diesem Boot ein Ende gesetzt war. Am
27. Januar wurden Kajaks und Schlitten wie bei der Ausreise auf
einem Gerüst zwischen den beiden Deckshäusern untergebracht.
Danach folgten noch Einzelheiten, die mit einem letzten überla-
denen Boot am 30. Januar an Bord gebracht wurden. Die »Gauß«
lag nunmehr 20,4 Fuß hinten und 19,8 Fuß vorne tief, also etwas
mehr als bei der Abreise von Kiel, was wir bei der nun folgenden
Fahrt auch genügend merken sollten.

Mehrfach waren in den letzten Tagen noch Touren unternommen worden, deren eine im Hintergrunde der Beobachtungsbucht vier See-Elefanten gezeigt hatte; außerdem wurde noch
viel photographiert. Ich selbst hatte auf einem kurzen Gange die
beiden Chinesengräber besucht, einfache Hügel, auf jeden ein
Bündel mit Reisstroh gestellt und chinesische Schrift an einfachen Kreuzen. Sie waren die Opfer von Beriberi geworden, die
sechs Monate später auf unserer Station so namenloses Unglück
anrichten sollte. Sonst lag es mir ob, in diesen letzten Tagen noch
den Plan für eine Hilfs- und Ersatzexpedition für die »Gauß« niederzulegen.

Dieser Plan sah in erster Linie die Vereinigung mit der Hauptexpedition an einem bestimmten Punkte vor, als welcher mir nach
reiflicher Überlegung das Knoxland als der geeignetste erschien.
Es war der verhältnismäßig sicherste Punkt, den uns die Expedition von Wilkes in jenem ganzen großen Gebiete hinterlassen
hatte, und war auch ein Punkt, den die Gaußexpedition, falls ihr
Schiff scheiterte, zu Schlitten voraussichtlich erreichen konnte,
weil er von der Stelle ihres Eindringens in das Eis nicht allzu weit
entfernt lag. Denn die so frühzeitige Entsendung einer Hilfsexpedition hatte nur dann einen Zweck, wenn sie mit einer frühzeiti-
gen Beschädigung der »Gauß« rechnete, also mit Vorgängen, die
in der Nähe ihres Eintritts in das Südpolareis lagen.

Diese Pläne wurden in einer Denkschrift niedergelegt und dem
Reichsamt des Inneren übersandt. Vorher hatte ich sie meinen
Begleitern vorgelegt und bei ihnen, von einer kleinen Vervollständigung, die Vanhöffen angab, abgesehen, ungeteilte Zustimmung
gefunden. Insbesondere fand ich von Kapitän Ruser unbedingte
Billigung gerade auch dafür vermerkt, daß die Hilfsexpedition
schon im Jahre 1903 anreisen sollte, weil es, wie er meinte, sonst
zu spät werden könne.

Die letzten Tage des Kerguelenaufenthalts wurden von der Mannschaft noch zu einer großen Wäsche benutzt, da anzunehmen war, daß der folgende Teil der Schiffahrt wenig Gelegenheit dazu bieten würde. Ich selbst badete am 28. Januar mit Bidlingmaier in dem kleinen Bache westlich von der Station, da das Wasser im Sonnenschein verlockend erschien. Ich machte aber bei 10 Grad Wassertemperatur und bei 8 Grad Luftwärme, daß ich schleunigst wieder herauskam, weil diese Sommererfrischung auf den Kerguelen doch zu schneidend ausfiel. Sonst wurde am Lande noch ein Bootshafen angelegt, ein Segeltuchboot neu bezogen und die letzten Zimmererarbeiten vollendet. Am 29. löste ich meine astronomische Station auf und übergab sie an Herrn Dr. Werth, nachdem ich während des Monats unseres Dortseins Zeitbestimmungen gewonnen hatte, um den Gang unserer Chronometer zu kontrollieren und den Anschluß derselben an eine feste Station für die Fortsetzung der Fahrt nach Süden zu haben. Für die künftigen diesbezüglichen Arbeiten auf den Kerguelen waren durch Anlage von Marken noch geeignete Vorbereitungen getroffen worden.

Am 27. Januar haben wir mit den Mitgliedern der Station gemeinsam gefeiert, wobei es in beiden Messen hoch herging; bis zu später Nachtstunde erschollen von hüben und drüben fröhliche Lieder. Der Bedeutung des Tages als des Ausgangspunktes unserer Expedition für die Fahrt ins Unbekannte wurde gedacht. Der Morgen graute, ehe wir uns trennten. Am Tage darauf sah man nachdenkliche Gesichter, doch alle blickten auf das Fest befriedigt zurück. Hier und da bestand etwas Unwohlsein, das auf den nächtlichen Genuß von Wasser infolge quälenden Durstes geschoben wurde, dem dabei alle möglichen Bakterien zugeschrieben wurden, die es nicht hatte.

Dann nahte die Trennungsstunde. Beim frühesten Morgengrauen begab ich mich am 31. Januar noch einmal an Land, um die Hunde zu holen. Die Einbootung der Tiere geschah unter einem immensen Geheul; einer stürzte sich ins Wasser, um der Einbootung zu entgehen, ein anderer, der zurückbleiben sollte, wollte seinen Kameraden nachschwimmen, als diese vom Ufer abstießen. Gegen 40 schöne Tiere kamen dann glücklich an Bord und lagen zunächst, ehe ihnen ein geeigneter Raum angewiesen war, auf den Säcken und Kohlen und Brettern umher. Erst am Abend des Tages wurden sie unter der Back untergebracht, wo sie verblieben. Paul Björvig hat die ganze Zeit rührend für sie gesorgt. Sie selbst aber waren unverträgliche Gesellen, bei denen Kämpfe zu den Alltäglichkeiten gehörten, die freilich meistens nicht so schlimm ausfielen, wie es den Anschein hatte, weil ihr dickes, zottiges Fell sie vor Bißwunden schützte. Immerhin sind einige Hunde auch bei diesen Kämpfen zugrunde gegangen.

Die Mitglieder der Kerguelenstation hatten mich an Bord begleitet und nahmen mit uns noch ein gemeinsames Frühstück ein. Unser Postbeutel wurde fertiggemacht und ihnen übergeben.

Gleich nach 8 Uhr wurden die Anker gelichtet, was diesmal sogar möglichst glatt ging, und kurz nach 9 Uhr fuhren wir aus der Stationsbucht heraus. Die »Gauß« grüßte mit der Flagge und vom Ufer aus antworteten uns in gleicher Weise Urbansky und Wienke. Werth, Enzensperger und Luyken waren auf den Felsvorsprung östlich vor dem Stationshaus gegangen und winkten uns von dort einen herzlichen Abschiedsgruß zu. Ihre Rufe setzten sich fort, solange wir sie sehen konnten, und wurden von uns erwidert. Wir waren alle guten Mutes und ahnten nicht, daß wir damals Enzensperger zum letzten Male gesehen.

Zu unbekannten Küsten

Die Ausfahrt aus dem Royalsund ging rascher vonstatten, als einen Monat früher die Einfahrt, weil uns die westlichen Winde jetzt halfen. Wir machten einen kurzen Aufenthalt im Dreiinselhafen, um von der dortigen verfallenen Hütte Fensterglas mitzunehmen, weil das für uns bestimmte Glas beim Transport über Sydney zerbrochen war. Dieser Transport hatte auch sonst noch Minderungen unserer Ausrüstung zur Folge gehabt, deren empfindlichste das Abhandenkommen aller Messingteile für die magnetischen Stationsgebäude war, so daß schon Enzensperger und Luyken sich auf den Kerguelen durch Anfertigung neuer Messingnägel aus Draht oder auch mit Holznägeln hatten behelfen müssen. Viel brauchbares Glas fanden wir allerdings nicht; der Aufenthalt wurde kurz, da wir nicht vor Anker gingen, und schon um 2 Uhr wurde die Fahrt durch dichte Tangstreifen mit unendlichen Scharen von Mantelmöwen wieder fortgesetzt.

Die Felsen des Sundes waren bei der Ausfahrt wunderbar klar. Der Schnee war im Januar stark zusammengeschmolzen, wie wir es auch auf der Station beobachtet hatten. Um 4 Uhr hatten wir die Buchananinsel erreicht, die äußerste vor der südlichen Umrandung des Sundes, ein Vulkankegel, wie die weiter innen gelegenen auch. Vor ihr und der Küste brandete die Dünung auf Percy Rock, und auch weiter nördlich auf Balfour Rock war ein heftiger Anprall der Wellen, so daß diese unterseeischen Klippen dadurch leicht erkannt werden konnten. Hinter denselben wandten wir uns sogleich südlich und betrachteten die steilen Kaps der südlichen Küste, in welchen die Insel im Meere verläuft, während in der Ferne das hohe Wyville-Thomsen-Gebirge ein Wahrzeichen blieb.

Noch am Abend des 31. Januar war die Küste in Sicht, doch die meisten Mitglieder der Expedition waren wenig genußfähig, da mit der Umschiffung der äußeren Klippen ein starkes Schaukeln begonnen hatte, welches akute Anfälle von Seekrankheit bewirkte, die sich bei dem einen in Gereiztheit, bei dem anderen in Schläfrigkeit und einem dritten noch direkter äußerte. Am folgenden Morgen war von der Küste nichts mehr zu sehen.

Wir hatten eine unruhige Nacht gehabt, und ständig rauschte viel Wasser über Deck. Die Bewegungen der »Gauß« waren minder heftig als vor den Kerguelen, weil die Stauung der Ladung jetzt zweckmäßiger war, doch ihr Ausmaß war größer, und man konnte nun häufig sehen, wie das Schiff von beiden Seiten schöpfte. Im Laboratorium entstand starke Verwüstung an Glassachen, leider auch an photographischen Platten, und die Hunde fühlten sich unter der Back nicht gerade behaglich, weil sie mehrfach überschwemmt wurden, was für die übrigen Teile des Decks eine genügende, für den Hunderaum selbst aber noch lange nicht ausreichende Reinigung war.

Die Leckage der »Gauß«, welche bei der ruhigen Lage auf den Kerguelen wenig Arbeit gemacht hatte, zeigte sich in aller Stärke von neuem. Dreimal täglich mußte gepumpt werden, und es wurde klar, daß alle bisherigen Dichtungsversuche den Schaden nicht beseitigt hatten, weil er zweifellos in einer Lockerung des Gefüges durch die heftigen Bewegungen des Schiffs bestand und vorzugsweise im Rudertunnel saß.

Am 2. Februar war ein schöner, ruhiger Tag; der Fortschritt der Fahrt war gering und wurde auch durch Dampf nicht beschleunigt, da wir uns der Heardinsel näherten und sie auch bei langsamer Fahrt in der Nacht auf den nächsten Tag schon erreichen mußten. Der Tag wurde in Ruhe verbracht; wir lebten von frischen Vögeln, von denen ein Kormoranragout vortrefflich schmeckte, während die kleinen Hunde, um sich gleiche Genüsse zu verschaffen, eine Sammlung von Vogelbälgen aufgefressen hatten, die aber zu ihrem Schaden schon mit Arsen vergiftet waren, was ihnen zeitweilige, aber nicht nachhaltige Beschwerden verursachte.

Am 3. Februar wurde ich um 4 Uhr gerufen, weil die Heardinsel in Sicht war. Wir standen westlich von Shag Island, einem scharfen, zackigen Grat mit mindestens drei Klippen davor, und steuerten direkt auf die noch in nebliger Ferne nur undeutlich erscheinende Heardinsel zu. Um 5 Uhr lichteten sich die Nebel und für kurze Augenblicke wurde der mächtige Kaiser-Wilhelm-Berg klar, als ein runder, vereister Gipfel zu riesigen Höhen emporsteigend und nach allen Seiten Gletscher über stufenförmig abfallende Felsen bis zum Meere entsendend. Er bildet die Hauptmasse der Insel und wird nur gegen Nordwesten durch eine niedrigere vulkanische Landzunge fortgesetzt, von der sich wiederum ein kleiner jungvulkanischer Rücken ablöst, welcher die Corinthian-Bai im Westen begrenzt und mit Rogers Head endigt.

An der Nordseite der Insel, vor der wir standen, zählte ich sieben mächtige Gletscher, die mit steilen Eiswänden dicht am Meer abbrechen – aber nicht im Meere selbst, wie es zunächst erschien; denn bei größerer Annäherung sahen wir vor den steilen Wänden noch heruntergebrochene Eisblöcke gelagert. Auf der Nordseite sind zwei Häfen bekannt. Das ist einmal die Mechanics-Bai, durch eine Klippe gegen Westen geschützt, sonst aber offen und mit stark bewegter See, so daß sie jedenfalls keinen günstigen Liegeplatz hat. Etwas besser geschützt war die weiter westlich gelegene Corinthian-Bai, auf die wir zuhielten; doch war auch sie gegen Osten und Norden hin offen. Wir fuhren in ihr bis auf 3 km Abstand ans Land heran und warfen um 6½ Uhr morgens Anker im Angesicht des jungen Vulkangebiets von Rogers Head.

Die Felsen dieser Landzunge bestehen aus einer Folge von dünnen Lagen, weißlich und grau gefärbt. Es hatte aus der Ferne den Anschein, als ob wir es hier mit einem schmutzdurchsetzten Eise zu tun hätten, doch erwies sich das Material als eine weißliche, feldspatreiche Lava. In einer steilen Scharte dieser Landzunge, die nach Osten herabzieht, waren endlose Scharen von Pinguinen aufgestellt, wie Stecknadeln in einem Kissen erscheinend. Es waren hauptsächlich Eselspinguine, später wurden auch einzelne Exemplare des Königspinguins gefunden. Von dem jungen Vulkangebiet zog ein Lavastrom mit schlackiger Oberfläche nach Süden hinab und stellte jetzt die Verbindung mit der Hauptinsel her. Das ganze Gebiet war noch sehr junger Natur.

Sogleich wurde das Boot hinabgelassen und von dem stark rollenden Schiff aus bestiegen; ich mit den vier wissenschaftlichen Mitgliedern, dazu Kapitän Ruser, Vahsel, Dahler und drei Matrosen. Scharen von Riesensturmvögeln umkreisten uns bei der Fahrt, große bräunliche Tiere mit schmutziggelbem Schnabel, der nachher vielfach rot von Blut gefärbt war. Sie standen am Ufer wie Gänseherden und entflohen in eiligem Lauf, wenn man ihnen nahte, falls sie nicht schon zu vollgefressen waren; auch von der Wasserfläche erhoben sie sich, indem sie zunächst darauf zu laufen schienen. Dazu sahen wir massenhaft Kaptauben, Möwen, Pinguine und Prion.

Mit der Annäherung an den Hintergrund der Bucht hob sich ein gelber Streifen von Bachwasser in dem sonst blauen Meerwasser ab. Wir versuchten darin vorwärts zu kommen, um zu landen, doch es war zu flach. Die Landung erfolgte deshalb neben der Bachmündung im blauen Meereswasser; von einer größeren Woge ließen wir uns hinauftragen, sprangen dann schnell heraus und kamen meist trocken ans Land.

Hier im Hintergrunde der Bucht ist der Strand niedrig, flach und sandig, aus grobem Sand mit Geröllen bestehend. Es sind glaziale Schotter, welche die Hauptinsel mit dem Lavastrom der jungvulkanischen Landzunge heute verbinden. An Tümpeln und Vertiefungen, mit Moospolstern und unscheinbaren Ranken des Wassersterns bekleidet, lagen an 400 See-Elefanten in träger Ruhe; mächtige Tiere waren darunter, und zwar Männchen und Weibchen. Die ersteren sind größer und an dem starken Fettwulst kenntlich, der, wenn sie gereizt sind, die Schnauze rüsselartig überragt; die Weibchen sind kleiner und friedlicher. Bidlingmaier und Ruser versuchten auf ihnen zu reiten, freilich ohne Erfolg, da sich die Tiere heftig drehten. Rechts vom Bache lagen zwei einzelne Weibchen, die wir mitzunehmen beschlossen. Björvig trieb sie zunächst ruhig zum Strande, um sie dort erst zu töten und zu zerlegen. Wir nahmen Fleisch als wohlschmeckende Nahrung für uns und für die Hunde, außerdem Schädel und Häute für unsere Sammlungen mit. Das Boot schwamm freilich von Blut, als wir es zur Rückfahrt bestiegen.

Links von der Bachmündung, wo der Lavastrom aus den jungen Schottern emporstieg, stand ein verfallenes Holzhaus von einem hohen, mit Gras und Kerguelenkohl bewachsenen Erdwall umgeben. Es hatte einfache Bretterwände und innen fünf Pritschen zum Schlafen, als Inventar verrostetes Eisenwerk zum Rudern und zum Fangen. Vorne neben der Tür fanden wir eine Inschrift ins Holz geschnitzt, welche die Strandung einer amerikanischen Bark verkündigte und schließlich die Rettung der Gestrandeten durch ein amerikanisches Kriegsschiff. Vor dem Hause lagen als ein Zeichen für die Tätigkeit der Schiffbrüchigen noch viele gefüllte Tranfässer umher. Das Haus sah romantisch und von außen mit seinem grünen Erdwall fast wohnlich aus, doch täuschte der Graswuchs, denn innen war es verfallen und öde.

Wir teilten uns nun zu verschiedenen Arbeiten: Bidlingmaier nahm mit Vahsel erdmagnetische Beobachtungen vor, Philippi besuchte die jungvulkanische Landzunge westlich von der Bucht, Vanhöffen sammelte Insekten und Pflanzen, Ruser lag der Jagd ob und ich selbst ging mit Gazert zu dem großen Baudissin-Gletscher hinauf.

Über die Schotter und Sande im Hintergrunde der Bai war es mühsam zu gehen, weil man vielfach einsank. Am besten ging es noch auf den Bahnen, welche auf dem Sande von den See-Elefanten geschaffen waren, wenn sie darüber hinwegkrochen. Nahe dem Gletscher fanden wir eine anders geartete Robbe am Strande liegen, mit kleineren Augen, spitzerem und schmalerem Schädel und geflecktem Fell, zweifellos ein Seeleopard, der sich langsam vor uns ins Wasser schob, als wir ihn ärgerten. Ein Eselspinguin sprang daneben plötzlich aus dem Wasser heraus. Ich warf nach ihm mit einem kleinen Stein und traf ihn vor die Brust; das arme Geschöpf verlor das Gleichgewicht und fiel schreiend auf den Rücken, um dann aber schnell zu verschwinden.

Der Baudissin-Gletscher endigt dicht am Meere auf Sand, der noch kurz vor dem Ufer in einer niedrigen Stufe absetzt, welche die Brandung darin geschaffen hat. Einzelne Eisbrüche waren von der steilen Wand des Gletschers heruntergekommen, andere mußten bald folgen, denn der Gletscher blättert sich vorne an

Spalten ab, so daß diese Teile dann zusammenstürzen, wenn die Brandung sie unterspült.

Die höheren Stufen über der Zunge hatten wir angeseilt überschritten, weil die Spalten immer dichter und breiter wurden. Als dann Nebel und Schnee aufkamen und uns die Aussicht nahmen, machten wir halt und gingen nach einem Frühstück von gefrorenen Sardinen und Brot über die Moränen wieder zum Meer hinab. Auch die Arbeiten unserer Gefährten in der Tiefe waren bald beendigt, die Sammlungen geborgen, desgleichen die reichliche Beute an Nahrung. Mit einbrechender Dunkelheit kehrten wir auf die »Gauß« zurück, nachdem uns noch beim Einsteigen am Strande eine Welle überrascht und vollkommen durchnäßt hatte. Mit zunehmender Dunkelheit fuhren wir nun mit östlichem Kurs an der Insel entlang, um sie noch vor Eintritt der Nacht zu umschiffen.

Die folgenden Tage waren überaus naß; an beiden Seiten kam Wasser über die Reling, das knietief über das Deck schälte und auch seinen Weg zu den inneren Räumen fand, so daß die Teppiche aus den Kabinen entfernt werden mußten. Die große Belastung des Schiffes machte sich jetzt störend bemerkbar, wenn auch die gute Verteilung der Ladung eine bessere Lage im hohen Seegang als vor den Kerguelen bewirkte. Wir hatten jetzt meist zwei westliche Dünungen, die sich durchkreuzten und zu Spitzen türmten, welche das Schiff überragten. Einmal schlug das Wasser direkt durch den Ventilator in die ozeanographische Kammer hinein und von dort in den Maschinenraum, wo die Lichtmaschine stand, so daß Kurzschlüsse entstanden und ein Funkenregen die sofortige Abstellung der Maschinen erforderlich machte. Auch die Deckslast litt unter diesen Verhältnissen; so waren in der Nacht auf den 5. Februar die dort noch befindlichen Kohlen in Bewegung geraten und zum Teil über Bord gespült. Dabei fiel das Barometer ständig und ließ noch unruhigere Verhältnisse erwarten. Daß das Leck unter diesen Umständen erheblich war, bedarf wohl keiner Erwähnung.

Am Morgen des 7. Februar wurde der erste Eisberg bemerkt, ein mächtiger Koloß mit ausgeprägter Tafelform und steilen Wänden. Gleich darauf erschien auch der zweite; und nun fuhren wir durch eine lange Zunge kleinerer Eistrümmer hindurch, die wohl Trümmer eines Eisberges darstellen mochten, aber auch die Reste einer Scholleneisbank sein konnten. Dem schönen Tage

Dr. Gazert an der Werkbank

folgte eine sehr unruhige Nacht; schon gegen Abend war Wind
aufgekommen, in dem wir sieben bis acht Knoten liefen, und das
Barometer war schnell gesunken. Abends verdichtete sich das
Wetter, und wir hatten viel Regen und Schnee. Der Schnee
peitschte uns ins Gesicht und verhinderte jegliche Aussicht; dazu
kam ein starkes Geschaukel, das Schiff tanzte von Woge zu Woge
und schöpfte stark, so daß die Leute bis Brusthöhe auf Deck im
Wasser standen. In den Hunderaum wurde viel Wasser gespült,
und zeitweilig tauchte das Schiff so tief, daß der Klüverbaum bedeckt war. Dabei war nichts zu sehen. Gegen zwölf Uhr nachts
mußten die Segel eingezogen werden, weil das Wetter zu wild geworden war. Es war eine harte Arbeit, das Reffen des Focksegels
hatte allein drei Viertelstunden gedauert.

Währenddessen entstand eine plötzliche Helle, die wohl ein
Südlicht war, aber innerhalb des Dunstes nicht als solches erkannt werden konnte. Gegen zwei Uhr tauchte ganz aus der Nähe
ein Eisberg hervor. Von Segeln stand nur noch das Marssegel,
und das Schiff lag beigedreht an dem Wind. Der Kapitän versuchte es steuern zu lassen, um von dem Eisberg freizukommen,
doch es war vergeblich. Wie von einer magischen Kraft angezo-
gen, trieben wir gerade auf den Eisberg zu. Mit großer Geschwindigkeit wurde nun die Zuflucht zur Maschine genommen, die

schnell in Gang kam und gleichzeitig trotz des rasenden Sturmes auch Segel gehißt. Beides wirkte zusammen, um dem Schiff eine geringe Steuerkraft zu gewähren, und es gelang, an dem Eisberg vorbeizukommen. Es war vielleicht die schwierigste Situation, die wir auf See gehabt haben.

Am nächsten Morgen war es besser, wenn die Wogen auch noch bis über die Brücke schlugen und mir, als ich oben stand, ein eiskaltes Bad bereiteten. Es war aber bessere Sicht und die Steuerung leichter. In der Nacht war versucht worden, mit unseren Öltropfapparaten die Wogen zu glätten, doch war das Öl darinnen dick und tropfte nicht mehr. Der Luftdruck war bis 719 Millimeter gesunken, wo in diesem Gebiet sonst ein mittlerer Barometerstand von 744 Millimetern herrschte, und er fiel auch noch weiter. Bidlingmaier zeichnete die meteorologische Situation dieses Sturmes und machte uns klar, daß wir schon seit dem Tage vorher mit einem Minimum um die Wette fuhren, welches annähernd unseren Kurs verfolgte, daß wir bald auf seiner Vor-, bald auf seiner Rückseite standen, bald in seinem Zentrum, und dann alle die Erregungen durchzukosten hatten, die es bewirkte.

Der 9. Februar war ein schöner Tag; ich feierte an ihm in Gemeinschaft mit dem Zweiten Offizier Vahsel unseren Geburtstag, der in frühester Morgenstunde durch das übliche Ständchen unter starken Klängen von Triangel, Trommel, Tamburin und Harmonika eingeleitet war und am Abend mit einem fröhlichen Fest in beiden Messen seinen Abschluß fand.

Am 10. Februar haben wir gelotet, hydrographiert und gefischt. Das Vertikalnetz war fast gänzlich von Diatomeen verstopft, einer mit Kieselpanzer versehenen Pflanze, die hier in großer Mannigfaltigkeit studiert werden konnte. Die Hauptmasse in der Bodenprobe bildete aber zum ersten Mal Gesteinsmaterial, welches kontinentalen Ursprungs war!

Am 11. Februar wurde eine auffallend starke Zunahme an Eisbergen verzeichnet. Das Wasser war schon seit einigen Tagen immer grüner geworden, was mit dem Diatomeenreichtum in Zusammenhang stand. Stellenweise trieben auch kleinere Eisblöcke am Schiff vorüber. Am 12. wurden etwa 30 Berge im Umkreise gezählt, darunter auch solche mit Schmutzbändern, während andere die regelmäßige blaue Schichtung zeigten. Es war auffallend, in dieser Gegend so viele unregelmäßige Formen zu sehen, deren stark verwittertes Aussehen auf langen Transport hindeutete. In der Nacht zum 13. Februar war die Lufttemperatur zum ersten Male unter null Grad gesunken. Am Nachmittag sahen wir im Westen eine langgezogene Kante von kleineren Eisstücken, die aus der Ferne wie Schollen erschienen, doch nicht zusammenhängend, sondern jedes Stück für sich in den Wogen schwankend, so daß wir sicher waren, es nur mit kleinen Trümmern zu tun zu haben.

Ein Fischzug auf 2000 Meter, den wir hier vornahmen, mißriet, auch die magnetischen Arbeiten wurden schwieriger, weil mit Annäherung an den magnetischen Pol die horizontale Richtkraft für die Nadel immer geringer wird. Die Bestimmungen, wie sie bisher gute Dienste geleistet hatten, wurden daher unsicherer.

Am Abend des 13. Februar hatten wir einen hellen Schein gesehen, der sich über den Horizont erhob, nicht scharf umgrenzt war, jedoch als Widerschein von Eis, als ein sogenannter Eisblink, gedacht werden konnte. Am 14. war das Wetter zunächst still, nachdem schon seit dem Sturme der Barograph fast gerade Linien gezeichnet hatte, dann kamen leichte östliche und südöstliche Winde bei wolkigem Himmel. In der Nacht auf den 14. waren einige Wale gesehen worden, wie überhaupt in der letzten Zeit mehrfach. Es ist immer schwer, diese Tiere mit Sicherheit zu erkennen, weil sie nur für Augenblicke erscheinen; unser Zoologe

Wissenschaftliche Arbeit an Bord

hielt sie für Grindwale. Die Grundproben hatten schon in den letzten beiden Tagen nichts Vulkanisches mehr enthalten, dagegen Mineralpartikel, die auf Granit deuteten, nämlich Feldspat, Quarz und Turmalin, dazu auch Teile eines rötlichen Quarzites. Im Plankton und in den Bodenproben waren viele Diatomeen, die aber gegenüber den Gesteinspartikeln von kontinentalem Charakter zurücktraten.

Ein Horizontalnetzfang vom 14. Februar, schon in der Nähe des Eises, ergab eine Unmenge von Krabben von einer Art, die die »Challenger« und die »Valdivia« dort nur in wenigen Exemplaren gefunden hatten. Es waren Euphasien, die augenscheinlich durch ihr massenhaftes Auftreten die Wale hierher lockten. Vanhöffen zeigte mir an ihnen 10 Leuchtorgane, die an Kopf, Brust und Hinterleib verteilt waren. Die Tiere waren in solcher Menge gefangen, daß wir davon auch essen konnten; wir fanden sie wohlschmeckend, doch etwas klein und das Abziehen mühsam, so daß wir fernerhin auf den Genuß verzichtet haben. Außerdem brachte das Netz einen Wurm (Tomopteris) herauf, so groß, wie ihn die Planktonexpedition im Norden nur auf der Neufundlandbank gefunden hatte, was als ein Beispiel für die Ähnlichkeit der Faunen in den beiden Polargebieten angeführt werden kann.

Am Morgen des 14. Februar 1902 hatten wir Eis in deutlicher

Der Zoologe Prof. Vanhöffen beim Oberflächenfang

Nähe vor uns. Von 10 Uhr vormittags an trieben kleinere Brocken vorbei, die sich schnell vermehrten und schon um 11 Uhr zu Flächen zusammenschlossen, die wie Schaum auf dem Wasser schwankten. Kurz nach 11 Uhr wurde der Kurs fast gegen Westen gewandt, weil im Süden und Osten die Möglichkeit, vorwärtszukommen, gering erschien. Im Laufe des Nachmittags drangen wir in die Schollen ein, welche klein, aber zahlreich waren, mit abgerundeten Umrissen und mit aufgewulsteten Rändern. Ihre Oberfläche war weiß, die Ränder aber durch eine Unzahl darin wuchernder Diatomeen braun gefärbt. Gleichzeitig umgaben uns Sturmvögel in größeren Scharen. Etwa 30 Eisberge lagen um uns herum, unter denen mehrere Tafelformen hatten. Dünung wurde noch deutlich gespürt, doch war sie unter dem Einfluß des Eises kurz und gedämpft.

In der Spannung der Sinne, die uns nun alle beherrschte, blieb es nicht aus, daß bald Land gemeldet wurde; standen wir doch nicht mehr fern von der Position, die Wilkes für Terminationland zeichnete. Das vermeintliche Land erschien in flachen, abgerundeten Formen und wurde durch im Schatten befindliche steile Wände von runden Eisbergen vorgetäuscht, welche dunkles Gestein vorspiegeln konnten. Björvig meldete Land aus der Aussichtstonne, Kapitän Ruser von der Brücke; aber ebensooft erwies sich ihre Sichtung als irrig. Unterstützt wurde die Täuschung durch das Erscheinen einer Sterna und einer Raubmöwe, welche als Verkünder von Land gedeutet wurden, was auch gelegentlich seine Berechtigung hat. Unsere Lotung am Nachmittag ergab geringere Tiefe, doch immerhin noch 3165 Meter, so daß eine unmittelbare Nähe des Landes unwahrscheinlich war. Wir hatten dabei eine Schlammröhre von 2 Meter Länge verwandt, welche sich so tief in den Boden einwühlte, daß die Kraft beim Herausziehen für den Lotdraht zu groß wurde und dieser riß; über 2500 Meter Draht und die Instrumente gingen verloren. In dieser Lage erlitt die Maschine einen Schaden durch den Bruch des Kondensorrohres, der aber während der Nacht durch angestrengte Arbeit wieder geheilt wurde.

Am folgenden Morgen hörte ich schon in der Kammer an dem lauten Gange der Maschine und dem starken Geräusch um das Schiff, daß wir uns im dichten Eise befanden. Wir lagen zwischen großen Schollen, und da wir wenig von der Stelle kamen, wurde es mit Freude begrüßt, als um 7 Uhr morgens zwei Robben sichtbar wurden. Wir drängten uns mit dem Schiff noch bis in ihre Nähe, dann wurde lebhaft gefeuert; als die Tiere trotzdem noch Lebenszeichen von sich gaben, jagten Gazert, Ott, Heinacker und Besenbrock über die Schollen ihnen nach. Dem einen Tiere wurde aus unmittelbarer Nähe der Restschuß gegeben; das andere wurde erschlagen. Es war eine wilde Jagd. Menschen und Tiere rollten sich durcheinander und natürlich auch zum Teil ins Wasser hinein. Doch der Zweck war erreicht und die Robben erbeutet.

Nach diesem spannenden Zwischenfall gingen Bidlingmaier und Vahsel zu magnetischen Messungen auf die Schollen hinaus, um Beobachtungen unabhängig vom Eisen des Schiffskörpers zu erlangen. Es war aber schwierig für sie, auf bestimmten magnetischen Richtungen zu messen, weil die Schollen sich ständig drehten. Das Schiff selbst nahm Eis ein, um seinen Wasserbedarf zu decken und bereitete dadurch den Hunden einen besonderen Genuß.

Am Abend begann ein schönes Südlicht, das sich als grüne Draperie mit violettem Saum lebhaft über den Himmel bewegte. Wir fuhren nun zunächst unter Volldampf an der Eiskante entlang zwischen vielen mächtigen Bergen, die uns noch öfter Land vortäuschten. Wo aber war Terminationland? Die in diesen Tagen vorgenommenen Lotungen ergaben beträchtliche Tiefen, also nicht eine unmittelbare Nähe von Land. Wir hatten dabei nur 15 englische Meilen von dem Orte entfernt gestanden, für welchen Wilkes aus mehr als der doppelten Entfernung »appearances of land« angibt. »Gauß« und »Challenger« hatten schönes Wetter und sahen nichts, Wilkes hatte Schneeböen und nur »appearances of land«. Ich möchte deshalb annehmen, daß die großen, gerundeten Eisberge mit ihren beschatteten Steilwänden Wilkes einst getäuscht haben. Wir hätten an diesem klaren Tage das Land sehen müssen, wenn es so weit nach Norden gereicht hätte, wie es Wilkes zeichnet. Ebenso hätte die »Challenger« dort Land gesehen, wo Wilkes seine Sichtung hatte, während Wilkes sich wegen des Wetters und der größeren Entfernung leichter irren konnte.

Wir beharrten auch am nächsten Tag auf westlichem Kurs an der Eiskante.

Von 2 Uhr morgens am 17. Februar ging es unter Volldampf nach Süden hinab. Bald wurden die Schollen aber zahlreicher und dichter, und gegen 7 Uhr morgens war uns Stillstand gebo-

Rudergänger

ten. Zum zweiten Male saßen wir fest und konnten vorläufig weder vorwärts noch zurück. Um 10 Uhr abends hatten wir das offene Wasser erreicht und beschlossen, eine Eiszunge, die noch vor uns lag, lieber im Norden zu umfahren, um nicht in der Nacht von neuem festgelegt zu werden.

Der folgende Tag sollte uns den endgültigen Einzug ins Eis bescheren. Um 3 Uhr nachmittags wurde eine Zunge durchschnitten, deren Ende gegen Nordwesten nicht mehr abzusehen war. Danach hatten wir Eis nun auch an Steuerbord und fuhren zwischen Schollen, die alle aber noch den Eindruck starker Zersetzung machten. Am späten Nachmittag gingen wir durch südliche in südöstliche Kurse über. Vor uns hatten wir lange Waken und Rinnen, die wir mühelos durchfuhren. Ich hatte das Gefühl, daß die Würfel nun gefallen waren, denn wir hatten die äußere Eiskante verlassen und waren vom Scholleneis auf allen Seiten umringt. Der herrschende östliche Wind erschloß uns jetzt die Öffnungen, in welchen wir fuhren. Wenn aber der Ostwind westlichen Winden das Feld räumen sollte, was immerhin möglich war, da wir uns von der Region der Westwinde noch nicht allzu weit nach Süden entfernt hatten, mußten sich die Schollen um uns schließen und gegen die östlich liegenden Komplexe drücken und so frühzeitig fangen. Es galt jetzt, in den durch östliche Winde entstandenen Waken möglichst weit nach Süden und, wenn es anging, bis zu einer Küste zu dringen. Um die Mittagszeit hatten wir gelotet und 2890 m Tiefe gefunden. Es ging gut; doch mußten wir den Draht vor dem Eis schützen, das uns beim Stilliegen umringte.

Schon der folgende Tag zeigte, daß der vorangegangene über unser Schicksal entschieden hatte. Die Nacht war sehr unruhig gewesen; weil wir nicht weiterfahren konnten, hatte Kapitän Ruser die »Gauß« eine Zeitlang gegen Schollen gehalten, die aber im starken Treiben immer auseinanderwichen. Am Morgen des 19. Februar war alles auf dem Schiffe mit über 2 cm dickem Glatteis bezogen und dadurch jede Handhabung der Taue und Segel wesentlich erschwert. Wir loteten morgens im Lee eines mächtigen Eisberges, welcher uns vor dem heftigen Wind schützte, bei unsichtigem Wetter und feuchtem Schneefall. Kaum aber hatte die Lotung begonnen, da stand die Maschine schon und das Lot schlug bei 240 m Tiefe auf Grund, während wir am Tage zuvor noch 2890 m gehabt hatten. Weder Bodenwasser noch Schlamm kam mit herauf, doch die Röhre war stark und frisch verletzt, das Aufschlagen auf Grund in dieser geringen Tiefe also sicher bewiesen. Nur darüber bestand noch Zweifel, ob es vielleicht auf einen weit fortgesetzten Fuß des großen Eisberges neben uns aufgeschlagen wäre oder wirklich auf Grund. Dabei stürmte es fort mit einer Stärke von 6 bis 7 in heftigen Böen, während es in Pausen dazwischen auch ganz flau war. Dichte Bewölkung, fast Nebel, bedeckte den Himmel; der Schnee hatte nachgelassen.

Um 10 Uhr hatten wir die Fahrt nach der ersten Lotung bei scheußlichem Wetter begonnen, um 12 Uhr loteten wir zum zweiten Male, um zu entscheiden, ob das erste Ergebnis exakt war; wir fanden aber wieder geringe Tiefe, so daß die Flachsee nun erwiesen war. Die Grundprobe, die hier mit heraufkam, bestand aus grobem Grand und Sand, deutete also auch auf Landnähe hin, wie die Tiere, das Plankton und der Föhn. Wir konnten aber nichts sehen, denn das Wetter wurde dichter und dichter, der Schnee trieb und benahm jede Fernsicht. Plötzlich gegen 5 Uhr merkten wir eine südliche Dünung, hoch, aber kurz. Die Wasserfarbe wurde grüner, die Eisschollen kleiner und morscher. Wir schienen uns trotz der südlichen Kurse offenbar wieder größeren offenen Wasserflächen zu nähern. Aller Stimmung hob sich, denn wir hatten gegen Süden freien, ungehinderten Weg.

Sofort wurden Segel gehißt, was schwierig genug ging, da Taue und Segel bis zu 3 cm Dicke mit Glatteis bezogen waren und nur mit Mühe davon befreit wurden. Auf das Schiff brach beim Hissen der Segel ein wahrer Regen von Eisstücken hernieder. Schon am Abend des 19. Februar hinderte das Eis nicht mehr, die Kurse zu wählen, welche wir wollten, wenn auch der Wind das Steuern erschwerte. Auf Anfrage Kapitän Rusers wählte ich den Weg für die nächsten Tage jetzt gegen Südosten in dem Wunsche, die feste Kante im Osten wieder zu gewinnen und dabei doch südlichen Fortschritt zu haben.

Am 21. Februar wurde ich in der Frühe durch Vahsel mit der Nachricht geweckt: »Wir haben das Land!« Sogleich auf Deck hinauf sah ich zusammenhängende, einförmige weiße Konturen und an einer Stelle im Nordosten dunklere Flächen, die sich bei der Annäherung aber auch als Eis erwiesen. Es war unzweifelhaft, daß das Eis alles auf Land lag, denn man sah auf seiner Oberfläche dunkle Spalten zu bestimmten Systemen geordnet. Überall endete dieses Inlandeis mit einem Steilrand von 40 bis 50 m Höhe im Meer. Die Flächen dahinter mochten bis zu 300 m aufsteigen, gingen aber bald in flachere Neigungen über, so daß man ihr Ende nicht absah. Eisfreies Land war im ganzen Umkreis nicht zu sehen, und unter einer riesigen Inlandeisdecke war alles begraben. Um 4 Uhr morgens loteten wir und erhielten vom Boden grünen Schlick, also ein Kontinentalsediment.

Wir einigten uns auf den Westkurs, weil mir durch die Landsichtungen, die wir gehabt, der Anschluß an die im Osten gelegenen, durch Wilkes bekannt gewordenen Landstämme gesichert erschien und weil es in unserem Plan lag, solche Entdeckungen dann gegen Westen hin zu verfolgen.

Die Eisküste blieb in dem gleichen Charakter. Überall senkte sich von den Kammlinien zunächst ein sanfter, dann immer stärkerer Abfall bis zur Eismauer im Meere. Man ahnte unter dem Eise die Formen des Untergrundes, vielleicht die eines flachen Hügellandes. Wir mögen bis auf 3 km an der Küste gewesen sein; Eisberge lagen noch dazwischen, aber nicht sonderlich dicht, und so viel war sicher, daß es zur Landung dort keinen Ort gab.

Direkt nach Westen ging es freilich nun nicht mehr, wenn einer oder der andere das auch zunächst nicht wahrhaben wollte. Doch dehnte sich dort vor uns eine Reihe von Eisbergen in etwa südnördlicher Erstreckung aus, von Schollenweis umgeben, zwischen welches ich nicht hineingehen wollte. Es waren Riesenkolosse, von kleinen Trümmern umlagert, die zum Teil wenigstens fest zu liegen schienen, was sich später auch bestätigt hat. Nur im Nordwesten sahen wir in der Ferne eine breitere Lücke, auf die wir dann zuhielten. So liefen wir mit rascher Fahrt gegen 8 Uhr abends in das breite Tor zwischen den beiden Eiskanten ein. Ich gestehe, daß mich bei dieser Einfahrt ein gewisses Grauen erfaßte. Bekannt war hier nichts, wir wußten vor allem auch nichts von dem Küstenverlaufe; wir waren lediglich auf das angewiesen, was wir um uns sahen – und dieses war Eis.

Die Eisberge zur Linken machten einen uralten Eindruck und auch ihre Wasserkehlen bestätigten dieses. Zwischen ihnen, jetzt schon in weiterer Ferne, sah ich bald nach 8 Uhr abends im Westen noch den Inlandeisrand oder – will ich sagen – glaubte ihn zu sehen. Um uns herum lagen verhältnismäßig leichtere Trümmer, die im Wasser schaukelten und hier und da mit Robben belegt waren. An Steuerbord haben wir einen Berg passiert, auf welchem 21 Pinguine standen. Nach Süden hin zogen sich zwischen den Bergen Waken hinein, die wir hätten verfolgen können, aber es zum Glück unterließen, da sie uns ewige Gefangenschaft gebracht haben würden.

Was nun in den folgenden Stunden geschehen ist, weiß im einzelnen niemand; dieses oder jenes Bild ist bei uns haften geblieben, doch der allgemeine Eindruck war, daß wir zum Spielball der Elemente wurden. Der Wind war zum Schneesturm angewachsen, der jede Aussicht benahm. Wir kämpften unter vollem Dampf dagegen an, bald auf südlichem, bald auf nördlichem Kurs, ohne aber etwas ausrichten zu können. Der Nebel zeitigte optische Täuschungen ohne Zahl. Niedrige Schollen, die an uns herandrängten, erschienen zu mächtigen Bergen vergrößert, die auf uns zutrieben und im nächsten Augenblick über uns zusammenzubrechen drohten, um das Schiff und alles, was darin war, unter sich zu begraben, und die dann, wenn sie das Schiff berührten, im Nebel zerrannen oder als kleine Schollen zur Seite trieben. Dazwischen aber gab es auch wirklich mächtige Berge, denen es auszuweichen galt.

Im Innern des Schiffes hörte man unablässig die Signale für die Maschine, oben an Deck die Kommandorufe zu dem Matrosen am Ruder. Nur das Maß des Rollens konnte noch anzeigen, auf welchem Kurs wir lagen, je nachdem derselbe die Wellen durchschnitt. Ich selbst ging hin und her, Kapitän Ruser desgleichen. Doch immer war es dasselbe Bild einer gänzlichen Ohnmacht, eines Kampfes mit den Elementen, die uns übermächtig umgaben.

Als ich am Morgen des 22. Februar 1902 an Deck trat, war die Situation gegen den vorigen Tag vollkommen verändert: Am Morgen vorher der Anblick des neuen Landes und frische frohe Tatenlust in dem schiffbaren Meere, heute ein Sturm mit Schnee und Nebel und das Schiff von dichtem Eise umklammert, das schon fast ruhig lag und nur noch schwach an seinen Wänden rieb. Draußen hörte man ganz nahe in einer Wake einen Wal prusten, doch war nichts von ihm zu sehen.

Den jungen Hunden, die sonst an Deck gespielt, war das Wetter auch ungemütlich geworden. Sie hatten sich in das Laboratorium geflüchtet und dort auf dem Platz Philippis arges Unheil angerichtet, wie schon mehrfach in den Tagen zuvor. So hörte man durch den heulenden Sturm das Wimmern der Hunde, als Philippi an ihnen eine exemplarische Strafe vollzog, ehe er sie ins Freie beförderte. Vielfach wurden die gestrigen Vorgänge diskutiert, ohne aber ein Resultat zu ergeben: Ansichten waren viele, Rat aber keiner, wie es in solchen Lagen zu sein pflegt. Niemals wie an jenem Abend habe ich empfunden, was es heißt, Entschlüsse zu fassen: Anhalt dazu gab es nicht und darum der Ansichten viele, ohne daß irgendein bestimmter Rat daraus zu ersehen war. Man handelt nach reiflichstem Erwägen schließlich doch auf gut Glück, denn das Schicksal wird durch die Elemente bestimmt. Am 23. Februar, einem Sonntag, war die Situation noch nicht wesentlich verändert. Am Abend vorher war der Sturm für kurze Zeit flauer gewesen, jetzt raste er von neuem mit unveränderter Wucht. Der Schnee war fein und körnig, nur wenige ausgebildete Sternchen fanden sich darin; er peitschte ins Gesicht und erschwerte die Umschau. Die Temperatur betrug 5 Grad unter Null. Die allgemeine Stimmung wurde aber besser; die Seeleute hatten sich von der Anstrengung und der Erregung etwas erholt und Philippi dachte daran, ein Epos zu schreiben, wenn wir in dieser Situation blieben, da sich ihm hier andere verlockende Beschäftigungen, wie er meinte, nicht bieten würden. Es war der Todestag von Gauß, wie wir aus dem Kalender ersahen, und mit einigen Beziehungen auf unsere Situation wurde beim Frühstück dessen gedacht. Auch die nächste Nacht auf den 24. Februar hielt der Sturm noch an. Ab Mittag stieg das Barometer dann ziemlich schnell und gleichzeitig auch die Temperatur. Wir hatten nur noch −0,8 Grad, und der Schnee war feucht; dadurch schwanden die Schneemassen, die uns umgaben, schnell zusammen, zumal auch die Böen, die sie gebracht hatten, seltener wurden.

Am nächsten Tag wurden die Hunde auf das Eis gebracht und waren dort nach der langen Gefangenschaft auf dem Schiffe unendlich vergnügt. Der östliche Wind hielt noch an, war aber schwächer. Am Vormittag loteten wir zum ersten Male in dieser neuen Position und fanden 385 m Tiefe. Nach den Messungen sollte gefischt werden, doch war die kleinere Dampfwinde, die wir dazu gebrauchen wollten, eingefroren. Es gelang, sie aufzutauen; das Netz ging hinab und brachte vom Grunde reichliche Beute herauf.

Bidlingmaier und Gazert suchten sich eine Eisscholle aus, auf welcher magnetische Arbeiten vorgenommen werden konnten und begannen, ein Eishaus zu bauen, damit Bidlingmaier darin womöglich am 1. März einen international vereinbarten Termintag wahrnehmen könnte. Ein kleiner Adelie-Pinguin wurde an Bord gebracht und bewegte sich dort ungeniert krächzend und schreiend unter zornigen Gebärden. Er mauserte stark und hatte nur noch am Kopf ein dichtes Federkleid, was seine üble Laune verstärkt haben mag.

Der Eislotse Paul Björvig (rechts) und Dr. Bidlingmaier

Nachmittags trat die Sonne hervor, und gegen 8 Uhr abends wurde es klarer, so daß nun nach 4 Tagen zum erstenmal aus dieser Situation ein Rundblick möglich wurde. Der Kapitän meldete vom Mast, daß nur vom Westen bis Norden in einigem Abstand noch offenes Wasser sei; wenn man es erreichen könnte, hätte man freien Weg; sonst wäre Eis ringsumher. Wir beschlossen, den Versuch, hindurchzukommen, am nächsten Tag zu machen.

Am 26. Februar morgens begannen die Maschinen zu arbeiten, doch die »Gauß« rührte sich nicht. Um ihr zunächst etwas Spielraum zu geben, wurde am Hintersteven ein Loch gehackt und dann von neuem versucht; doch wiederum mit negativem Erfolg. Wir beschlossen, nun Sprengungen vorzunehmen, die durch unseren Obermaschinisten sogleich vorbereitet wurden. Als Bidlingmaier und Vahsel in der Zwischenzeit auf einer entfernteren Scholle magnetisch arbeiteten, nahte sich ihnen ein einsamer Wanderer in Gestalt eines Kaiserpinguins. Bald kamen vier dieser großen und herrlichen Vögel auch zum Schiff heran. Es sind überaus kräftige Tiere, bis zu 70 Pfund schwer. Sie haben in den Flügeln eine bedeutende Kraft, was man wohl verspürt, wenn man sie daran festhält. Zwei von diesen Tieren fingen wir lebend ein und brachten sie an Bord, während die übrigen beiden getötet wurden, um uns als Nahrung zu dienen. Sie waren und blieben den Menschen und Hunden gegenüber völlig ahnungslos. Wenn man ihnen gegenübertritt und sie ärgert, schlagen sie wohl mit dem Schnabel, meistens aber nach ihren neben ihnen stehenden Stammesgenossen, die sie für jede Störung verantwortlich machen. Diese Kaiserpinguine sind von nun an unsere ständigen Gefährten gewesen.

Am Nachmittag des 26. Februar wurden die Sprengungsversuche ins Werk gesetzt, indem zunächst eine Patrone Pikrinsäure von etwa 1 kg Gewicht in ein 3 m tiefes Bohrloch eingeführt wurde. Als wir die Patrone entzünden wollten, versagte zunächst die Zündschnur. Die Guttaperchahülle war offenbar brüchig geworden und deshalb die Pulverseele innen durchfeuchtet. Diese Erfahrungen haben sich mehrfach wiederholt. Tadellos funktionierte immer die elektrische Zündung, und so haben wir uns mit der Zeit ganz ausschließlich auf diese beschränkt. Alle Versuche, hindurchzubrechen, blieben jedoch ohne Erfolg. Die »Gauß« rührte sich nicht, obwohl die Mannschaft am Tage vorher noch einen Graben um das ganze Schiff gezogen hatte. Patronen von

Pikrinsäure mit einem Pfund Inhalt gaben wohl Risse in einem Umkreis von 10 m, aber keine Lösung des Eises. Die Detonation war stark, aber die Risse nur feine Strahlen, die von dem Sprengloch ausgingen und sich schnell wieder schlossen. Selbst eine ganze Mine von sechs Patronen wurde entzündet, die bis zu $4\frac{1}{2}$ m Tiefe um die Hinterseite des Schiffes herum im Eise gelegt waren. Alle gingen gleichzeitig los, ohne daß dadurch eine Öffnung entstand.

Die Situation in der Ferne blieb auch unverändert. Im Westen hatte sich das Eis zusammengeschoben, doch im Nordwesten sah man noch die offenen Straßen zwischen den Bergen. Im Süden erkannte man in der Ferne das Inlandeis über dem Lande als einen zusammenhängenden Rand, gehoben durch Refraktion. Um uns her war in dem hellen und heißen Sonnenschein Tauwirkung zu merken. Aber in den klaren Nächten hatten wir schon bis über 11 Grad unter Null, so daß alle Schmelzwirkungen des Tages dann wieder fest wurden. Abend für Abend hatten wir jetzt schönes Südlicht. Das Wetter war still und klar, nur ein leiser Zug aus Südost war bemerkbar. In Ermangelung anderer Beschäftigungen übte man sich im Schneeschuhlaufen, was auch der Mannschaft viel Vergnügen gemacht hat.

Am Rande der Wake waren stets Kaiserpinguine zu finden, die uns oft Spaß bereitet haben. Sie schwimmen behende auf dem Eis, indem sie sich mit den Füßen abstoßen und mit den Flügeln steuern; an Abhängen gleiten sie geschickt auf dem Bauch ins Wasser hinab. Gejagt, tauchten sie unter und schienen dann unseren Blicken gänzlich entschwunden zu sein; um so erstaunter waren wir, als am 28. Februar zum ersten Mal einer nach dem anderen wieder auf das Eis heraussprang. Steil im Wasser emporsteigend, schnellen sie sich bis fast 2 m Höhe in die Luft empor, um geschickt auf das Eis niederzufallen und auf dem Bauch rutschend ihren Weg fortzusetzen. Man mußte sich in acht nehmen, damit man nicht durch herausspringende Tiere verletzt wurde. Es sind wunderbare Geschöpfe. Sie schwimmen auf dem Eis und fliegen im Wasser; es ist wie eine verkehrte Welt.

Am 1. März wurde ein magnetischer Termintag gemacht, wie er den internationalen Vereinbarungen entsprach. Es wurden innerhalb von 24 Stunden stündliche Ablesungen der magnetischen Elemente vorgenommen und innerhalb einer bestimmten Stunde, die hier an dem ersten dieser Termintage von 12−1 Uhr mittlerer Greenwicher Zeit lag, alle 20 Sekunden. Für den weiteren Verlauf des sogenannten internationalen Polarjahres waren besonders genaue magnetische Registrierungen für diese Terminstunden vorgesehen, die natürlich bei den starken Schwankungen der magnetischen Kraft im Polargebiet mehr leisten. Jetzt unmittelbar nach dem Festkommen waren aber unsere Observatorieneinrichtungen noch nicht so weit vorgeschritten, daß wir die Registrierungen vornehmen konnten.

Die Abende in dieser Zeit waren herrlich. Prachtvolle Dämmerungen pflegten von Westen her hoch am Himmel emporzuziehen, während durch das Aufsteigen des Erdschattens im Osten eine bläuliche Gegendämmerung entstand. In großer Klarheit strahlten die Sterne und luden zu astronomischen Beobachtungen ein. Häufig standen Südlichte am Himmel und verbreiteten über die zauberhafte Natur ihren magischen Glanz. Alles trug das Gepräge der Ruhe, wenn auch das offene Wasser im Westen wie im Osten nahe war.

Am Schiffe arbeiteten alle Mann an der Freilegung. Am 1. März nachmittags wich den vereinten Anstrengungen die Scholle, die sich unter das Heck geschoben und der »Gauß« eine nach vorn geneigte Schräglage verschafft hatte. Unter Volldampf fuhren wir nun in der selbstgegrabenen Wake in etwa 10 m Distanz hin und her. Aber darüber hinaus ging es nicht; vor uns und hinter uns lagen die Schollen schon fest gefügt und spotteten aller Versuche, sie zu durchbrechen.

Wunderbar war es da, wie am Nachmittag des nächsten Tages trotz des leisen Südostwindes plötzlich eine Reihe von Eisbergen aus östlicher Richtung gegen uns aufzog. Auf dem Schiff wurde alles alarmiert, da der Gedanke nahe lag, daß sie auch das Scholleneis, welches uns schützte, durchbrechen und der »Gauß« zu Leibe rücken würden.

Wir nahmen alle Hunde an Bord und zogen auch die auf dem Eis schon getroffenen Einrichtungen ein. Was für das Schiff zu tun war, blieb eine offene Frage; manövrieren konnte es nicht; also abwarten, was auch kommen mochte, und nur auf alles gefaßt sein, war die einzige Losung. Ich stand am Abend dieses Tages lange auf der Brücke und schaute dem Treiben der Eisberge zu, die wie von einer magnetischen Kraft getrieben ohne Bewegung der Luft gegen uns anrückten. Erst gegen 11 Uhr kamen sie zum Stillstand. Eine Reihe von Bergen, die an der Ostkante unseres Scholleneisfeldes nördlich abgebogen waren, hatten sich nun in 1 bis 2 km Abstand nördlich der »Gauß« vor unser Eisfeld gelegt.

So waren wir in engem Umkreis von Bergen umringt, die das dünne Jungeis der Wake am Rand des Feldes noch leicht vor sich herschoben, daß es knisterte und krachte, bis auch diese Bewegung zum Stillstand kam. Ich hatte den Eindruck, daß nun unser Schicksal entschieden war: Die Falle, in die wir geraten, war geschlossen; die Natur hatte mächtige Riegel vor die einzige Öffnung geschoben, die uns noch blieb, und wir lagen fest.

Einrichtung
und Betrieb der Winterstation

Die Nacht auf den 3. März war bitter kalt gewesen und auch im Innern des Schiffes schon empfindlich. Jetzt war der Himmel dicht bewölkt und ließ einen Witterungsumschlag vermuten. Gegen Mittag blies schon ein scharfer Ostwind; es herrschte auch etwas Schneefall. Die Risse am Schiff hatten sich erweitert, und auch frische waren hinzugekommen, ohne wesentliche Bedeutung zu haben. Täglich fuhr die »Gauß« noch in der um sie gegrabenen Wake auf und ab. Wir begannen aber am gleichen Tag mit aller Kraft die Vorbereitungen für die Winterstation.

Bidlingmaier suchte sich eine Scholle aus, um seine Stationsgebäude darauf zu errichten, und fand sie in etwa 400 m Abstand vom Schiff mit günstigen Eigenschaften. Sie erschien fest und günstig zum Bau und war außerdem groß genug, um zwei Observatorien tragen zu können.

Vanhöffen hatte vom ersten Tag an in neu geschlagenen Löchern seine Netze gesenkt und reichliche Fänge gemacht. Von besonderem Interesse war der Fang eines Schlammfisches von etwa 15 cm Länge und aalartiger Gestalt mit geflecktem Fell, den wir später auch einmal aßen und schmackhaft fanden. Daneben wurden Vögel gefangen und abgebalgt, z. B. eine schöne Raubmöwe, die damals vereinzelt erschienen und deren Wert die heimischen Museen hoch bemessen. Auch Pinguine waren schon konserviert, und zwar wie üblich nach Abtötung durch Chloroformieren.

Hierbei wurde die leicht erklärliche Erfahrung gemacht, daß ein kleiner Adelie-Pinguin, während ihm der Chloroformstopfen um die Nasenlöcher und den Schnabel gelegt war, einfach die Luft anhielt, wie er es von seinen längeren Aufenthalten unter Wasser gewohnt ist, so daß er nachher, als das Chloroform weggenommen wurde, fast so vergnügt und munter war wie vorher.

Auch für Philippi boten sich mancherlei Beschäftigungen. Schon die ersten Tage brachten ihm schöne Funde an Gesteinen und noch manches, was sein geologisches Interesse erregte und sich in der Folgezeit zu wertvollen Sammlungen ausgestalten ließ.

Gazert trat der Meteorologie näher, da sich eine Entlastung des Erdmagnetikers von den meteorologischen Arbeiten als notwendig erwies. Den Betrieb der Registrierapparate, welcher bei den Unterbrechungen durch die Schneestürme immer schwieriger wurde, übernahm er sofort und leitete auch die Aufstellung und Einrichtung der meteorologischen Station.

Das Wetter hatte sich acht Tage lang schön gehalten, bis am 4. März ein neuer Schneesturm entstand, welcher uns auch wieder zwang, alle Hunde einzuziehen. Er endigte mit einer starken Erwärmung, so daß es am 7. März bei − 1,4 Grad Maximaltemperatur sogar etwas feucht fiel und der Schnee, der sich in die Feuchtigkeit mischte, zu kleinen Klumpen geballt wurde. Durch den neugefallenen Schnee wurde alles befestigt; tiefe Wehen waren entstanden, welche die Schollen verbanden. Nach dem Aufhören des Schneesturmes kamen am 9. März die Hunde wieder heraus und wurden an einer langen Leine befestigt, um ihre allzu große Jagdlust auf die arglosen Pinguine einzuschränken.

Am 8. März wurde mit dem Bau der magnetischen Observatorien auf der dafür ausgesuchten Scholle begonnen, und zwar zunächst mit dem Variationshaus, das bis zum 17. März seiner Vollendung entgegenschritt.

In 12 m Abstand von diesem wurde das zweite magnetische Observatorium für absolute Messungen errichtet, nicht ganz so groß wie das erste, mit Fenstern im Dach und einem Seitenfenster gegen die astronomische Scholle hin, um direkte Azimutmessungen vornehmen zu können. Am 15. März, dem zweiten internationalen Termintag, waren die Einrichtungen freilich noch nicht so weit gediehen, daß die magnetischen Registriergeräte in Tätigkeit treten konnten. Der Termintag am 1. April konnte schon im vollen Umfange wahrgenommen werden; nur war damals schon das erste Wasser von unten her durch die Scholle in das Haus getreten und hatte die Löcher, in denen die Stative der Instrumente standen, erfüllt.

Gleichzeitig wurde auf einer etwa 200 m davon abgelegenen Scholle das astronomische Observatorium errichtet, und zwar aus Brettern, die in Gruppen nach den verschiedenen Richtungen hin entfernt werden konnten, um alle erforderlichen Messungen ringsherum vorzunehmen.

Auch die meteorologischen Einrichtungen kamen am 14. März in Gang, indem eine sogenannte englische Hütte in etwa 40 m Abstand vom Schiff errichtet und mit den nötigen Instrumenten versehen war. Barometer und Barograph funktionierten in einem Lampenspind an Bord und waren dort während des Jahres keinen Störungen ausgesetzt, wenn ich davon absehe, daß einmal das Schiff so verschneit war, daß es stundenlange Arbeit kostete, um sich auf Deck bis an das Lampenspind heranzugraben.

Schwieriger war die Handhabung der Instrumente in der »englischen Hütte«, welchen auch ein Thermograph und ein Hygrograph beigefügt waren. Denn bei den heftigen Schneestürmen drang der Schnee durch die Jalousien der Hütte in die Instrumente und ließ sie völlig versagen. Zwei Monate lang haben wir den meteorologischen Dienst mit Hilfe von Registrierapparaten aufrecht zu erhalten gesucht. Dann aber, als Ende April die Schneestürme an Häufigkeit und Stärke zunahmen und im Mai und August schließlich ohne Unterbrechung rasten, mußten wir auf ihre Hilfe verzichten und einen stündlichen Beobachtungsdienst einrichten, welcher naturgemäß viel Zeit und Arbeit erforderte.

Vom ersten Tage an in vollem Gang gewesen sind die zoologischen Arbeiten durch Fischzüge Vanhöffens mit dem Netz aus verschiedenen Tiefen, durch Auslegen von Reusen und Schwabbern bis zum Boden hinab und durch Aussetzen von Angeln. Täglich fast kamen hier neue und interessante Geschöpfe herauf, neu für das Südpolargebiet oder auch überhaupt. Und wenn sie schon bekannt, waren sie oft genug von um so größerem Interesse dadurch, daß sie Ähnlichkeiten mit der Tierwelt anderer Meere, insbesondere des Nördlichen Eismeeres, erkennen ließen. Oft zeigte mir Vanhöffen einiges von seinen Funden: merkwürdige Quallen, einen Tintinnus (einzellige, Infusorien ähnliche Organismen), der sein Gehäuse mit Diatomeen gepanzert hatte, während seine Verwandten es aus Steinchen aufbauen, ferner Korallen mit

Horngelenken, zierliche Kiesel- und Kalkschwämme, zwischen Spinnen und Krebsen stehende Tiere, anscheinend nur aus Beinen ohne Körper bestehend, Seeigel mit dicken Stacheln, Schlangensterne von den merkwürdigsten Formen sowie die kleineren Amphipoden, Isopoden und Kopepoden in unendlicher Fülle und Mannigfaltigkeit.

Weitere Touren machte damals Philippi und suchte die Eisberge auf ihren Steingehalt und ihren Schutt hin ab. Er erhielt dabei reichliches Material und berichtete über die vorhandenen oder von ihm erhofften Änderungen, welchen die Eisoberfläche noch unterlag. Auch Eisberge selbst wurden erstiegen. Die großen tafelförmigen Eisberge freilich spotteten jeder Bemühung, doch auf die gerundeten gelang es hinaufzukommen. Von oben her hatte man vielfach einen herrlichen Ausblick, denn man sah in der Ferne das Land mit seinem Inlandeis, das sich je nach der Stärke der Strahlenbrechung mehr oder weniger über den Horizont erhob, bisweilen aber auch ganz darunter verschwand. Die Luftbrechungen und -spiegelungen waren von wunderbarer Mannigfaltigkeit; einmal zauberten sie uns im Südwesten über einer dunklen Wolke, die am Horizonte lagerte, hohes Land vor, das dann aber ebenso schnell im Dunst wieder versank.

Die Oberfläche der Eisberge, deren Studium ich mich mit Gazert widmete, war leicht zu begehen. Ein kleiner tafelförmiger Berg von 18 m Höhe, der sogenannte Bohrberg, welcher uns später für die Messung von Eistemperaturen nützlich wurde, hatte eine völlig ebene Oberfläche, die auch frei von Schnee war und blieb. Spalten waren darin vorhanden, doch nicht sehr breite, so daß sie sich leicht überschreiten ließen. Unten erweiterten sie sich zu blauen Grotten, welche von Eiskristallen in malerischer Pracht ausgekleidet waren und an ihren Rändern Girlanden von Eiszapfen trugen.

Auf einem anderen Berg fanden wir große Steine, die in einer Vertiefung gesammelt waren. Alle Eisberge hatten Schichtungen, deren Entstehung uns zunächst manche Rätsel bot, die sich dann aber mit der Zeit fast überall auf die ursprünglichen Schichtungsverhältnisse der Inlandeisoberfläche zurückführen ließ, die man in größter Regelmäßigkeit und parallel zur Oberfläche an allen tafelförmigen Eisbergen sieht. Die Steine selbst, die wir fanden, hatten abgestumpfte Kanten und dazwischen gerade Flächen, wie es Geschiebe zu haben pflegen. Diese Flächen waren häufig

Vermessungsarbeiten auf dem Eis

genug auch deutlich in zwei oder mehr verschiedenen Richtungen geschrammt.

Diese Touren über das Eis gaben viel Abwechslung und trugen wesentlich zu unserem Wohlbefinden bei. In der Nacht pflegte die Temperatur schon Mitte März weit unter $-20\,°C$ zu sinken und am anderen Morgen wurden noch $-15\,°C$ und darunter gemessen. Im Laufe des Tages stieg sie etwas, aber niemals mehr über den Gefrierpunkt. Die Kälte drang allmählich ins Schiff vor, das damals noch nicht mit Schnee umhüllt und nicht so gut wie später isoliert war. Ich erinnere mich daher des Wohlgefühls, als ich am 15. März mein Federbett versuchte, wie es die meisten schon vorher getan, was wesentlich zur Güte der Nachtruhe beitrug und im übrigen auch den Vorteil hatte, daß man dadurch Kohlen ersparte. Wenn man eine längere Tour über das Eis gemacht hatte, fühlte man sich frisch und erwärmt; nur das lange Sitzen im Schiff, im Laboratorium erzeugte Kältegefühl, das anfangs Unbehagen erregte. Am 18. März wurde das obere Laboratorium zum ersten Male geheizt – und zwar weniger der Menschen als der Instrumente und Konservierungsflüssigkeiten wegen. Ein kleiner Füllofen und einige Schaufeln Anthrazit genügten aber, um es gut zu erwärmen, wie es von nun an bis zu unserer Befreiung nach einem Jahr fast täglich geschah.

Die Sprengungen hatten wir jetzt seit längerer Zeit eingestellt und anfangs nur noch darüber Versuche gemacht, welche Wirkungen in festem Eis mit unseren Sprengmitteln zu erreichen waren, da sie in dem lockeren, schlammigen Scholleneis sich als äußerst gering erwiesen hatten. Zu diesem Zwecke gingen wir am 8. März zu dem großen tafelförmigen Eisberg hinaus, der sich wenige Tage vorher im Norden von uns festgelegt hatte, bohrten dort schräg hinein ein 3 m tiefes Loch, was leicht und gut anging. Herr Stehr setzte dann eine Pikrinsäure-Patrone von 750 g ein. Wir begaben uns in gebührlichen Abstand, um nach Entzünden der Mine auf elektrischem Wege nicht etwa durch eine Lageveränderung des Eisberges zerschmettert zu werden, und waren nicht wenig überrascht, als der ganze Erfolg darin bestand, daß man eine schwache dumpfe Detonation hörte, und daß von der Außenseite des Berges einige lockere Schalen absprangen, welche sich in dem starken Frost vorher losgelöst hatten. Diese schwache Wirkung vermochte in uns keine allzu großen Hoffnungen auf die Hilfe der Sprengmittel zu erregen.

Viel Unterhaltung bei unseren Touren über das Eis gewährte die Jagd, und besonders unsere Skandinavier Björvig, Johannsen und Lyzell lagen ihr gerne ob. Mehrmals trieben sie uns große Weddellrobben herbei, falls diese es nicht schon vorgezogen hatten, aus den neben dem Schiff geschlagenen Löchern auf das Eis herauszusteigen und uns so bequemeren Fang zu bieten. Es sind mächtige Tiere mit dunklem Fell am Rücken und gelben Flecken darin, mit denen die dunklen Töne des Rückens allmählich in die helleren des Bauches verlaufen, breiter Schnauze und langen Bartfäden, großen Augen und Nasenlöchern, die sie dann, wenn sie durch den langen Weg über das Eis erschöpft am Schiff angelangt waren, weit aufzusperren pflegten. Erschöpfung infolge der Anstrengung, die den Robben der unfreiwillige Spaziergang machte, störte anfangs Gazerts physiologische Versuche, bei denen er gerne Puls und Bluttemperatur der Tiere in der Ruhe feststellen wollte. So mußte man sie erst ausruhen lassen, ehe man sie erschoß. Ein lang anhaltender mächtiger Blutstrahl pflegte dann aus der Wunde zu treten, sich wie eine Fontäne erhebend. Gegessen wurden diese Tiere damals noch nicht, sondern nur für die Hunde gebraucht, weil die Weddellrobbe seit der ersten Mahlzeit, die wir davon gehabt, noch immer in dem üblen Rufe stand, daß ihr Fleisch tranig und nicht zu genießen wäre.

Das Wetter war in dieser ganzen Zeit schön, häufig sonnig und in den Sonnenstrahlen fast heiß. Auch die Stimmung aller war gut, anfänglich ganz besonders die der Offiziere, welche nach der schweren Zeit der Seefahrt eine Art von Entlastung fühlten, während die wissenschaftlichen Mitglieder der Expedition – nun in vollster Tätigkeit – durch manche unerwartete Schwierigkeiten gelegentlich auch etwas bedrückt wurden. Das allseitige Wohlbefinden war aber vortrefflich; es war alles so neu und anregend, was uns umgab, daß auch die Mannschaft nur Freude darüber empfand und jederzeit willig war, bei allem zu helfen.

Viel Arbeit hatten die Leute durch die Bohrungen, welche unter Leitung von Herrn Stehr geschahen. Auch das Zusammensetzen meteorologischer Drachen nahm für einige Zeit ihn und sein Maschinenpersonal in Anspruch. Am 17. März ging der erste Drachen hoch, um die Eigenschaften der Atmosphäre in größeren Höhen zu erforschen: doch hat derselbe Tag diesen Versuchen leider auch ihr Ende beschert. Denn nachdem in mühsamer Arbeit bei niedriger Temperatur unter der lebhaften Anteilnahme aller jungen Hunde der Drachen zusammengesetzt und schön emporgestiegen war, glitt beim Herabkommen der Heizer Berglöf aus und fiel in das Kunstwerk hinein, so daß die leichten Leisten meistens zerknickten. Dieser unfreiwillige Fall unterbrach zuerst die Versuche und beendigte sie schließlich, weil später andere Arbeiten mehr in den Vordergrund traten.

Abends entwickelte sich in beiden Messen der »Gauß« jetzt schon eine fröhliche Geselligkeit. Am 12. März wurde ein Skatklub gegründet, der den Namen »Eintracht« erhielt, weil es manchmal lebhaft dabei herging. Auch die Mannschaft tat sich an den Feiertagen zu Spiel und anderen Vergnügungen zusammen. Mehrfach wurde nach der Scheibe geschossen, wozu Preise den erfreulichen Geschenken entnommen werden konnten, die meine früheren Schulgenossen mir beschert hatten.

Mitte März erschien die Situation so sicher und fest, daß ich glaubte, mit Schlittenreisen beginnen zu können. Es ließ sich ja zunächst streiten, ob unter den Umständen, in welchen wir lagen, Schlittenreisen überhaupt ausführbar waren, und ganz besonders, ob sie schon so frühzeitig nach der Festlegung des Schiffes begonnen werden durften, weil wir streng genommen von den Veränderungen, denen das Eis unterliegen könnte, noch nichts wußten.

Wenn wir Scholleneis auch infolge der Schneewehen nach allen Richtungen leicht passieren konnten, bestand doch immer die

Möglichkeit, daß es in einem Sturm wieder zerbrach und das Schiff dann abtrieb. Was in diesem Falle aber aus einer Schlittenpartie, die sich weit vom Schiffe entfernt hatte, werden sollte, bedarf nicht der Erörterung. Wie die Verhältnisse lagen, wäre eine Wiedervereinigung mit dem Schiffe unausführbar gewesen, da dieses von der offenen Küste, vor welcher es lag, in unbestimmter Richtung mit dem Eise ohne Möglichkeit der Steuerung fortgetrieben wäre. Es bekundete also unsererseits ein großes Vertrauen in die Situation, wenn wir die Schlittenreisen nach kurzem Festliegen schon Mitte März unternahmen. Es ist jedoch bis zuletzt den Schlittenreisenden immer zweifelhaft geblieben, ob sie die »Gauß« wieder vorfinden würden.

Außerdem lockte das schöne Wetter zu weiteren Ausflügen hinaus. Während also im Osten Eisberge nach wie vor an unserem Schiffe vorüberzogen und in den westlichen Waken Herden von Kaiserpinguinen ihr munteres Wesen trieben, während alle hinabgelassenen Netze und Reusen anzeigten, daß wir es mit hin- und hersetzenden Strömungen zu tun hatten, welchen nur das Eis in unserer Nähe bisher widerstand, wurde der Plan zu Schlittenreisen gefaßt. Durch die Wechselwirkung heißer Sonnenstrahlen am Tage und starker Kältegrade in der Nacht war die Eisoberfläche hart gefroren und bot dadurch einen günstigen Weg. Besonders rings um das Schiff herum waren glatte Pfade entstanden, welche überhielten und die Fußgänger immer seltener einbrechen ließen. In 3 km Abstand südlich von uns grenzte an unser Scholleneisfeld eine ebene Eisfläche, welche zum Vordringen mit Schlitten geeignet erschien.

Auch unsere Hunde waren in bester Verfassung und hatten seit der Abfahrt von den Kerguelen schon in vier Familien reichlichen Zuwachs erfahren durch Würfe von je sechs Jungen oder auch mehr. Die kleinen Tiere spielten bald um unser Schiff herum und trugen zu unserer Unterhaltung bei. Ein tragisches Geschick herrschte nur über den Nachkommen unseres früheren Begleiters Treff, weil sie ein zarteres Fell hatten als ihre gänzlich polaren Stammesgenossen und von diesen allseitig mißhandelt wurden. Als schließlich eine Sichtung unter dem Nachwuchse notwendig wurde, fiel ein Teil von ihnen dem Übelwollen unseres Hundewärters anheim, welcher sie nicht für vollberechtigt hielt und deshalb abtat. So war schließlich nur ein einziges Exemplar von der Kreuzung zwischen Hühnerhund und Polarhund übriggeblieben, und dieses fanden wir eines Morgens in einer gemeinsamen Hunde-kiste durch die anderen erdrückt, womit auch die letzten Spuren unseres geschätzten früheren Begleiters bei uns getilgt waren.

Es war bereits notwendig geworden, die erwachsenen Hunde an die Kette zu legen, weil sie bereits viele arglose Pinguine, die zum Schiffe kamen, gemordet hatten. Die meisten fügten sich auch der Notwendigkeit, die sie nicht ändern konnten. Nur einer, »der Räuber« genannt, hatte einen so unbezähmbaren Freiheits-drang, daß er sich durch Zerbeißen der Sielen und andere schier unmögliche Machinationen stets wieder befreite und in weiten Streifzügen die Umgebung durcheilte, seine Pfade durch Pinguin-leichen bezeichnend. Das Tier war so wild, daß ihm schon das To-desurteil gesprochen war, weil wir ihn nicht beim Schiffe zurück-halten und also auch nicht brauchen konnten. Als es gelungen war, ihn einzufangen und auf dem Schiffe an die Kette zu legen, heulte er aus seinem dunklen Gelaß kläglich. Wir konnten aber von Glück sagen, daß wir dieses vortreffliche Tier nicht getötet ha-ben, weil es später einer unserer besten Leit- und Zughunde ge-worden ist.

Eine erste Rekognoszierungsschlittentour verließ am 18. März mit zwei Schlitten zu je neun Hunden das Schiff. Außer den drei Teilnehmern wurden jedem Schlitten noch zwei mitgegeben, um leichter das unebene Schollenis in unserer Nähe überwinden zu helfen, was auch innerhalb von 2 1/2 Stunden gelang; dann brach die Schlittentour südwärts auf.

Sie blieb acht Tage fort und war nur in den letzten Tagen durch Wetter aufgehalten gewesen; sie traf am 26. glücklich beim Schiffe ein. Zuerst kam Philippi allein zu Fuß über das Eis, im warmen Timiak und mit zerschundener Nase, da er auf dem unebenen Eise gefallen war. Dann wurden Leute den Schlitten entgegengeschickt, und um 6 Uhr abends waren auch Vahsel und Johannsen zur Stelle. Sie hatten 3 1/2 Tage bis zum Lande ge-braucht, nachdem sie schon am ersten Tage in dem Rande eines großen Eisberges das Inlandeis erreicht zu haben geglaubt hat-ten. Am Abend des zweiten Tages war ihnen in der Ferne eine dunkle Partie im Eise erschienen, die sie am dritten mit Sicher-heit als eisfreies Land erkannten. Sie hatten darauf zugehalten, so den Gaußberg erreicht und zweimal bestiegen.

Die Freude über den glücklichen Ausgang dieser Fahrt war groß und noch größer die über die Entdeckung des Berges; war es doch nun auch äußerlich sicher, daß wir es mit Land zu tun hatten, woran bei dem Aussehen des Eises ja allerdings nicht mehr zu zweifeln gewesen war. Der Berg gab nun aber die Möglichkeit, auch das Land zu ersteigen und zu erforschen, was sonst über die steilen Eismauern hinweg unmöglich erschien. Philippi schätzte seine Höhe auf 300 bis 400 m und erzählte von der starken Verwitterung seiner Gesteine. Diese machte die Ersteigung schwierig: von oben aber hätte man einen großartigen Umblick gehabt. Nur der Rand des Inlandeises ließe sich schwer verfolgen, weil Eisberge im Osten wie im Westen davor gepackt wären, welche man von dem Inlandeis schwer zu trennen vermochte.

Der Weg bis zum Lande hatte verhältnismäßig wenig Schwierigkeiten geboten. Auch Proviant, Zelt und die sonstige Ausrüstung hatten sich bewährt. Nur die Schlitten wurden bald stark verletzt, wie wir es später noch oft erfahren sollten, so daß es sich als sicher aussprechen läßt, daß diese nach Nansens Modell gefertigten Schlitten zum Gebrauch während längerer Fahrten über schlechtes Eis nicht geeignet sind. Die Hunde waren vortrefflich und nur nicht zu stoppen gewesen, wenn sie eine Robbe sahen. Dann hätten sie unbekümmert um die ihnen zugeteilte Route ihren Weg verfolgt und oft in so rasender Fahrt, daß die Insassen sich nicht auf den Schlitten zu halten vermochten. Philippi zeigte dann seine Sammlungen, Probestücke einer blasigen Lava vom Berg, die sich später im Dünnschliff als Leuzitbasalt erwies. Mitgebracht wurde auch eine kleine mumifizierte Weddellrobbe, die im Eis vor dem Berg gefunden wurde. Johannsen war über die Hunde des Lobes voll; es wären die besten Hunde, die er gehabt, obwohl er schon manche Polarfahrt mitgemacht hätte.

Während dieser ersten Schlittenfahrt, die mit so schönem Erfolg geendigt hatte, war ein anderes Ereignis vorbereitet worden, das mit der Tour zusammen für die Folgezeit bestimmend werden sollte, nämlich ein Aufstieg mit dem Fesselballon. Gleich nach unserer Festlegung war er beschlossen, um einen Überblick auf die Umgebung zu erhalten.

Der 29. März war ein schöner Tag, wohl der schönste mit, den wir gehabt, und einer der wenigen, an denen ein Ballonaufstieg in der Antarktis überhaupt denkbar war. Bei dem Aufstiege war die ganze Schiffsbesatzung unter der Leitung des Obermaschinisten beschäftigt. Zwölf Mann hielten den Ballon, zwei waren an den Stahlzylindern mit Gas, um deren Ventile zur Füllung zu öffnen

Beim Füllen des Fesselballons

und, da dieses in zwei Gruppen erfolgen mußte, die notwendige
Umschaltung vorzunehmen. Der Auftrieb war sehr stark, so daß
das erste Mal, als der Ballon zur Probe ohne Besatzung des Kor-
bes in die Höhe ging, es nicht möglich war, ihn mit der Winde ein-
zuholen und er durch die Leute herabgelaufen werden mußte.
Auch als ich im Korb war, stieg er noch schnell bei fast völliger
Stille, die nur in der Höhe zeitweilig einem leisen Luftzug wich,
um von 300 m Höhe an wieder vollständig zu verschwinden. Der
Luftzug bewirkte eine leise Drehung des Ballons, welche die
Peilungen von oben erschwerte. Beim Aufstieg erhielt ich viele
Signale mit dem Telefon, die mich meist zum Ziehen des Ven-
tils mahnten, weil der Ballon zu gespannt war. Ich hatte oben
ein Aspirationspsychrometer und ein Schleuderpsychrometer zu
handhaben und außerdem genug zu tun, um die Orientierung zu
gewinnen. Leider riß die Schnur des Schleuderpsychrometers, so
daß es aus 100 m Höhe herabflog. Auch das Aspirationspsychrometer versagte infolge eines Unfalls seinen Dienst. So konnte ich
die exakten Temperaturmessungen nicht vollständig vornehmen.
Soviel aber wurde bemerkt: Es wurde nach der Höhe zu wärmer.
In 500 m war es so warm, daß ich die Handschuhe abnahm und
die leichte Mütze ohne Ohrenschutz wählte, die auch noch entbehrt werden konnte, als sie aus 500 m Höhe zufällig herabfiel.
Die Strahlung war außerordentlich stark, aber der Reflex der

Eisoberfläche wirkte nicht bis zur Höhe herauf, so daß die Schneebrille oben überflüssig war. Bis zu 100 m Höhe hörte ich jedes, auch leise gesprochene Wort von unten und höher noch lautere Rufe! Die Signale hatte ich meist schon verstanden, ehe sie dem Telefon anvertraut wurden. Die Rundsicht aus 500 m Höhe war grandios. Von etwa 50 m an sah ich den neuentdeckten Gauß-berg vor mir und aus größerer Höhe, daß er die einzige eisfreie Marke in der weiteren Umgebung war. Im Inlandeis sah ich eine starke Anschwellung der Oberfläche im Osten, augenscheinlich ein hohes Gebirgsland, aber anscheinend auch gänzlich vereist. Es war wohl das hohe Land, das wir am Morgen des Tages vor unserer Festlegung gesichtet hatten. Unmittelbar vor ihm befand sich die Hauptansammlung von Eisbergen, und die großen Kolosse, die uns umringten, strahlten von dort aus. Auch weiter westlich lagen Eisberge vor dem Rande des Landes und häufig so, daß sie mit den Eisoberflächen des Meeres und Inlandeises völlig verschmolzen. Dadurch war es stellenweise schwer, die Inlandeisgrenze zu erkennen, besonders im Westen.

Das Herunterholen des Ballons, nachdem ich etwa zwei Stunden in den luftigen Höhen geweilt hatte, ging ebensoleicht wie der Aufstieg, nur bei den Schäkeln der Kette, die von hundert zu hundert Metern die einzelnen Stücke miteinander verbanden, waren

Der Fesselballon mit der »Gauß«

kurze Aufenthalte. Nach mir stiegen am gleichen Tag nachein-
ander noch Ruser und dann Philippi empor, der ausgezeichnete
Photographien aus der Höhe erlangte. Mit Sonnenuntergang gerade kam er herab. Der Ballon hatte nun schon viel Gas verloren,
doch wären weitere Aufstiege damit noch möglich gewesen. Da es
aber dunkel wurde, mußte er entleert werden, weil es nicht möglich war, ihn bei dem zu erwartenden schnellen Witterungswech-
sel zu halten. So öffnete Stehr die Ventile und das Gas strömte in
lebhaftem Strome heraus. Schnell war die Hülle entleert und wieder verpackt. Es war ein ereignisreicher Tag gewesen, welcher für
die folgenden Dispositionen bestimmend wurde.

Jeder war mit großem Interesse und Eifer dabei beteiligt gewesen und hatte seinen Posten verwaltet. Zu kurz kam nur der Erste
Zimmermann Reimers, welcher es mit bekanntem Geschick für
die Auswahl besserer Posten für gut gehalten hatte, die Bedie-
nung des Telefons unten zu übernehmen, wobei er nur die Rolle
zu halten brauchte. Dieses hatte auf ihn wohl so einschläfernd gewirkt, daß er plötzlich mit seinem ganzen Apparat umfiel. Die allseitige Freude war groß, und er hatte für Spott nicht zu sorgen.

Aus den beiden Ereignissen der ersten Schlittenfahrt und des
Ballonaufstiegs wurden die Pläne, die uns für die Folgezeit beschäftigt haben, geholt und zu bestimmten Resultaten gebracht.
Am 30. März, dem ersten Osterfeiertag, hatte ich die Stationsanlagen begangen. Fertig waren zwei magnetische Observatorien,
ein astronomisches und ein meteorologisches Haus. Neben dem
letzteren fungierten Registrierapparate für den Sonnenschein,
Meßvorrichtungen für Regen und Schnee. Von praktischen Anlagen bestand das Magazin für die Instrumente neben dem Schiffe
und ein Zelt, in welchem Stehr seine Drachenaufstiege vorberei-
tete, Schuppen für die Stahlzylinder mit Wasserstoffgas, eine
Feldschmiede und Stapelplätze für das Eisen des Windmotors.
Ferner standen umher die neugebaute Winde für Ballonaufstiege,
eine weitere Windenvorrichtung für Drachenaufstiege und eine
Fischwinde. Nicht weit vom Schiff zwischen den Winden befand
sich der sogenannte »Kirchhof«, auf welchem die Thermometer
zum Messen der Eistemperaturen begraben wurden.

Für die Hunde wurde ein Hundegehege gebaut, weil wir damals noch die freundliche Absicht hatten, die Tiere vor den Unbil-
den der Witterung zu schützen, was aber beinahe zu ihrem Unter-
gang geführt hätte. Ferner standen dicht daneben unsere Kajaks

und Schlitten aufgestapelt. Überall lagen auf den Anlagen die jungen Hunde herum und machten sich, wo es möglich war, unnütz. Auf den Brettern, die vom Schiffe zum Eise herüberführten, verkehrten die Hündinnen mit ihrem Nachwuchs aus und ein. Auf dem Schiffe waren die Laboratorien in starkem Betrieb. Die Station ging also ihrer Vollendung entgegen, und weitere Pläne für die Zukunft konnten entstehen.

Weil weitere eisfreie Stellen im Lande nicht zu erwarten waren

Dr. Bidlingmaier mit einem der jungen Hunde

und der Winter bevorstand, bestanden zunächst zwei Erfordernisse, nämlich der Abschluß der Stationseinrichtungen am Schiff und zweitens die Einrichtung einer Landstation am Gaußberg und der Beginn von Arbeiten dort. Das erste sollte jetzt im April noch erfüllt werden und zu dem zweiten sollte unmittelbar eine zweite Schlittenpartie abgehen.

Die zweite Schlittentour wurde sofort vorbereitet und erhielt den Auftrag, am Schwarzen Berg ein Eishaus zu errichten, in dem kommende Schlittenpartien für längere Zeit Aufenthalt nehmen könnten und außerdem die geologische Untersuchung des Berges vollenden könnten. An dem Eishaus sollte ein kleines Proviantdepot niedergelegt werden und dazu Instrumente für den Betrieb einer meteorologischen Station.

An der »Gauß« selbst wurden die Einrichtungen der Station ihrem Ende entgegengeführt, wozu vor allem die Vervollständigung der zoologischen Fischeinrichtungen gehörte. Zu diesem Zweck wurde eine Leine unter dem Schiff in der Längsrichtung durchgezogen, um an ihr das Schleppnetz auf dem Boden entlangziehen zu können. Auch war die Leine unter dem Schiff schon wieder zerrissen, nachdem sie wahrscheinlich beim Aufhacken des Eislochs verletzt war. Diese Vorrichtung zu erneuern, war nun aber recht schwierig, weil das Eis jetzt von beiden Seiten gegen das Schiff fest anlag und sich zum Teil schon unter dasselbe schob. Unter diesen Verhältnissen in der Längsrichtung neben dem Schiff eine neue Rinne zu schlagen, um in ihr die Leine vom Bug bis zum Heck zu ziehen, war fast unmöglich. So wurde denn der Vorschlag mit Freude begrüßt, für diese Arbeit einen Kaiserpinguin zu verwenden.

Da sich diese Vögel jetzt sehr zahlreich am Schiff aufhielten, war schnell ein geeignetes Objekt gefunden, das am Bug des Schiffes in ein kleines Loch versenkt wurde, nachdem ihm eine Leine ums Bein gebunden war. Das unglückliche Tier wollte zunächst aus demselben Loch wieder heraus, wurde daran aber gehindert, weil es eine andere Aufgabe hatte, und es gelang denn auch schließlich, daß es in dem Loch am Bug untertauchte und kurz darauf aus dem 50 m weiter abgelegenen Eisloch am Heck in dem üblichen Sprung herauskam. Da es aber unterwegs die Leine zerrissen hatte, mußte es die Prozedur noch einmal wiederholen, und dann zum dritten Male, weil es auch beim zweiten nicht vorsichtig gewesen war; erst beim dritten Mal glückte es.

Die Leine kam mit dem Tier heil am Heck des Schiffes empor, so daß es dann eingefangen, wegen seiner guten Leistung belobt und entlassen werden konnte.

Die zoologischen Arbeiten brachten nun eine immer reichere und immer schönere Ausbeute, so daß sie nicht nur bei dem Zoologen, sondern bei allen, die sich dafür interessierten, lebhafteste Befriedigung erweckten und in ihrer weiteren Ausgestaltung im Laufe des Jahres für die faunistische Kenntnis der Antarktis Grundlegendes boten. Es gab täglich reiche Beute; einen großen Tintenfisch, Octopus, nicht zu vergessen, dessen acht durch Hautsäume verbundene und mit zahlreichen knorpeligen Saugnäpfen besetzte Arme den mit kräftigen, einem Papageienschnabel vergleichbaren Kiefer bewehrten Mund umgaben. An dem großen Kopf hing wie ein Sack der rundliche, gallertartige Körper, in dem man einen festen Kern, das Rudiment einer Schnekkenschale, fühlte.

Von Vögeln umschwirrten uns Raubmöwen, die Ende März auch am Schwarzen Berg gesehen wurden, im April sich aber dort nicht mehr befanden. Die Kaiserpinguine aber mehrten sich fast täglich an Zahl, während die kleinen Adelies sich schon gänzlich zurückgezogen hatten. Es wurden jetzt Scharen von über 200 Kaiserpinguinen erblickt, die in langsam philosophischem Gang über das Eis dahinschritten, wobei sie, nach dem einen Zug zu urteilen, den wir beobachteten, pro Tag vielleicht 300 m vorwärts kamen. Sie waren Schützenlinien vergleichbar, besonders wenn sie sich auf die Eisoberfläche niederlegten, um darüber hinzugleiten. Sie mischten sich in alle unsere Beschäftigungen ein, und wo einige von uns zusammenstanden, konnte man sicher sein, daß in kurzer Zeit auch Kaiserpinguine erschienen, die sich durch lautes Krähen oder trompetenartiges Tuten, wobei sie den Hals recken und die Gurgel eindrücken, schon von ferne her bemerkbar machten. Mit Vorliebe benutzten sie die von uns getretenen Wege, was natürlich nicht zu ihrem Vorteil ausschlug, weil sie dabei allzu leicht in unser Hundelager hineinliefen und den Hunden zur Beute fielen. Es war schwer, sie davor zu schützen.

Pinguine hatten wir also reichlich und sammelten – schon um der Hunde willen – größere Vorräte ein. Es war grausam genug, wenn wir einen Schwarm dieser schönen Tiere, die einzelne Posten voraussendend herankamen, bis zum Schiffe trieben und hier behielten. Der Zug dieser Schwärme ging von Nordwest nach

Südost, möglich, daß er dem schon mehrfach erwähnten hohen Land galt, wahrscheinlich, um dort zu brüten. Bald wurde auch eine technische Verwertung der Pinguine vorgenommen, nämlich zur Feuerung unter den Kesseln, wobei der ganze große Körper infolge seines reichen Fettgehaltes mit heller Flamme verbrannte. Auch das Fell haben wir zu benutzen gesucht, und zwar als Einlegesohle in den Stiefeln; doch es war dazu etwas hart und nicht besonders gut.

Lebhafte Befriedigung erregte anhaltend jetzt der Betrieb der magnetischen Station, nachdem Ende März die beiden Observatorien in Gang gekommen waren und in dem einen die photographischen Registrierinstrumente unentwegt funktionierten. Anfangs zeigte sich eine große Ruhe in den Kurven, als ob man es hier nicht mit starken magnetischen Störungen zu tun hätte. Es begannen bereits Überlegungen, ob dieser Umstand vielleicht dadurch bedingt war, daß die magnetische Station sich hier noch 300−400 m über dem Meeresboden befand und so vielleicht außerhalb des Bereichs magnetischer Erdströme, welche sonst die starken Schwankungen der Magnetnadel bewirken. Ruhig verlief auch noch der erste registrierte Termintag, nämlich der 1. April. Dann aber dauerte es nicht lange, daß auch heftige Störungen einsetzten, indem die Magnetnadel so stark hin- und herschlug, daß der auf ihr befindliche Spiegel den Lichtstrahl, den er von einer feststehenden Lampe empfängt und auf photographisch empfindliches, mit einem Uhrwerk sich drehendes Papier werfen soll, weit außerhalb des Bereichs des Papieres vorbeiwarf. Besonders zur Zeit der Südlichter, die wir in jener Zeit häufig hatten, traten überaus lebhafte Schwankungen auf, doch auch namentlich zu den Zeiten, wenn die Sonne über dem Horizont erschien oder wieder darunter verschwand. Am 10. April konnten zum ersten Mal alle drei magnetischen Elemente Deklination, Horizontal- und Vertikalintensität photographisch aufgezeichnet werden.

Tag für Tag haben nun diese Instrumente gewirkt und fast ein ganzes Jahr ihre Kurven gezeichnet, so daß nun ein Material vorliegt, einzig in seiner Art und von hohem Interesse für die Erkenntnis jener geheimnisvollen Kräfte der Erde, auf welchen die Richtung der Nadel im Kompaß und damit unsere ganze praktische Schiffahrt beruht. War es doch dieses Problem gewesen, welches wesentlich zur Wiederaufnahme der Südpolarforschungen gedrängt hatte. Es mußte uns daher mit Befriedigung erfüllen, als seine Förderung nun so gut gelang. Hatten die ersten Tage des Festliegens an diesem Ort noch Bedenken erregt, ob es überhaupt möglich sein werde, auf einer schwimmenden Eisdecke, die mit Ebbe und Flut hin- und herschwankte, diese feinen Registrierungen vorzunehmen, so sahen wir bald, daß es möglich war. Selbst wenn es vorkam, daß die Schwankungen der Eisdecke so stark wurden, daß auch sie auf dem photographischen Papier zur Abbildung kamen, blieben sie doch so schwach, daß man sie von den Schwankungen der erdmagnetischen Kraft zu trennen vermochte.

Alle Anlagen der Station, die magnetischen Observatorien, das Schiff und die meteorologischen Einrichtungen, umfaßte ein System von Bambusstangen, welches von der astronomischen Hütte aus durch Messungen dauernd kontrolliert wurde, um etwaige Veränderungen unseres Schollensystems daraus herleiten zu können. Es waren drei Vierecke von Marken, die ich gesetzt, deren eines nur die magnetische Scholle betraf, während das mittlere diese und die astronomische Scholle miteinander verband, und das dritte, äußerste, sich um die ganzen Stationsanlagen herumzog und auf Eisbergen stand.

Während dieser Zeit konnte unser Arzt eine ersprießliche Tätigkeit entfalten und erstreckte sein Interesse auf alles, was ihn umgab. Auch ärztlich gab es manches zu tun. Der Kapitän hatte ein Fußleiden, welches ihn am Gehen hinderte, längere Sorgfalt und operativen Eingriff erforderte. Herr Stehr hatte sich beim Bohren auf dem Eisberg durch die Berührung mit dem Metall Frostschäden zugezogen, welchen wohl eine kleine Blutvergiftung entsprungen war. So trat Schwellung des Armes bis zur Achselhöhle ein, die operiert werden mußte. Diese und ähnliche Sachen wurden leicht und glücklich behandelt, so daß sie Störungen nicht zur Folge hatten.

Ostern war ein schöner Festtag, den die Mannschaft mit Vergnügungsfahrten im Hundeschlitten, Pinguinjagden und ähnlichen Belustigungen beging, während wir uns im Salon der Ansichtskarten und Bücherspenden aus der Heimat erfreuten. Am Abend vereinigten sich beide Messen zu einem erwärmenden Punsch und feierten lange. Die geselligen Verhältnisse während dieser Zeit des ersten Stationsbetriebes waren gute. Lebhaft wurde in beiden Messen Skat gespielt, wenn auch der Klub »Eintracht« nach kurzem Bestande schon eins seiner Mitglieder gewechselt hatte. Auch in der Mannschaft herrschte Frieden und Einigkeit, wenn gelegentliche Differenzen, die von einzelnen ausgingen, auch hin und wieder zu Streitigkeiten Veranlassung gaben. Etwas gemurrt wurde damals zeitweilig über das Essen, doch ließ sich auch das erledigen, da es ja schließlich einzusehen war, daß wir auf der »Gauß« nicht leben konnten wie auf modernen Salondampfern und mit einförmiger Nahrung vorlieb nehmen mußten. Wesentlich half hierbei die häufige Unterbrechung der Einförmigkeit, die wir durch frische Nahrung an Robben und Pinguinen erhielten, und die, welche sich vorurteilsfrei sogleich dazu verstanden, haben Beschwerden über die Nahrung auch gar nicht gespürt.

Das Wetter war jetzt Mitte April meistens bedeckt. Die schönen sonnigen Tage des März hatten einem trüben, wolkigen Himmel Platz gegeben, und wir hatten häufig jene Witterung, in welcher Himmel und Erde zu einem trüben, grauen Einerlei verschmelzen. Die wirklich klaren Tage hatten keinen Bestand mehr. Mehrfach wurden wir auch durch Schneestürme gestört, und dabei wurde es dauernd kälter. Wenn die Sonne schien, war es freilich in einem dicken Wollrock und einer Isländerjacke darunter in der Bewegung zu warm. Doch zum Stehen an den Instrumenten konnte man schon den Timiak aus Wolfspelz vertragen, den ich zum ersten Mal bei einer astronomischen Beobachtung am 12. April trug. In ihm befand ich mich trotz 28° Kälte sehr wohl, nur die Füße dann warm zu halten, ist uns bis zuletzt nicht gelungen, wenn man es auch auf alle mögliche Weise versuchte. Die meisten trugen damals die norwegischen Komager, weiche Schuhe, von denen wir zwei Arten, mit und ohne feste Sohlen bei uns hatten; in diese wurde Stroh, Sennegras oder Holzwolle gepackt und darin der Fuß verwahrt. Die Leute nahmen auch Fußlappen hinein und meinten, daß das noch besser und wärmer wäre. Diese Fußbekleidung war auch sehr gut, solange das Füllmaterial trocken blieb; sowie es aber feucht wurde, war leicht Gelegenheit zu Frostschäden gegeben. Wenn man bei astronomischen Beobachtungen lange am Instrument zu stehen hatte, wurden in der Regel die norwegischen Skaller getragen, Schuhe aus Rentierfell mit den Haaren nach außen, die wir in vortrefflicher Qualität durch unseren Paul Björvig aus Tromsö erlangt hatten. Aus dem Kopf- oder Beinfell des Rentieres gearbeitet, hielten diese Schuhe auch hinreichend vor, während Sohlen aus gewöhnlichem Rentierfell, die man darunter legte, sehr schnell ihre Haare verloren, und die Schuhe wurden feucht. Zum Gehen über das Eis und Besteigen der Berge wurden auch Bergschuhsanda-len getragen, die wir unter die Komager schnallten und die sich als sehr zweckmäßig erwiesen, besonders wenn unter den Sohlen noch Eisenspitzen angebracht waren. Die Unterkleidung bestand bei allen in dicker Jägerwolle, über welcher noch isländische Woll-westen getragen wurden.

Am 16. April erfolgte die Rückkehr der zweiten Schlittentour. Sie wurde schon mittags gemeldet, und gegen 4 Uhr begann das laute Geheul der sich begrüßenden Hunde. In 13 Tagen war die Reise glücklich verlaufen, und auch die trüben Tage, die wir an der »Gauß« gehabt, waren unten am Inlandeis schön und sonnig gewesen. Man hatte vier Tage bis zum Gaußberg gebraucht, weil Verzögerung dadurch eintrat, daß der Erste Offizier Lerche kurz vor Erreichen des Ziels in eine Spalte gefallen war, so daß schnell das Zelt aufgeschlagen werden mußte, um ihn von dem Eispanzer zu befreien, der sich sogleich um ihn legte. Am Dienstag, dem 8. April, hatte man begonnen, das Eishaus zu bauen, welches späteren Expeditionen als Obdach dienen sollte. Nach der Voll-endung erfolgte am Montag die Abreise und Mittwoch die An-kunft an der »Gauß«.

Unglücklich hatte die Expedition das Eishaus aufgebaut, wie sie selbst schon erkannt hatte, als gegen den Schluß ihres Aufent-haltes bei Neumond die Springflut in das Haus eindrang. Die Be-richte ergaben, daß es auf dem Eisfuß stand, der sich durch das Auf- und Niederschwanken der Gezeiten an der festliegenden Landmasse bildet, indem jedes Steigen etwas Wasser zurückläßt, welches gefriert und so mit der Zeit eine horizontale Stufe in das Meer hinausbaut. Dies war bei der Anlage des Hauses nicht be-achtet worden.

Nun hielt mich nichts mehr davon ab, eine längere Schlitten-tour zu unternehmen. Die Arbeiten auf der Station waren in Gang, die Hunde zur Stelle, und wir konnten fort. Am Morgen des 22. April verließen wir bei bester Stimmung unser Schiff.

Gaußberg und Inlandeis

Schönes, sonniges Wetter strahlte über dem Eis, als wir das Schiff verließen. Unter endlosem Geheul wurden die Hunde zusammengekoppelt und dann zunächst lose mitgeführt, da die Schlitten schon vorher an das ebene Eisfeld südlich von der »Gauß« gebracht waren. Wir hatten zur Reise Windkleidung angelegt, aus leichtem, aber festem Baumwollzeug bestehend, das man über die wollenen Unterkleider zog, weil Pelze zum Gehen und Arbeiten an den Schlitten nicht geeignet waren. Bald nach 8 Uhr hatten wir das ebene Eisfeld erreicht. Die Hunde wurden vor die Schlitten gespannt, wir selbst auf die Schlitten verteilt. Nach kurzem Abschied von unserer Begleitung begann die Fahrt. Einer mußte vorangehen, um den Hunden den Weg zu weisen.

Ott und ich teilten uns zunächst mit Gazert in diese Funktion, während Vanhöffen nach Möglichkeit auf dem Schlitten zu fahren gedachte. Als er jedoch innerhalb der ersten zehn Minuten mit dem Schlitten zweimal umgeworfen worden war, sechsmal im Sturmschritt hinterherlaufen mußte, um dabei natürlich über das unebene Eis zu Fall zu kommen, und dabei höchstens den Vorteil hatte, danach eine halbe Minute auf dem Schlitten zu sitzen, erkannte er, daß es bei weitem vorzuziehen sei, überhaupt zu marschieren, und äußerte diese Erkenntnis durch den Ausruf, daß das Schlittenfahren für den Teufel wäre.

Jeder Schlitten war mit sieben Hunden bespannt, immer paarweise nebeneinander und ein Leithund voran, wobei jeder Schlittenführer seinen besonderen Lieblingsleithund besaß. Dieser folgte dem vorausgehenden Expeditionsführer aber immer nur solange, als es ihm paßte, und pflegte ein lebhafteres Tempo nur einzuschlagen, wenn er irgendwo eine Robbe oder einen Pinguin witterte, dann aber natürlich nicht immer in der Richtung, in der es erwünscht.

Die Reise ging bei schönem Wetter am ersten Tag schnell vonstatten. Von dem Südrand unseres Scholleneisfeldes durchquerten wir zunächst ein altes, mehr als einjähriges Eisfeld, von niedrigen Eisbergen umkränzt und gelegentlich auch innen von solchen unterbrochen. Dann machten wir gegen $^1/_2$1 Uhr Rast und erfrischten uns durch gefrorene Butter, gefrorene Sardinen und gefrorenes Brot, während die in der Feldflasche mitgeführten Getränke, Tee oder Kakao, so vollkommen zu Eisklumpen erstarrt waren, daß sie nicht mehr genossen werden konnten. Dieser Rastpunkt lag etwa 18 km vom Schiff entfernt, und wir hatten dazu etwa 5 Stunden gebraucht.

Dann begann unebene Bahn über flache Eiswellen. Als wir um 3 Uhr nachmittags eine Schneewelle zwischen zwei Bergen erstiegen, kam der Gaußberg in Sicht, scheinbar schon nahe, tatsächlich aber noch mehrere Tagereisen von uns entfernt. Wir verfolgten unseren Weg nun in engeren Gassen zwischen vielen Bergen und schlugen mit Sonnenuntergang das Biwak neben einem großen Eisberg auf, der uns Schutz versprach. Etwa um $4^{1}\!/_{2}$ Uhr wurde Halt gemacht und um 7 Uhr war das Essen fertig. Es bestand aus Erbsenkonserven mit reichlicher Butter und etwas Leberpastete, was natürlich alles erst mit dem Beil auseinandergeschlagen werden mußte, da es gänzlich vereist war. Um 8 Uhr kamen wir zur Ruhe. Der Vollmond stand am Himmel und bildete in dem Dunste einen farbigen Hof. Auch dunkle Wolken im Osten mochten daran mahnen, daß wir eine Witterungsänderung zu erwarten hatten. Jetzt war die Landschaft aber noch klar und wunderbar schön. Über uns flimmerten die Sterne, und ein leichtes Südlicht flackerte am Horizont.

Die Nacht war sehr kalt und mag −30 °C erreicht haben, doch in dem Zelt – oder richtiger, in unseren Schlafsäcken – war es warm. Wir gingen ohne Timiak und ohne Pelzhosen in die Schlafsäcke hinein, nachdem wir diese nur vorher zum Sitzen im Zelt während der Mahlzeit gebraucht hatten, und froren dabei nicht. Anfangs hatte ich mich gänzlich in den Schlafsack zurückgezogen wie eine Auster in ihre Schalen. Als ich aber kurze Zeit danach über Atembeschwerden erwachte, merkte ich doch, daß ich etwas Luft haben müßte und öffnete zu diesem Zweck einen kleinen Spalt, um dadurch atmen zu können. Ich möchte sagen, daß die Handhabung dieses Spaltes oder Luftloches zum Atmen die ganze Kunst des Schlafens in den Schlafsäcken bedingt. Hat man ihn zu weit auf, wird es innen kalt; hat man ihn zu eng, fehlt es an Luft und ebenso, wenn man während des Schlafens die Atemwerkzeuge in ungeeignete Entfernung von dem Spalt bringt. Hat man sie aber zu nahe daran, setzt sich der Atem als Eis in den Spalt und kann ihn auf diese Weise verschließen. Kurz, es ist ein ewiges Versuchen und von uns allen nicht gelernt worden. Wir

Erstes Zeltlager auf der Fahrt zum Gaußberg

waren immer zufrieden, wenn wir in den überaus kalten Nächten, die wir auf den Schlittenreisen gehabt und die unter −30 °C gingen, kurze Stunden schliefen, um dann wieder zu erwachen und das Luftloch in Ordnung zu bringen.

Am zweiten Tag erfolgte eine erste Abwechslung des Eismarsches durch eine Robbe, die uns ruhig herankommen ließ, ohne in dem Wasserloch, neben dem sie lag, zu verschwinden. Paul Björvig erschlug sie durch einen wohlgezielten Hieb über die Nase und zerlegte sie sofort. Etwas Fleisch wurde den Hunden gegeben, der Embryo, den die Robbe enthielt, für den Rückweg beiseite gelegt, doch fuhren wir leider später auf anderem Weg zurück. Dann ging es weiter wie am Tag zuvor, indem bald ich, bald Gazert vorausging. Das Eis wurde schlechter, doch es ging noch in erwünschter Schnelligkeit vorwärts. Erst als wir um die Mittagszeit eine Kette von glatten Eisbergen erreichten, die durch mächtige Schneewehen untereinander verbunden waren, mußten alle angreifen, um den Schlitten darüber hinwegzuhelfen. Diese glitten dann von der Höhe so schnell und gewaltsam in die Täler hinab, daß sich unten Bagage, Hunde und Menschen in einem Knäuel rollten.

Hatten wir uns die beiden ersten Tage noch unter ruhigen Verhältnissen bewegt und schönes Wetter gehabt, wobei wir die herr-

liche Eiswelt mit ihren zahllosen Bergen und weiten Feldern dazwischen, ihren Schneewehen und den Eiswällen auf der Oberfläche der Felder kennengelernt, so begann am dritten Tag, dem
24. April, das echte Winterwetter, welches uns leider nun mit wenigen Unterbrechungen bis zum Schluß dieser Schlittenreise treu
blieb. In der Nacht schon begannen böige Stöße, und am Morgen
wurde das Zelt vom Sturm geschüttelt und der Schnee trieb über
die ebenen Eisflächen dahin. In diesem Treiben fand Björvig ein
Stück Papier als ein Anzeichen dafür, daß wir uns nicht weit ab
von der früheren Route Philippis befanden. Vor uns sahen wir
einen dunklen Gegenstand, den wir für eine Robbe hielten. Wir
fanden aber nachher, daß es eine fortgeworfene Konservendose
war, die nur etwa 20 Schritt von uns entfernt lag. Es war jenes
Wetter, in welchem man keine Entfernung und keine Dimensionen abschätzen konnte, wo eben alles in einem grauen Dunst verschwamm.

Eine Führung der Gespanne war an diesem Tag zum Glück unnütz, denn den Hunden war der Berg, den sie sahen, ein hinrei-
chendes Ziel, auf das sie loseilten. Hatten wir es noch anfangs versucht, ihnen wie gewöhnlich voranzugehen, so mußten wir uns
doch bald beeilen, auf die Schlitten zu kommen, um sie nicht zu
verlieren. Und so ging es in wilder Fahrt und treibendem Schnee,

Unterwegs auf dem Inlandeis

der ins Gesicht peitschte und alle bis ins innerste Mark durch-
kühlte, auf den Berg zu, Paul Björvig voran. Diese Strecke sind
wir wirklich gefahren und mußten dabei aufpassen, daß die
Hunde uns nicht mit dem Schlitten davonjagten. Ich schätzte die
Geschwindigkeit, mit der wir nun fuhren, auf 12 km pro Stunde,
was sich aber später als zuviel erwies. Immerhin ging es so
schnell, daß man zu Fuß nicht mitkommen konnte, und immer in
den unberechenbaren Zickzackwegen, in denen es den Hunden
ihre Kurse zu nehmen beliebte.

Je näher wir dem Lande kamen, desto glatter wurden auch die
Meereisfelder. Weite Strecken waren vollständig blank und die
Schlitten schleuderten darauf, teils durch den Sturm, teils durch
Wendungen, die die Hunde vornahmen. Man mußte sich halten,
um nicht vom Schlitten geworfen zu werden. Stieg man aber ab,
um den Schlitten zu dirigieren, wie wir es häufig tun mußten, damit er nicht in Spalten hineintrieb, dann glitt man aus. Mir gelang es noch leichter, mich zu halten, weil ich unter meinen Bergschuhsandalen Eissporen hatte. Doch Bootsmann Müller wurde
es schwer, wie seine kernigen Flüche anzeigten, mit denen er seinen sonst so geliebten Leithund »Wolf« traktierte – den das aber
wenig anfocht.

Am 25. April, unserem vierten Reisetag, früh, hatten wir den
schwarzen Gaußberg dicht vor uns noch deutlich in Sicht, so daß
wir den Aufbruch beschlossen, wenn der Schnee auch gewaltig
trieb. Der Abmarsch war schrecklich. Nur mit größter Kraftan-
strengung vermochten wir gegen den Sturm anzukommen, da un-
glücklicherweise unsere Route, einen Eisberg zu umgehen, zunächst gegen Osten führte. Dann fanden die Hunde plötzlich eine
alte Spur und jagten los. Doch bald war dieselbe verschneit und
auch von den Hunden wieder verloren. Dabei wurde das Wetter
so dicht, daß vom Gaußberg nichts mehr zu sehen war. Ich be-
stieg einen runden Eisberg, um Umschau zu halten, doch er war
so glatt, daß ich darauf keinen Halt fand und mich niederlegen
mußte, um nicht herabgeschleudert zu werden. Für Augenblicke
trat der Gaußberg in dem Schneesturm hervor, so daß ich eine
Peilung gewann; nach ihr wollte ich weitergehen, um das Ziel zu
erreichen. Gazert half mir, indem wir in kurzen Abständen voneinander gingen, um die Richtung zu halten; denn weitere Peil-
punkte gab es in dem wüsten Chaos nicht mehr. Bald aber war
nichts mehr zu unterscheiden. Wir liefen auf Berge hinauf, die

Hunde fielen in Spalten hinein oder stürzten von Schneewehen herab, dauernd kenterten die Schlitten, so daß wir viele Mühe hatten, sie wieder aufzurichten. Auch Gazert fiel in eine Spalte, wußte dem Einsinken aber schnell zu begegnen, indem er sich längs warf. Es war unmöglich, weiter zu kommen. Der Schneesturm raste, und in unserer unmittelbaren Nähe sahen wir schlechterdings nicht mehr die Hand vor Augen. So ließ ich die Schlitten zusammenschieben zu einer Burg und die Hunde daneben. Doch vergeblich war das Hoffen auf eine Besserung des Wetters! So entschloß ich mich, zum Unwillen der anderen, die das unmittelbar vor uns liegende Ziel nicht aufgeben wollten, das Zelt zu errichten. Etwa um die Mittagszeit war es und wahrlich ein Glück! Mit vereinten Kräften gelang es noch, in dem rasenden Sturm das Zelt hoch zu bekommen, ohne daß wir irgendeine Ahnung hatten, wohin wir es setzten. Wir schoben auch die vollbeladenen Schlitten hinein, um es zu halten, und ließen nur die Hunde draußen in dem wütenden Sturm. Dann brach ein Unwetter los, das allen Anstrengungen, das Zelt jetzt noch errichten zu wollen, gespottet hätte.

Wir lagen nun zu sieben im Zelt, zwischen die Schlitten gepfercht, nur hier und dort noch unser Obdach stützend und haltend, ohne die Möglichkeit, das Zelt zu verlassen. So ging es die ganze Nacht durch, die wir natürlich schlaflos verbrachten. Gegen Mitternacht begann das Zelt zu schlagen, und ich rief Ott, um es mit ihm zusammen von neuem zu stützen, was auch gelang. Zwischen 6 und 7 Uhr morgens hatte der Sturm seine größte Gewalt. Nachher zogen Böen in etwas längeren Pausen über uns fort. Doch der Schnee wehte draußen so dicht, daß wir von den nächsten Eisbergen nur in vereinzelten Momenten etwas zu sehen bekamen. Dabei blieb der Schnee hier aber nicht liegen; nur um die Hütte waren kleine Wälle geschüttet – die unsere Hunde beherbergten! Den Hunden schien es dabei ganz behaglich zu sein; nur zwei hatten sich losgerissen und an der Zelttür niedergekauert, der eine offenbar krank, wie sein Zittern bewies. Das Zelt hielt großartig! Was wäre wohl auch aus uns geworden, wenn es hier in Stücke gegangen wäre. Es ist schwer zu sagen, wie wir dann hätten Schutz finden sollen. Gegen 9 Uhr morgens kamen wir aus den Schlafsäcken zum Kochen heraus. Björvig sah nach den Hunden. Jedem von uns blühte dann ein überaus beschwerlicher, aber notwendiger Gang ins Freie. Wie derselbe von den einzelnen jedoch erledigt wurde, erregte unseren Humor, und die Stimmung blieb gut. Am Nachmittag wurde es etwas heller. Man sah den schwarzen Berg, und wir dachten an Aufbruch. Doch gleich darauf fing es wieder an zu stürmen, und wir mußten uns von neuem in das Zelt zurückziehen. Wir haben diesen Tag am Morgen und am Abend Reis mit Fleisch gekocht, was vortrefflich schmeckte. Unter Frost hatten wir nicht gerade zu leiden; denn der Sturm war hier am Land noch wärmer als draußen an der »Gauß« und hatte nur 6 bis 7 Grad unter Null, was uns in den Schlafsäcken natürlich wie tropische Hitze erschien.

Auch der nächste Tag ging vormittags noch verloren. Dann aber wurde es besser, und gegen 2 Uhr konnten wir das Zelt abbrechen und die Reise von neuem beginnen. Vielfach wirbelte am Berg noch der Schnee, doch wir konnten ihn sehen und damit die Richtung behalten. Mit der Annäherung mehrten sich die Spalten, die wir auf Schollenbrücken passierten. Dann wurden die Schneewälle und die aufgepreßten Schollenränder höher, so daß die letzte Strecke vor dem Berg recht mühsam war und jeder Schlitten in der Regel von zwei Mann bedient werden mußte. Endlich winkte das Ziel. Mit einbrechender Dunkelheit betraten wir das Land und setzten unseren Fuß auf den Südpolarkontinent, hier am Gaußberg, einem fremden vulkanischen Gebilde innerhalb des alten Gesteins, welches den Kontinent aufbaut und welches die Lava durchbrach.

Unser erster Blick war natürlich auf das Eishaus gerichtet, das die zweite Schlittenexpedition errichtet hatte. Wir fanden es in einem bejammernswerten Zustand vor; durch den Sturm war das Dach abgerissen und die Eiswände völlig durchlöchert. So war unsere erste Arbeit, das Haus wieder notdürftig instand zu setzen, was durch Bedecken und Beschweren des Daches mit Steinen und Ausstreichen der Fugen mit Schneebrei geschah. Während wir hieran noch arbeiteten, kam der letzte Hund uns nach, einer von Otts Gespann, der schon vorher in dem Schneesturm immer im Zelte Schutz gesucht hatte. Er hatte zuletzt nicht mehr ziehen können und war deshalb losgespannt worden, bisweilen hatte ihn Ott auch getragen. Nun kam das arme Tier geschlichen, suchte das Land, legte sich darauf nieder und starb mit einem langgezogenen, heulenden Ton. Es war unendlich trist in dieser Öde, als mit dem ersten Betreten des Landes auch sogleich ein Leben erlosch.

Das Wetter war am nächsten Tag besser geworden. Die Sonne trat hervor und gab der ganzen Gegend trotz ihrer Starrheit ein frohes Gepräge, so daß wir sogleich an unsere Arbeiten gingen. Vanhöffen ging mit Bootsmann Müller loten und fischen. Ich suchte mit Björvig einen Platz für ein magnetisches Observatorium aus, das ich dann bauen ließ, und nahm sodann astronomische Messungen vor. Gazert und Klück besserten am Eishaus. Ott half mir bei den astronomischen Messungen. Eine weitere Tour machten wir an diesem Tag nicht, um uns nach dem Sturm der letzten Tage etwas zu erholen. Nur kurze Wege auf das Inlandeis wurden am Nachmittag noch unternommen, welches den Eindruck der größten Ruhe erregte.

Die nächsten Tage waren noch mit Rekognoszierungen hingegangen. Vanhöffen hatte interessante Fänge gemacht, die ihm Ergänzungen zu seinen faunistischen Beobachtungen bei der Station hier unmittelbar am Ufer des Landes in geringer Tiefe boten. Ich selbst hatte vormittags den Ort astronomisch bestimmt und nachmittags den Gaußberg mit Gazert, Müller und Björvig bestiegen. Wir hatten uns dieses wohl alle leichter gedacht, als es tatsächlich war. Denn stieg man über die schneefreie Schutthalde hinauf, auf der man gut Fuß fassen konnte, so kam man nach zwei Schritten immer wieder mindestens einen zurück. Unter meinen Füßen löste sich einmal eine ganze Halde, in welcher die anstehende Lava bis ins kleinste, selten über faustgroße Trümmer zersprungen war, los und glitt mit mir zusammen auf der harten, noch unverwitterten Unterlage hinab. So war es ermüdend, über diesen Schutt hinaufzukommen und nahm lange Zeit in Anspruch. Leichter ging es über die Eishänge, welche sich an der Westseite fast bis zum Gipfel hinaufzogen, während sie an der Ostseite nur dem unteren Teil des Berges anlagen. Doch mußte man hier vorsichtig sein, weil ihre Oberflächen vereist, glatt und steil waren. So glitt Björvig gleich beim ersten Aufstieg aus und rutschte mit dem Gepäck, das er trug, auf dem Bauch den Hang wieder hinab – zum Glück, ohne sich Schaden zu tun. Wir gingen dieses erste Mal über die zweite Stufe an der Westseite südlich von Kap Lewald hinauf, teilweise auf Stufen, die Gazert in den Eishang schlug, weil ein Halt sonst schwer zu finden war. Unterwegs hatten wir Bambusstangen als trigonometrische Marken errichtet und dabei nach mehr als zweistündigem Steigen den Gipfel erreicht.

Oben empfing uns ein heftiger Sturm, den wir unten nicht in dem Grade gespürt hatten. Der Blick von oben war grandios! Der Rand des Inlandeises zog nahezu von Osten nach Westen, indem er nur am Berg ein wenig weiter gegen Süden zurücktrat. Überall war er steil, eine 40 bis 50 m hohe Eismauer, nicht zu ersteigen. Doch davor lagen zahllose Eisberge, die von dem Rande losgebrochen waren oder im Osten noch teilweise durch Eisbrücken mit ihm zusammenhingen. Eisberg drängte sich hier auf Eisberg. Die

Rast auf dem Eis

Loslösung, das sogenannte Kalben, ging so langsam vor sich, daß der Zusammenhang mit dem Festen sich nicht auf einmal katastrophenartig löste, wie es in Grönland geschieht, sondern innerhalb langer Zeit. Die neugebildeten Eisberge schieben sich hier nur ein wenig vor und bleiben vor dem Eisrand liegen. Ein Forttreiben der Eisberge von dem Eisrande findet wohl nur dort statt, wo die Tiefenverhältnisse des Meeresbodens keine Veranlassung zu Stauungen geben. Freie, eckige Einbrüche führten in den Rand an den Stellen hinein, wo vielleicht tieferes Wasser war.

Im Osten lag die Oberfläche des Inlandeises höher und war durch Spaltenbuckel gegliedert, die augenscheinlich Formen des

Untergrunds zum Ausdruck brachten. Auch im Westen, etwa 2 km vom Gaußberg entfernt, trieb ein hoher und steiler Buckel fast in der Höhe des Gaußbergs die Eisoberfläche empor. Gegen Süden hin sah man in die Unendlichkeit: keine Grenze, kein Halt und kein Ziel.

So war der Berg nur eine kleine Marke in dieser Wüste und doch wie wichtig für uns, wie grundlegend für alle Erfahrungen der Expedition! Hier hatten wir wirklich Gestein unter den Füßen und sahen das Land, das wir sonst doch nur aus den Formen des Eises erschlossen. So öde und wüst der Gaußberg auch war, so gering sein Leben und seine Vegetation, so wurde er uns doch ein Verbindungsglied, welches den Südpolarkontinent an die anderen Erdräume und an unser Leben mit seinen Vorstellungsformen schloß.

Am folgenden Tag, dem 30. April, begann ich mit den Vermessungen auf der Oberfläche des Inlandeises. Es war mein Plan, nach einiger Zeit diese Vermessung zu wiederholen, um aus den dann gefundenen Veränderungen der Positionen die Bewegungsverhältnisse des Inlandeises für diese Zeit ableiten zu können. Während ich die Messungen ausführte, stieg Gazert mit Björvig an den Abhängen des Gaußbergs umher und richtete dort Stangen auf, welche ich anvisieren konnte. Vanhöffen fischte mit dem Bootsmann Müller und gewann unter anderem große Schnecken, Seesterne, Schlangensterne, Seeigel und Schwämme.

In den folgenden Tagen wurden die Vermessungsarbeiten fortgesetzt, wenn das Wetter auch anfing, sich wieder zu verschlechtern. Im Eishaus hatten wir als Minimum in der Nacht 15 bis 16 Grad unter Null, was aber nicht hinderte, daß am 1. Mai, während wir noch alle in den Schlafsäcken lagen, in früher Morgenstunde das Mailied erklang, wenn uns auch nichts weniger als Mailüfte umgaben. Einer stimmte an, und die anderen fielen ein. Überhaupt blieb die Stimmung anhaltend gut. Nur das Wärmebedürfnis wuchs mit der Zeit, da wir uns ständig, auch in der Nacht, um $-20\,°C$ befanden. Schlimmer aber hatten es die Hunde, die auf halbe Rationen gesetzt waren und an Hunger zu leiden begannen. Der »Räuber« hatte sich natürlich losgerissen und von uns entfernt; auch »Wolf« lag ständig der Jagd ob, falls er es nicht vorzog, uns auf den Vermessungstouren über das Inlandeis zu begleiten, weil dieses seinen beweglichen Geist interessierte. Täglich kam es vor, daß die Hunde Sturmvögel fingen und natürlich verspeisten. Auch wir selbst haben die Nistplätze dieser Vögel in den Lavahöhlen mehrfach besucht. Sie waren mit feinem Sand und Federn gefüttert.

Erst am 9. Mai glückte es uns, die Messungen zum Abschluß zu bringen. Sie hatten sich wegen des widrigen Wetters immer länger hingezogen. Auch das Eishaus war endgültig überschwemmt worden; Vanhöffen hatte die wichtigsten Dinge auf das Dach gerettet und saß dort ganz vergnügt. Dies war ein neuer Anlaß, die Gegend schnell zu verlassen, was auch am nächsten Morgen geschah.

Während wir die Blaueiszone durchquerten, zog sich ein Wetter zusammen und das Schneetreiben wurde zeitweilig so dicht, daß man den Berg nicht mehr sah. Immerhin konnte ich noch einige Peilungen nehmen und so die Richtung halten. Dann aber wurde es ganz dicht, ich konnte nichts mehr finden und schlug deshalb das Zelt auf, nachdem wir immerhin trotz des Unwetters an diesem Tag einen Fortschritt von etwa 15 km gehabt hatten.

Als Abschlagszahlung auf diese Leistung erhielt jeder Hund einen halben Stockfisch, der uns noch verblieben war, worauf er sich zur Ruhe begab, als ob er nach der Anstrengung des Tages eine genügende Mahlzeit gehabt hätte. Unsere Hunde erhielten am nächsten Morgen den letzten Pemmikan, ein konzentriertes und kräftiges Nahrungsmittel, aber auf 40 hungrige Hundemägen in gleichen Rationen verteilt nur ein Bissen.

Wir zogen nun im Schneetreiben nördlich. Ich ging nach dem Kompaß und suchte die Route nach Peilpunkten einzurichten, die ich im Schneetreiben sah. So ging es Stunde auf Stunde langsam voran. Schauderhaft war dabei das Heulen der hungrigen Hunde, die nicht mehr zu ziehen vermochten und bei jedem Halt in ein lautes Lärmen ausbrachen, um nach Nahrung zu schreien. Gerade dieses Leiden der Tiere erregte aller Nerven, weil es daran mahnte, daß es doch nicht tagelang mehr so weitergehen konnte, obwohl wir noch tagelang von unserem Ziel entfernt waren.

Da kam unerwartet ein glücklicher Zufall: Otts Schlitten eilte plötzlich voraus und an mir vorbei. Ich rief ihm noch zu, er möchte halten und sich nicht von uns entfernen, da ein Wiedersehen in diesem Schneesturm unmöglich war. Doch kaum gesagt, folgte ihm schon ein anderer Schlitten in wunderbar neubelebter, schneller Fahrt, dann der dritte, der aber an einer Schneewelle umwarf, und endlich der vierte. Ich eilte nach und sah Otts Schlitten halten und ihn selbst freudig winken und schreien, wovon ich natürlich nicht ein Wort verstand. Als ich aber herankam, merkte ich den berechtigten Grund seiner Freude in einer Robbe, die die Hunde trotz der Verwehungen mit Schnee gewittert hatten. Selten wohl hat uns ein Fund eine solche Freude gemacht. Die Robbe war tot, nämlich von Philippi und Vahsel bei der ersten Schlittenfahrt hier erschlagen und teilweise verfüttert. Abgesehen davon also, daß sie uns Hundefutter bot, zeigte sie auch, daß wir auf der richtigen Route waren. Einige von uns stürzten sich sogleich auf das gefrorene Fleisch, um es zu zerhacken und mit vollen Händen den Hunden zu spenden, die gierig darüber herfielen und es zerrissen. Wir sahen zu und freuten uns, daß die Tiere gesättigt wurden, fast war es, als hätten wir selbst eine Mahlzeit gehabt. Was übrig blieb, wurde auf die Schlitten geladen; denn wir wußten nicht, wie lange die Reise noch währte.

Der Morgen des nächsten Tages war klarer, und für wenige Minuten trat aus dem Dunst der schwarze Gaußberg hervor, so daß ich ihn anpeilen und mich überzeugen konnte, daß wir die richtige Route einigermaßen eingehalten hatten. Auch vor uns im Norden glaubte Paul Björvig Eisbergreihen zu erkennen, die er das letzte Mal mit Philippi durchquert hatte. Ich hielt auf diese zu, ohne den Kompaß dabei aus den Augen zu verlieren, da sich das Wetter zusammenzog. Die Dunkelheit zog herauf, nachdem es schon früher trübe geworden war und die Sonne den Dunst mit Ringen und Nebensonnen durchschien. So schlugen wir um 3 Uhr das Zelt auf und vertrösteten uns auf den folgenden Tag.

Eine kleine Aufregung wurde uns noch dadurch bereitet, daß Björvig jetzt im Norden plötzlich die »Gauß« zu entdecken wähnte. Ich schaute mit dem Fernglas hin und kam zum gleichen Ergebnis, indem sich ein schwarzer Mast, von Rahen durchschnitten, vor mir aufzubauen schien. Gazert war anderer Ansicht, auch Ott war unsicher, und so gingen wir mit Zweifeln in die Schlafsäcke, während Björvig, über unsere Ungläubigkeit erzürnt, den denkwürdigen Ausspruch tat: ob es die »Gauß« wäre, könne er freilich nicht sagen; aber ein Schiff wäre es sicher. Der Morgen des 14. Mai brachte uns bald die Gewißheit, daß wir uns wieder getäuscht hatten. Wir zogen bei unsichtigem Wetter weiter, und sowie die Dunkelheit etwas wich, hatten wir schon nach wenigen Minuten die vermeintliche »Gauß« in Gestalt einer von Horizontalrissen durchsetzten Vertikalspalte in einem hohen Eisberg vor uns. Björvig verstummte und wußte nun auch nicht mehr, wo wir waren, da alles verändert schien.

Bald nach 11 Uhr machten wir Halt, um eine Sonnenhöhe zu messen und uns so zu vergewissern, daß wir über die Breite unseres früheren Winterquartiers noch nicht hinaus waren. Kurze Zeit schien es auch, als ob wir die Sonne sehen würden, was seit unserem Aufbruch vom Gaußberg noch nie gelungen war. Dann verschwand sie aber im Dunst und ließ uns in völliger Ungewißheit, da wir uns in der Nähe des früheren Gaußlagers wähnen mußten, aber keinen Eisberg unter den vielen, die umherlagen, erkennen konnten und noch weniger die »Gauß« selbst. Dagegen umgab uns dunkler Wasserhimmel nach allen Seiten und erregte die Phantasie, daß in der Zeit unserer Abwesenheit alles verändert sei, das Schiff fortgetrieben und neue Eisberge an seine Stelle gerückt. Der bisherige Verlauf unserer Rückreise schien dieses nur zu sehr zu bestätigen. Nur im Westen glaubten wir einige Eisberge zu erkennen, die wir früher in der Umgebung des Schiffes gehabt, und zwischen ihnen erschien auch ein dunkler Streifen, wiederum einer jener tausend Masten der »Gauß«, die wir auf dieser Reise gesehen, um sich aber bald wieder als Täuschung zu erweisen. Der Irrtum unserer damaligen Vorstellungen bestand darin, daß wir uns zu weit nördlich glaubten.

Guter Rat war teuer, zumal das Wetter wohl etwas ruhiger, aber doch anhaltend unsichtig war. Während ich selbst beim Instrument blieb, um im Falle eines Sonnenblicks diesen noch zu erhaschen, gingen Vanhöffen und Gazert auf einen Eisberg im Osten, um Umschau zu halten, Klück und Björvig nach einem solchen im Westen. Weil dieser letztere mir dann für die Ersteigung durch die beiden Matrosen zu schwierig erschien, wählte ich rein durch Zufall für sie an Stelle des zuerst in Aussicht genommenen einen anderen Berg im Nordwesten – und das wurde unser Glück.

Der erste, der zurückkehrte, war Vanhöffen, schon aus der Ferne winkend, so daß ich mich der Hoffnung hingab, er hätte das Schiff gesehen. Doch erbrachte seine Meldung den Fund einer Robbe, eine momentan ebenso wichtige Nachricht. Sofort wurden Ott und der Bootsmann entsandt, sie zu schlagen und zu erlegen, was unter der fieberhaften Aufregung unserer hungrigen Hunde mit Erfolg geschah, wenn diese auch früher, als sie sollten, mit den Schlitten auf die Robbe losstürzten, um sie zu zerreißen.

Dann kam Gazert zurück nach einem schweren Weg, da er den Eisberg von vielen breiten Spalten zerrissen gefunden und sich nur kriechend fortbewegen gekonnt hatte. Von oben sah er etwas über die Lage des Eises, aber nicht die »Gauß«. Dann kehrten Klück und Björvig zurück und behaupteten, die »Gauß« gesehen zu haben, freilich so unsicher, daß ich annahm, ihre Hoffnung hätte ihren Glauben erregt.

Zur Entscheidung suchten Gazert und ich noch denselben Berg auf. Es war aber schon dunkel, so daß wir vom Schiff nichts sahen. Während ich mich darum noch bemühte, wurde Gazerts Aufmerksamkeit in höherem Grad durch einen dunklen Punkt am Fuß des Eisbergs erregt. Er konnte kaum erwarten, daß ich mit der Umschau fertig war, um diesen zu untersuchen. Tatsächlich verdiente er auch Interesse, denn es war eine untrügliche Spur einer früheren Schlittenreise. Bald fanden wir auch noch mehr in Gestalt von umherliegendem Heu und Tee, kurz, ein früheres Zeltlager, das Björvig dann als das Zeltlager am Kreuzberg rekognoszierte, welches Philippi innegehabt. Nun hatten wir Sicherheit; wir waren nicht zu weit nach Norden gekommen und konnten trotz der Wasserwolken, die sich dort erhoben, die »Gauß« noch etwa 18 km nördlich von uns vermuten. Die Eisbergreihe aber, die wir am Tage vorher durchschnitten, war nicht, wie Björvig gemeint, die des sogenannten Halleschen Tores, sondern eine südlicher gelegene gewesen.

In froher Stimmung schlugen wir das Zelt auf und aßen in Ermangelung anderer Nahrung von der Robbe. Die Freude über unsere veränderte Situation nach den langen Schneestürmen, die unsere Reise so bedeutend erschwert hatten, war so groß, daß wir den nächsten Morgen verschliefen, weil der Taschenwecker nicht funktionierte. Erst um 7 1/4 Uhr wurden wir durch Björvig geweckt, als der Morgen schon zu grauen begann. Wenn uns dieses auch belustigen mochte, so hatte es doch seine ernste Seite, da ein zu später Aufbruch zur Folge haben konnte, daß wir an diesem Tag das Schiff noch nicht erreichten, und wenn neue Schneestürme kämen, auch noch nicht an den folgenden Tagen, was bei dem geringen Proviant bedenklich gewesen wäre. In größter Eile wurde deshalb das Zelt abgebrochen und nicht mehr gekocht, sondern nur kaltes Robbenfleisch vom vergangenen Abend gegessen. Um 9 Uhr war das Zelt abgebrochen und alles verpackt, und nun gingen wir schnell zuerst über glattes Eis, dann über tiefen

Schnee, der uns ungewollt auf einen kleinen Eisberg hinauf-
führte. Wir erkannten ihn erst, als wir seine andere Seite erreichten und dort eine Steilwand von 5 m Höhe fanden, die wir umgehen mußten. Dann kamen wir an das Hallesche Tor in Gestalt
zweier mächtiger Eisberge, die wie Torpfeiler gegeneinander gelagert waren.

Von hier aus sollte man die »Gauß« sehen können, doch es
glückte nicht, weil uns die Sonne gerade entgegenstand und blen-
dete. Als bald danach Wolken aufgezogen waren und sie verdeckten, trat das Schiff wirklich hervor, und die Freude war groß. Das
offene Wasser, Schneestürme, Eisberge, alles hatte uns getäuscht.
Schwer ging es noch vorwärts, als wir das unebene Scholleneis
erreichten, in welchem das Schiff lag, und wir seine Wellen und
Wehen in der Querrichtung überwinden mußten. Wohl war es in
der Zwischenzeit tief verschneit und ausgeebnet, doch waren
auch noch mächtige Unebenheiten erhalten geblieben, die größten Wehen fanden wir aber an der »Gauß« selbst. Kurz, auch dort
war alles verändert, und am Schiff zog der Schnee über die Reling
hinweg.

Schon während wir näher kamen, hatte man uns vom Schiff aus
gesehen. So kamen uns einige Matrosen entgegen, um den Schlitten über das schlechte Eis zu helfen, dann kamen auch Philippi,
Ruser und Bidlingmaier, und das Fragen begann. Die erste Antwort, daß alles am Schiff wohl sei, befriedigte lebhaft und beruhigte mein Gewissen, daß ich den Arzt so lange fern gehalten
hatte. Dann wurde auch hier von den gewaltigen Stürmen berich-
tet, die wir auf der Schlittenreise kennengelernt hatten. Die aber
am Schiff womöglich noch stärker gewütet haben mußten wie bei
uns. Man hatte nicht geglaubt, daß wir uns im Zelt in diesen Stürmen zu halten vermochten und hatte erwartet, daß wir in üblem
Zustand mit Verlust von Zelt und Gepäck vorzeitig heimkehren
würden.

Das Schiff selbst war völlig vergraben gewesen, so daß man gar
nicht herauskonnte. Über die Kommandobrücke hinaus hatte
der Schnee gestanden, alle Türen verrammelnd und den eingefan-
genen, auf Deck befindlichen Pinguinen so natürlich einen guten
Weg zur Freiheit gewährend, da ihnen diese Situationen bekannt
waren. Die astronomische Hütte war abgedeckt und gänzlich
mit Schnee erfüllt gewesen, so daß die Instrumente darin ausgegraben werden mußten. Bidlingmaiers Magazin und die Feld-

schmiede waren versunken. Von letzterer war nichts mehr zu sehen, und beim Magazin lag die Decke jetzt ungefähr in der Höhe, wo früher der Boden war. Das Innere stand unter Wasser und war geräumt, und unter dem Schnee wies man mich hier und dort auf Stellen hin, wo Teile unserer Vorräte ruhten. Sowie das Wetter einmal besser würde, wollte man zusehen, sie wieder zu erlangen; doch die Hoffnung war gering. Jetzt war ein Schneedach über das ganze Schiff gespannt, um wenigstens dort bei Schneesturm etwas Bewegungsfreiheit zu haben.

Ich muß aber sagen, daß es doch ein eigenes Ding um winterliche Schlittenreisen in der Antarktis ist. Ich habe sie in Grönland in entsprechenden Jahreszeiten auch ausgeführt, wenngleich sie sonst in Polargebieten so spät nicht üblich sind. Aber in Grönland war es doch etwas anderes, weil man dort die festen Landstationen hatte, die man nicht verlor und nach denen man sich zurückziehen konnte. Hier im Süden aber war das Schiff, also die Winterstation, unser einziger Halt, und dieser lag noch an 90 km von der Küste entfernt, welche offen war, ohne Marken, ohne Buchten und ohne sonstigen Schutz. Diese Station war ferner von der Küste durch ein Gelände getrennt, in dem auch der kundigste Führer keinen Halt zu gewinnen vermochte, weil unter den zahllosen Eisbergen einer dem anderen gleicht und die Szenerie sich nur mit neuen Schneewehen ändert, so daß man sich dauernd täuscht. So sind die Schwierigkeiten der Orientierung außerordentlich groß und man braucht gutes Wetter, um vorwärts zu kommen; ohne die Möglichkeit, sich nach den Himmelskörpern zu richten, wie es bei uns der Fall war. Dazu kommen noch die dichten Schneestürme, die von den Kompaßrouten abtreiben lassen, und es kann leicht geschehen, daß man östlich oder westlich an dem Schiff vorüberzieht, ohne es zu finden, weil alles sich gleich sieht. So weiß ich nicht, ob ich in der Zukunft noch einmal winterliche Schlittenreisen unter den gleichen Verhältnissen in der Antarktis unternehmen würde, auch wenn wir bei dieser ersten unter vielen Beschwerden erreicht haben, was wir gewollt, weil Zeit und Mühe im Verhältnis zu dem, was erreicht werden konnte, besonders groß waren.

Freilich waren wir auf Schlittentouren zur schlechten Jahreszeit angewiesen, wenn wir sie überhaupt unternehmen wollten, da unsere Lage vor einer offenen Küste und in einem Eis, das im Sommer aufgehen sollte, neben manchen anderen Dingen längere Entfernungen zur besseren Jahreszeit verbot. Wenn aber heute Kritiker in der Heimat, welche die Sache nicht kennen, darüber erstaunt und förmlich enttäuscht sind, daß wir so gar keinen Unfall gehabt und daß bei der Gaußexpedition nichts Sensationelles passiert sei, dann möchte ich ihnen wünschen, selbst einmal eine Schlittentour in der Antarktis zu machen, und ich möchte auch ferner wünschen, daß sie sich durch die Winterstürme dann ebenso glücklich hindurchschlagen mögen, wie es uns, zum Glück ohne Verlust von Menschenleben, gelang. Die ersten drei Schlittenreisen hatten uns nun umfangreiche wissenschaftliche Ergebnisse gebracht, welche in der Vermessung und Untersuchung des Inlandeises zur Feststellung seines Charakters und seiner Bewegungen bestanden, in der Sammlung von Gesteinen, im Vergleich der Meeresfauna mit der unmittelbaren Litoralfauna, in Untersuchungen der klimatischen Verhältnisse dicht am Rand des Landes, insbesondere der Föhnwinde, die dort einen anderen Charakter besitzen, als auch weiter draußen am Winterquartier, in der Einsammlung von Flechten und Moosen, in der Untersuchung der Nistplätze des weißen Sturmvogels, in dem Nachweis von Bakterien, in einer Anzahl schöner Photographien und anderem mehr.

Außer diesen Ergebnissen hatten die Schlittenreisen aber auch eine bessere Übersicht über unser Lage gebracht, und ich kehrte von der letzten, die ich schilderte, mit dem Bewußtsein zurück, daß unsere Winterstation auch länger andauern könnte, als wir es wünschten. Denn ich hatte das Blaueis kennengelernt und in ihm einen Typus von Eisbergen, welche sicher schon viele Jahre an derselben Stelle lagen. Ich hatte gesehen, daß dieses Blaueis nicht weit südlich von uns begann und daß in den herrschenden Oststürmen das Scholleneis sich dagegen staut und so Lage auf Lage von neuem angliedert, neue Felder gegen die schon festgelagerten reiht, neue Eisberge dabei einschließt und damit neue Grundlagen für die Blaueisbildungen schafft. So war ich zu der Vermutung gekommen, daß auch das Feld, wo die »Gauß« lag, zu diesen neu für lange Zeiten den festen Teilen der Antarktis angegliederten Feldern gehören könne. Meine frühere Zuversicht, daß der nächste Sommer uns Befreiung bringen und das Eis zerbrechen müßte, war wesentlich geschwunden. Und hierauf wurden die Pläne begründet, die uns in der Zukunft beschäftigen sollten.

Freuden und Leiden
der Winternacht

Am 15. Mai 1902 waren wir von der Schlittenreise zurückgekehrt und hatten die erste Nacht, noch von den Schneestürmen träumend, unruhig geschlafen. Der 16. Mai war Gazerts Geburtstag, der in üblicher Weise in früher Morgenstunde durch ein Ständchen der Mannschaft eingeleitet wurde. Dann wurden wir jüngst Zurückgekehrten gewogen, wobei sich ergab, daß Vanhöffen 4 kg abgenommen hatte, ich selbst etwa 1½ kg. Die Verluste waren also gering, was der rationellen Verpflegung zu danken gewesen war. Am Nachmittag des 15. Mai hatte der Schneesturm wieder eingesetzt, unmittelbar nachdem wir auf dem Schiff angekommen waren. Wir konnten so von Glück sagen, daß unser Verschlafen am Morgen nicht noch länger gewährt hatte. Denn es stürmte nun zunächst ohne Unterbrechung 4 Tage, und das Schneetreiben war dabei so vollkommen dicht, daß an Reisen nicht zu denken gewesen wäre. Der sonst kurze Gang zur astronomischen Hütte, den ich machte, um die Chronometer zu vergleichen, war eine Qual. Heinrich begleitete mich und mußte mich in die Hütte hineingraben. Zurück ging es noch schwerer, aber jetzt doch in der angenehmen Aussicht, ins Schiff zu kommen und nicht noch ein Zelt aufschlagen zu müssen.

Stehr hatte sich inzwischen der Beobachtung der Eis- und Meerestemperaturen unterzogen, und zwar sowohl auf dem Scholleneis wie auf dem sogenannten Bohrberg. Auf diesen ging es jetzt leicht hinauf, nachdem eine mächtige Schneewehe seine Oberfläche mit dem Meereis verbunden hatte. Nur an der oberen Kante mußte man sich etwas in acht nehmen, da diese überhing und zu unfreiwilligen Abwegen führen konnte. Die Thermometeranlage auf dem Scholleneis war nun wahrhaft zum Kirchhof geworden, da sie tief unter Schnee lag. Sie wurde darunter belassen, indem sich Stehr eine Höhle hineingrub und an deren Boden die Messungen in Ruhe und geschützt vor den Schneestürmen vornahm. Mit den Messungen in den obersten Eisschichten aber, die natürlich nicht so geschützt werden konnten, gab es dauernd viel Arbeit. Jeder Schneesturm verschüttete sie tief und machte die Messungen unmöglich, so daß die Thermometer nachher immer neu gelegt werden mußten. Hierbei ergab sich die bestimmte Praxis, das tiefste Thermometer immer so weit zu setzen, als das Meereswasser in der Schneewehe stand, so daß man in dessen konstanter Temperatur eine bestimmte untere Marke hatte, von welcher aus man in Abständen die höheren Thermometer bis zur Oberfläche hin verteilte.

Die Mannschaft hatte am Heben des Ruders gearbeitet, das viel Zeit in Anspruch genommen hatte, weil die Lager und Zapfen vereist waren. Nachdem es etwa einen Monat gekostet hatte, wurde beschlossen, das Ruder wieder hinabzulassen, das etwa wieder vier Wochen dauerte; es war also eine wenig ersprießliche Arbeit. Sonst war die Mannschaft namentlich mit Schaufeln von Schnee beschäftigt gewesen, um nach jedem Schneesturm das hinuntergedrückte Schiff wieder freizulegen, damit es sich hob. Da die Stürme immer aus Osten kamen, ihre Last mithin auf der Westseite angehäuft wurde, pflegte die »Gauß« sich immer ganz nach Westen überzulegen. Nach stundenlangem Graben war die Last gewöhnlich soweit erleichtert, daß das Schiff sich aufrichten konnte, was dann immer plötzlich und unter lautem Hurra der Mannschaft geschah, die ihrer mühsamen Arbeit dadurch ein Ziel gesetzt wußte – freilich nicht für lange, da der neue Schneesturm nicht auf sich warten ließ.

Unter den Änderungen, die wir nach der Rückkehr von der Schlittenreise vornahmen, war die wichtigste die Umgestaltung des meteorologischen Dienstes, die sich durch die Schneestürme während unserer Abwesenheit als erforderlich herausgestellt hatte, weil er weit mehr Zeit und Arbeit erforderte, als man früher annahm. Bei keiner anderen Wissenschaft trat es so wie hier zu Tage, daß die erprobten heimischen Instrumente für das antarktische Klima nicht in gleicher Weise genügten. Der Thermograph versagte ständig, weil er einfror, das Haarhygrometer, weil die Gewichtsabgleichung nicht zutraf. Das Psychrometer zeigte häufig entgegengesetzte Differenzen, als es seiner Theorie entsprach, indem das angefeuchtete Thermometer höher stand, als das trockene. Der Hygrograph litt unter dem Ansatz von Schnee an das Haarbündel, wie überhaupt die ganze Aufstellung der Instrumente in der Hütte durch jeden Schneesturm gestört wurde – kurz, nichts funktionierte so wie in der Heimat. Nehmen wir dazu, daß die Schneestürme einen Besuch der meteorologischen

Hütte bisweilen überhaupt ausschlossen, daß ständige Kontrollen der Beobachtungen vorgenommen werden mußten und daß ein Gang zur Hütte, weil die Laternen immer ausgeblasen wurden, sich oft endlos ausdehnte, so wird es begreiflich erscheinen, daß die ursprünglich dafür in Aussicht genommene Arbeitszeit nicht reichte. Ich entschloß mich deshalb, einen stündlichen Beobachtungsdienst einzurichten, um auch Stundenwerte zu erhalten.

Außerdem wurden jetzt Vorrichtungen angebracht, um ständige Meeresuntersuchungen auszuführen. Diese bestanden in einem Flutmesser, an welchem man die Höhe von Ebbe und Flut ablesen sollte, und in Vorrichtungen, um die Richtung und die Geschwindigkeit etwa vorhandener Meeresströmungen festzustellen. Es ist meines Wissens zum erstenmal geschehen, daß Gezeitenbeobachtungen in weiterem Abstand von der Küste auf einem Meer von etwa 400 m Tiefe vorgenommen worden sind und entspricht dem international gehegten Wunsch, Hochseegezeiten zu bestimmen. Diese Vorrichtung, welche wir improvisierten, war einfach genug: Eine Drahtlitze wurde unten mit drei bis vier Lotgewichten zu je 28 kg beschwert und mit einem Bootsanker am Grund befestigt, oben am Klüverbaum über eine Rolle geführt und an ihrem von der Rolle niedersteigenden Aste mit einem Zeiger verbunden, welcher sich an einer ebenfalls am Klüverbaum festgelaschten Pegellatte auf- und niederbewegte, je nachdem die Latte mit dem Schiff in Ebbe und Flut sich senkte oder hob, so daß der am Grund festgehaltene Draht dann scheinbar über die Rolle auslief. Wir haben auf diese Weise, wenn auch nicht ganz exakte Gezeitenbeobachtungen, so doch sicheres Material über die Eintrittszeiten von Ebbe und Flut gewonnen und auch über ihre Amplituden, was für ein so entferntes Gebiet wie die Antarktis und für eine Stelle, die nahezu 90 km von der Küste entfernt liegt, von großem Wert ist.

Diese ozeanographischen Untersuchungen waren von hohem Interesse, aber nicht gerade leicht auszuführen, weil Eisneubildungen und Schneewehen sie oft unterbrachen. Zu den vorübergehenden Störungsgründen muß man auch die Pinguine rechnen. Ich denke hierbei daran, wie einst der Assistent Heinacker am Heck des Schiffes einen Kaiserpinguin in das dort geschlagene Fischloch trieb, um ihn wieder herausspringen zu sehen und wie dieses Tier, als es ihm zuviel wurde, immer wieder tauchen zu müssen, unter dem Schiffe bis zum Loch am Bug schwamm und dort zum nicht geringen Schrecken vom Kapitän und zum Schaden der bei ihm im Gange befindlichen Instrumente heraussprang.

Am 15. Juni wurde beschlossen, das magnetische Observatorium zu verlegen, und zwar in den sogenannten Pinguinberg hinein, der uns in der Nacht, in welcher wir festkamen, folgte und nun etwa 300 m von uns eingeschlossen lag. Bootsmann Müller und Björvig sollten dort einen Stollen hineingraben. Die Arbeit wurde rasch gefördert, so daß mit dem Sonnenwendfest zugleich auch das Richtfest des neuen Observatoriums gefeiert werden konnte, welches dann bis zum Schluß unseres Aufenthalts vorgehalten hat. Das alte Observatorium wurde nun zeitweilig als Pinguinstall benutzt, funktionierte aber auch hierfür schlecht, weil die eingesperrten Pinguine bei dem nächsten Schneesturm auf den hineingedrungenen Wehen entweichen konnten.

Immer schwerer war es bei den steigenden Kältegraden, die astronomischen Messungen vorzunehmen, zumal im Juni ein ständiger Eisdunst die Luft erfüllte, der sich häufig zu leichten Wolken zusammenballte, aber auch ohnehin schon so dicht war, daß er violett, blau und in anderen Farben schimmerte und für feinere Instrumente die Beobachtung erschwerte. Dieser Weltdunst, wie wir ihn nannten, war im Juni an Stelle der Schneestürme getreten, die jetzt etwas seltener waren als im Mai, uns so wenigstens mehr Bewegung im Freien gestatteten. Gelegentlich konnten wir in dieser Zeit eine wunderbar starke Strahlenbrechung bemerken. So erinnere ich mich, von der Reling der »Gauß« den schwarzen Gaußberg gesehen zu haben, was bisher noch niemals vorgekommen war. Lerche hatte ihn zuerst vom Mast aus gesehen, er stieg dann tiefer und entdeckte ihn schließlich von der Reling. Man konnte berechnen, daß er etwa 200 m über seinem wirklichen Niveau erschien. Der Himmel war dabei ungewöhnlich klar, nur am Horizont war Dunst, und dieser mag die Fernsicht durch eine starke Strahlenbrechung bewirkt haben.

Nur erwähnen will ich, daß in diesem Dunstwetter auch häufiger als früher Nebensonnen und Ringe erschienen, die bisweilen in wunderbarer Pracht die Hauptsonne umgaben. Sonst waren die Eisnebel, wie man sie nennen könnte, für uns fast ebenso empfindlich, wie es die Schneestürme waren. Sie verschonten uns übrigens im Juni auch nicht, und die Wege zu den Observatorien waren noch häufig genug eine Qual. Das Gesicht pflegte sich dabei mit einer Eiskruste zu überziehen, die insofern vorteilhaft war, als sie gegen den direkten Anprall der Eiskristalle schützte.

Von Schiffsarbeiten sind aus dieser Zeit die Hebung und wieder Herabsenkung des Steuers bereits erwähnt worden. Mit Bereitwilligkeit ging unser Taucher Heinrich, auch wenn draußen eine Temperatur von −30 °C herrschte, dazu ins Wasser hinab, um unten die Ösen für die Fingerlinge des Ruders vom Eis zu befreien, und schien sich dabei ganz wohl zu befinden. Einmal konnte ihm dies sogar nachgewiesen werden, als er sich unten an das Ruder gestützt der Ruhe ergab, während man oben auf den Fortschritt der Arbeit wartete und um sein Wohlsein besorgt war. Seine erfreuten Kameraden hatten es schon länger gemerkt und machten schließlich den Kapitän darauf aufmerksam, welcher nun den wackeren Taucher, mochte er wollen oder nicht, zur Oberfläche emporziehen ließ, was seiner Taucherehre wider den Strich ging. In solchen Sachen hatte Willy Heinrich überhaupt etwas Unglück, denn als er früher einmal auf den Kerguelen an der Ankerkette hinabgesandt war, um unten den Anker von Kraut zu befreien, und nach längerem Verweilen mit der Meldung zurückkam, er wäre längs der Kette bis zum Boden gewesen, hätte den Anker dort aber so stark verkrautet gefunden, daß er ihn nicht freibekam, konnte ihm zu seinem Mißbehagen gezeigt werden, daß der Anker gar nicht unten war, sondern nahe der Oberfläche hing. Solche belustigenden Intermezzos hinderten ihn jedoch nicht, immer wieder in das Wasser hinabzusteigen, wo es nötig war, und er hat uns trotz solcher Abwechslungen in seiner Eigenschaft als Taucher vortreffliche Dienste geleistet. Die Abdichtung des Schiffes und andere Arbeiten wären ohne seine stete Bereitwilligkeit zum Tauchen in jeder Lage nicht möglich gewesen, und daher konnte man ihm solche Ruhepausen gern zugute halten.

Eine weitere Schiffsarbeit des Winters war die Errichtung des Windmotors zur Erzeugung von elektrischem Licht gewesen, nachdem Anfang Juni ein Kessel ausgeblasen und der andere abgestellt war. Zum Heizen brauchten wir Anthrazitöfen. Die Dampfheizung ist den ganzen Winter hindurch nicht in Betrieb gesetzt worden, und sämtliche Kabinen wurden überhaupt nicht geheizt. Der Schnee umhüllte das Schiff so dicht, daß es gut isoliert war, und hielt die in der Küche und in einzelnen Räumen im

Innern erzeugte Wärme vortrefflich zusammen, so daß ich in meiner Kabine bei Temperaturen um den Gefrierpunkt gut sitzen und arbeiten konnte.

Um uns nun ohne Kohle elektrisches Licht zu schaffen, wurde der mitgenommene Windmotor montiert, was eine üble Arbeit war. Denn in den ersten Schneestürmen war manches Material dafür, welches auf dem Eis gelegen hatte, verlorengegangen und mußte ersetzt werden. Am schwerwiegendsten war der Verlust des Motorkopfes, der wahrscheinlich in den Schneestürmen verweht und versunken war. Die Schneewehen, unter denen er vergraben sein konnte, wurden mit langen Stangen und schließlich auch mit dem Magneten abgesucht, aber leider vergeblich. So mußte er ersetzt werden, wozu als einziges Material die Panzerplatten am Bug der »Gauß«, die zum Schutze gegen Beschädigungen beim Aufhieven des Ankers dienten, zur Verfügung standen. Sie wurden am 30. Mai mit vieler Mühe abgelöst und zu einem neuen Motorkopf umgeschmiedet.

An dem Erfolg hatten wir aber fernerhin keine Freude. Die Winde waren böig und fielen zu stoßweise ein, und die Regulierungsvorrichtungen waren diesen Unregelmäßigkeiten nicht ge-

Am Aspirationspsychrometer. Der »Chef der Meteorologie«, Dr. Gazert, erklärt seinen vier Assistenten den Gebrauch dieses nützlichen Instruments. Im Hintergrund die zur Stromerzeugung installierte Windmühle

wachsen. In den Böen ging der Motor schnell und das elektrische Licht brannte hell; wenn der Wind aber nun nachließ, nahm es an Stärke ab und es war dann unmöglich, dabei zu arbeiten, obgleich sich Stehr mit dem Maschinenpersonal bemühte, die Regulierung zu verbessern. Auch als ein Mann ständig angestellt wurde, um der Regulierung mit Handkraft nachzuhelfen, wurde wohl etwas Besserung, aber keine dauernde Abhilfe erzielt, und die Dynamomaschine arbeitete deshalb so ungleichmäßig, daß es nicht einmal gelang, den Akkumulator zu füllen, weil der Strom, wenn die Kraft nachließ, aus dem Akkumulator wieder in die Maschine zurücktrat. So mußten wir uns nach längeren Bemühungen wohl oder übel entschließen, auch auf diese elektrische Beleuchtungsquelle zu verzichten, und es war ein Heil, daß es geschah: Als der Motor entfernt wurde, war er durch die starken Stürme bereits so mitgenommen, daß von den 13 Bolzen, die ihn hielten, acht zerbrochen waren, und er nur noch durch fünf gehalten wurde. Weitere Stürme hätten notwendigerweise ein Unglück gebracht, und auch das Schiff bzw. der Maschinendecksbau, auf dem das Gerüst des Motors stand, war durch die Schwankungen desselben in den Stürmen so gelockert, daß Undichtigkeiten entstanden waren. So gingen wir zunächst zur Petroleumbeleuchtung als Vorstufe für das Tranlicht über, das im August in Funktion trat.

Die ständige Beschäftigung, welche die Mannschaft den ganzen Winter hindurch gehabt hat und die bei den Ausgrabungen des Schiffes nach den Schneestürmen am schwersten war, hatte kurze Zeit Ende Mai etwas Unzufriedenheit erregt, weil einige auf freiere Zeit für die Überwinterung gerechnet hatten. Das währte jedoch nicht lange, weil jeder die Notwendigkeit der Arbeit einsehen mußte. Auch wirkte die Arbeit gut, weil sie von Grübeleien und anderen üblen Folgen zu geringer Beschäftigung abhielt. Um 6½ Uhr morgens wurden im Winter alle geweckt und hatten dann zunächst Zeit für sich, um die eigenen Sachen in Ordnung zu bringen. Nach dem Frühstück, das von 8 bis 8½ Uhr währte, hatten die Leute draußen zu tun, und von 4 Uhr nachmittags war wieder freie Zeit für eigene Arbeiten gewährt. Das war gewiß nicht zuviel. Einer hatte ständigen Wachdienst in der Nacht, wie auch immer einer der Offiziere, und dieser Wachdienst wechselte von Woche zu Woche.

Auch in der ersten Messe hatten in der Winterzeit schlechtere Stimmungen zeitweilig Platz gegriffen, die in der Zeit, als wir auf der Schlittentour abwesend waren, auf der »Gauß« begonnen hatten. Der Mangel an Bewegung bei den Schneestürmen und die Einförmigkeit des Dienstes trugen wesentlich dazu bei. Es war aber im großen und ganzen nicht schlimm und besserte sich auch sofort, wenn ein schöner Tag dazwischenkam und Touren auf das Eis unternommen werden konnten. Auch die Mannschaft erfrischte sich dann mit dem Hundeschlitten, mit Preisschießen und anderen Ergötzlichkeiten. Beim Preisschießen pflegten sie im Schützenzug unter der Führung des Bootsmanns hinauszuziehen und unbekümmert um die um sie herum spielenden Hunde ihre Schüsse zu lösen, häufig genug mit den wunderbarsten Ergebnissen, indem diejenigen, denen man das wenigste zugetraut hatte, die Preise errangen, die in Wein und Zigarren je nach Bedarf von uns ausgesetzt waren.

Zur Abwechslung und Unterhaltung sind im Winter auch verschiedene Kurse veranstaltet wurden, die Interesse erregten. Zunächst hielt Gazert in der ersten Messe und dann bei der Mannschaft eine Reihe von Vorträgen über die ersten medizinischen Hilfeleistungen bei Schlittenreisen, welche gern gehört wurden und den guten Zweck hatten, gegebenenfalls auch unmittelbare Anwendung finden zu können. Im Salon schloß sich ein Vortragszyklus sämtlicher Mitglieder an.

Sonst war natürlich auch das Skatspiel sehr im Brauch, in welchem zwei Skatklubs um die Meisterschaft rangen. Nachdem der Skatclub »Eintracht« verschiedentlich seine Mitglieder gewechselt hatte, verblieb er in der Vereinigung von Vanhöffen, Bidlingmaier und mir bis zum Schlusse der Expedition in gedeihlicher Wirksamkeit. Vanhöffen war von Anfang an ständiger Präsident gewesen mit dem obersten Grundsatz: Der Gerechte muß viel leiden, abgestimmt wird nicht, der Präsident beschließt. Das Point wurde um $1/80$ Zigarre gespielt, was ein Zeichen dafür sein kann, wie hoch dieses Genußmittel im Preise stand. Daneben wirkte der andere Skatklub »Blanke Zehn«, welcher aus Philippi und zweien der Offiziere bestand und seinen Namen daher hatte, daß der Erste Offizier Lerche mit Vorliebe mit blanken Zehnen zu operieren pflegte. Wenn die anderen Mitglieder ihn zu belehren versuchten, hörte sie Herr Lerche immer mit größter Seelenruhe an, ohne sich jedoch zu bessern.

Zeitweilig war es üblich, Wetten abzuschließen, meistens um den Preis irgendeines alkoholischen Gegenstandes, den die Wettenden aus ihren eigenen Vorräten zu spenden vermochten. Sie wurden gewöhnlich mit Hilfe des Meyerschen Konversationslexikons entschieden, was für diese Zwecke auch vollkommen genügte, fanden dann aber ein plötzliches Ende, als die Kompetenz dieses nützlichen Buches einmal in Zweifel geriet. Bis dahin hatten sich bei den Mahlzeiten bisweilen Bände auf Bände auf dem Tisch gehäuft, um in der jeweiligen Unterhaltung das entscheidende Wort zu sprechen.

Sehr eifrig wurde jetzt darauf gehalten, daß Feste nicht versäumt wurden, zumal nach Verbrauch des mitgenommenen Faßweins der Alkoholkonsum dahin eingeschränkt war, daß es nur Donnerstag und Sonntag zu Mittag etwas Wein, Mittwoch und Sonnabend ein Glas Grog und Sonntag eine kleine Flasche Bier pro Mann gab. Während es sonst jedem, der es wollte, überlassen werden mußte, von diesbezüglichen Genüssen in der Heimat zu träumen, gaben die Feste immer einen willkommenen Anlaß zur Steigerung des Konsums. Pfingsten folgte unmittelbar auf unsere Rückkehr, eignete sich aber wegen der Schneestürme nicht für die in Aussicht genommenen Vergnügungen im Freien und wurde mehr in beschaulicher Ruhe im Innern begangen. Ein Hauptfest war dann aber die Sonnenwende, die wir am 22. Juni begingen, hier also die Sonnenwende des Winters.

Sonnenwendfeier 1902 im Salon. Erich von Drygalski (5. von rechts) im Kreis seiner wissenschaftlichen Mitarbeiter und der Schiffsoffiziere

Schon in der Heimat waren dazu besondere Vorkehrungen getroffen und Kisten gepackt worden, die jetzt in der Ruhe des Winters voll zur Geltung kamen. Julklappscherze erregten große Heiterkeit, zumal, wenn sich aus dem Inhalt der Pakete schließlich ein Gläschen Rum oder Kognak entwickelte. Dazu tranken wir mit der Mannschaft in unserer Messe Wein und sangen heimische Lieder. Schließlich wurde der Salon bei Blitzlicht photographiert, und das Ende bildete ein solenner Kommers, bei welchem zum ersten Mal, wie später noch häufig, auch ein Quodlibet mit antarktischen Liedern in Funktion trat, deretwegen Vanhöffen später beim Weihnachtsfest unter Überreichung eines Lorbeerkranzes zum Poeta laureatus antarcticus ernannt wurde.

In der Winterzeit wurde an Bord der »Gauß« außerordentlich viel gelesen, und es war von Interesse, wie die verschiedenen Mitglieder sich ihre Lektüre wählten. Unsere Bibliothek war reichlich und sehr gut versorgt, insbesondere durch Geschenke meines Freundes Dr. Hans Meyer in Leipzig, dessen Konversationslexikon für unser ganzes geistiges Leben unentbehrlich war, von Herrn Justus Perthes in Gotha, welcher eine überaus wertvolle Sammlung von Werken aus seinem Verlag übersandt hatte, von der Royal Society in London, die uns das ganze Challengerwerk geschenkt hatte, sowie von verschiedenen Buchhandlungen. Wir verfügten über einen Bücherbestand, welcher allen Ansprüchen genügte, von der leichtesten Tageslektüre an, die sich in einer großen Anzahl von Volksausgaben an Bord befand, über die bessere belletristische Literatur hinweg bis zu den Klassikern und den gehaltvollen Werken der Wissenschaft in ihren verschiedenen Zweigen.

Eine sehr schätzenswerte Unterhaltung in unserer Einsamkeit waren die Hunde, die uns schon auf der Fahrt bis zum Eis und während der Schlittenreisen viel Vergnügen gemacht hatten. Es war freilich schwer, sich unter der großen Zahl einigermaßen zurechtzufinden. Fünfzig hatte ich durch die bereitwilligen Bemühungen des deutschen Handelsagenten in Wladiwostok erhalten, welcher Kosten und Mühen nicht gescheut hatte, um durch Charterung eines eigenen Dampfers die Hunde zu richtiger Zeit nach Hongkong zu liefern. Dort wurden sie in der schon gesteigerten Anzahl von 67 durch einen Lloyddampfer übernommen und unter Aufsicht dreier russischer Hundewärter nach Sydney gebracht. Während des Aufenthaltes in Sydney, wo die Hunde auf einer kleinen Insel in Quarantäne lagen, veranstalteten die Wärter mit ihnen und den ebenfalls gelieferten sibirischen Schlitten Volksbelustigungen und mögen damit reichlich Geld verdient haben.

An Bord der »Gauß« hatten es die Tiere zunächst schlecht gehabt, doch jetzt auf dem Eis waren sie in ihrem Element und vermehrten sich rapide. So finde ich am 19. Juni 1902 nicht weniger als 7 Hündinnen notiert, die gleichzeitig mit 6 bis 8 Jungen in je einer Kiste lagen, wobei es dann vorkam, daß die eine oder andere von ihnen, namentlich »Paula«, die Jungen ihrer Nachbarin einfach aus der Kiste hinauswarf, gelegentlich auch totbiß, um selbst die Kiste zu gleichen Zwecken in Benutzung zu nehmen. Wenn »Paula« aber dann selbst ihre Wochenstube zu verlassen gedachte, stellte sie diese unter Aufsicht ihrer mittlerweile erwachsenen Tochter, welche mit ihren drei Brüdern die Abstammung von einem greulichen Köter auf der »Tanglin« nicht verleugnen konnte, aber darum wohl von der Mutter bevorzugt wurde.

Die Rasse unserer Polarhunde war nicht einförmig und mochte sich auf zwei oder drei verschiedene Typen zurückführen lassen, die sich durch die Breite des Kopfes und die Länge des Haares sowie durch die Kombinationen dieser beiden Merkmale voneinander unterschieden. Ein ferneres, das bei einigen in Klappohren bestand, darf man wohl nicht unbedingt gelten lassen, weil in den vielen Kämpfen, die diese Hunde miteinander ausfochten, unter Umständen auch die schönsten Stehohren in Klappohren umgeformt wurden. Ich gestehe, daß es mir nicht gelungen ist, mich über die Abstammungsverhältnisse unserer Hunde dauernd auf dem Laufenden zu halten. Am besten gelang es Gazert und Philippi, welche auch bis heute darüber Auskunft geben können, während ich nur von den verschiedenen Familien berichten kann, die vertreten waren.

Der Zuchthund »Hannes« war der Hauptstammvater unseres späteren Bestandes, dem er meist seine Klappohren vererbte. Seine besten Nachkommen entstammten der Hündin »Minka« und wuchsen in unserem Winterquartier kräftig heran. Sie interessierten sich für alles und begleiteten z. B. immer die meteorologischen Beobachter in munterem Zug zu ihren Instrumenten, fraßen von verlegten Beobachtungsbüchern und bedienten die Apparate bisweilen auch ihrerseits in nicht gewünschter Weise, woher sie den Namen »Assistenten« erhielten. Bei den Frühjahrs-

Ein Schlittenhund

schlittenreisen wurden sie, noch nicht ein Jahr alt, schon als Zughunde verwandt und geschätzt.

Außer dieser beliebten Familie war der Stamm der Schiefköpfe bei allen bekannt, augenscheinlich Geschwister, die sämtlich durch einen schmalen Kopf mit einem schiefen Gesicht zu erkennen waren, liebenswürdige, aber nicht sehr brauchbare Geschöpfe, deren Abstammung unsicher blieb, und die wir bei den ersten Sichtungen unseres Bestandes abschafften.

Eine weitere Familie war die der sogenannten Kuhlemanns, welche von dem schon erwähnten »Tanglin«-Hund und »Paula« herrührten, stichelhaarige Hunde mit breitem, stumpfem Kopf, grobe, häßliche Tiere, aber von unendlicher Gutmütigkeit und deshalb mit der Zeit bei allen beliebt, selbst bei denen, die ihnen zunächst gram gewesen, weil sie sich im Laboratorium mehrmals vergangen hatten. Philippi hatte sie nach solchen Handlungen gründlich gestraft und wegen ihres plumpen Aussehens Elefantenköpfe oder auch Elefantenrüssel getauft, gab aber später ebenfalls seine Abneigung auf, zumal sich die Kuhlemanns wohl als etwas fahrige und jagdlustige, aber doch als starke Zughunde erwiesen. Jeder Pinguin und jede Robbe konnte sie aus dem Gleichgewicht bringen, wenn sie nicht durch die anderen Hunde vor dem Schlitten in Ordnung gehalten wurden, was mit Nachdruck geschah, ohne daß die Kuhlemanns dagegen aufzutreten wagten. Die Kamtschatkahunde waren kräftiger als die Eskimohunde, die ich seinerzeit in Grönland kennengelernt hatte. Björvig war bei uns wohl der einzige Mensch, auf den sie etwas hörten, natürlich aber nur dann, wenn es ihnen paßte.

Als im Juni 1902 der Nachwuchs überhand nahm und das Futter in jener Zeit etwas spärlicher wurde, schritten wir dazu über, Hunde zu töten, und zwar zunächst eine Anzahl von Hündinnen, was natürlich eine unangenehme Aufgabe war. Der Ausfall war bald wieder ausgeglichen, indem zur Winterszeit von den letzten Würfen die sogenannte Schloßgarde aufwuchs, über zwanzig an Zahl und nach ihrem Aufenthaltsort so benannt, den sie während der Schneestürme gefunden hatten, wo sie freilich mehr über- als nebeneinander in einem von Björvig besonders gebauten Haus aus Korksteinplatten lagen. Nach Schluß des Winters sorgten diese schon wieder für Nachwuchs, so daß es uns daran für eine Fortsetzung der Fahrt noch auf lange Zeit nicht gefehlt hätte.

Als wir aber das Eis verließen und die Hunde wieder auf das Schiff nehmen mußten, wurde eine neue Sichtung notwendig. Bis Kapstadt waren aber schon wieder so viele Junge, daß wir von neuem hätten sichten müssen, wenn nicht dort großes Verlangen nach diesen Tieren gewesen wäre. Auf der Heimreise haben wir bei den Azoren noch einmal mehrere Würfe gehabt, so daß wir in Deutschland wieder mit zahlreichem Nachwuchs ankamen und die Ansprüche der Zoologischen Gärten befriedigen konnten.

Anfang Juni begann ich mit der Vorbereitung einer Maßnahme, die von der Erfahrung ausgeht, daß dunkle Körper auf dem Eis schneller einschmelzen als ihre Umgebung, wie auf dem grönländischen Inlandeis z. B. der Kryokonit. So ließ ich von Anfang Juni an Asche und alle anderen dunklen Abfälle sammeln, um sie später zum Bestreuen des Eises und damit zur Zerstörung desselben benutzen zu können. Die Maßregel erregte zunächst Heiterkeit und Unglauben, wurde später aber allgemein als zweckmäßig und nützlich erkannt.

Neben dieser Fürsorge für die Befreiung im Sommer war die Zeit der Wintermonate uns naturgemäß eine Periode intensiver Arbeiten auf der Station, welche ein Hauptpunkt unseres Programmes waren, weil an festen Punkten längere Zeit hindurch fortgesetzte Beobachtungen den vollkommensten Aufschluß über die Natur eines Gebietes zu geben vermögen. Was man auf Reisen zu Schlitten oder mit Booten an Beobachtungen gewinnt, bleibt mehr oder weniger zufällig und von dem Augenblick abhängig und kann zu anderen Zeiten oder auch zur selben Zeit in anderen Jahren vielleicht ganz andere Resultate ergeben. Erst längere Zeit fortgesetzte Beobachtungen an einem Ort machen von den Zufälligkeiten frei und zeigen das Wesen der verschiedenartigen Erscheinungen, des Erdmagnetismus, des Klimas oder auch des Tierlebens. Sie bilden gewissermaßen das Fundament, auf welches man andere Beobachtungen einer Reise beziehen kann.

Wie schon erwähnt, war die magnetische Station seit längerer Zeit in Tätigkeit. In dem sogenannten Variationshaus zeichneten drei Instrumente auf photographischem Weg die Schwankungen der erdmagnetischen Elemente auf. Periodisch pflegten in dem Variationshaus, welches der darin vorzunehmenden photographischen Registrierungen wegen lichtdicht abgeschlossen war, nach einiger Zeit die Petroleumlampen zu versagen, was natürlich die Stärke der von ihnen ausgehenden Lichtstrahlen und damit die Deutlichkeit der durch diese auf sich drehenden Walzen photographisch aufgezeichneten Kurven schädlich beeinflußte. Es handelte sich also darum, geeignete Luftzufuhr zu schaffen, um die Lampen in gleichmäßiger Tätigkeit zu erhalten. In dem neuen Variationshaus, welches im Pinguinberg angelegt wurde, war dies etwas besser, weil die Ventilation durch Risse des Eisbergs, der nicht homogen war, sich lebhafter vollzog, ohne dem Licht mehr Zutritt zu gewähren. Dafür ließen sich aber in dem Pinguinberg die Temperaturen nicht so hoch und konstant halten, wie in dem alten Variationshaus auf den Schollen, was zur Folge hatte, daß die Spiegel und Fenster beschlugen und die Lichtstrahlen dadurch gedämpft wurden. Kurz, es gab dauernde Arbeit, um von den Registrierinstrumenten das zu erhalten, was sie leisten sollten.

Bidlingmaier und sein Assistent Lennart Reuterskjöld hatten sich derart in den Dienst geteilt, daß alle sechs Stunden abwechselnd einer von ihnen Revisionen vornahm, die Lampen auffrischte, die Gläser reinigte und andere Arbeiten versah, die nötig geworden waren. Das scheint für heimische Verhältnisse eine leichte Arbeit zu sein, war es aber dort keineswegs, wo die Gänge in den Winterstürmen der Antarktis gemacht werden mußten und wo die Beobachter den Eingang des Observatoriums so verschneit fanden, daß sie sich erst in schwerer Arbeit hineingraben mußten oder gar zur Nachtzeit, wo sie nichts sehen konnten und der Sturm sie umtoste. Es gehörte die ganze Energie Bidlingmaiers dazu, um diesen Dienst auch bei den Winterstürmen aufrechtzuerhalten, und ich habe ihn oft genug um Mitternacht mit Besorgnis aus dem Schiff scheiden gesehen, um den schweren Gang zu vollziehen, wo ihn, sobald er das Schiff verlassen hatte, das wüsteste Chaos umfing. So sind aber auch Ergebnisse erzielt worden, welche als grundlegend gelten können.

Am 2. Juli 1902, unmittelbar nach dem international vereinbarten Termintag am 1., hatte der Umzug in das neue Variationshaus begonnen, dessen innere Abdichtung in der Folgezeit nur noch etwas verbessert werden mußte, weil zunächst Licht hindurchkam. Am 6. Juli habe ich die ersten Registrierkurven aus dem Pinguinberg gesehen, und am 11. Juli war dieses Observatorium vollkommen fertig und hat von nun an bis zum Schluß unseres Aufenthaltes gut funktioniert. Die magnetischen Schwankungen hatten ihre Perioden und waren überaus stark zu der Zeit der Sonnenbestrahlung, schwächer in der Nacht, wo die Sonne unter dem Horizont stand. Es ließen sich daher Winter- und Sommerkurven unterscheiden. Am wenigsten gestört war die Kurve der Vertikalintensität, wenn auch hierin gelegentlich – wie am 12. und 13. Juni – lebhafte Schwankungen vorkamen. Zu Zeiten der Südlichter, die wir im Juli reichlich hatten, wurden die Schwankungen so stark, daß man von wilden magnetischen Stürmen sprechen konnte, und es kam dann häufig genug vor, daß die Magnete ganz aus ihrer Lage herauskamen, was den Verlust des unmittelbar anschließenden Teils der Kurve bis zur nächsten Revision durch die Beobachter zur Folge hatte. Zu den magnetischen Stürmen gesellten sich die wirklichen Stürme, welche den Pinguinberg erzittern ließen, wovon ich schon sprach.

Zu den Variationsarbeiten kamen die Messungen der erdmagnetischen Elemente mit Instrumenten, welche deren absoluten Wert für jede Zeit zu ermitteln gestatteten, um so bestimmte Fixpunkte als Kontrolle für die Aufzeichnungen der Variationsinstrumente zu gewinnen. Außer diesen Beobachtungen, die mehrfach im Monat vorgenommen wurden, gab es noch solche über die Konstanten der Instrumente, ihre thermischen Eigenschaften, die Länge und den Wert ihrer Skalen und manches andere, so daß Bidlingmaier und sein Assistent dauernd zu tun hatten.

Eine andere Gruppe von Arbeiten wurde meinerseits in der Winterszeit vorgenommen. Sie bestanden in Bestimmungen über die physischen Verhältnisse des Eises, dessen spezifisches Gewicht, seine optischen und strukturellen Eigenschaften sowie ferner in Schwerkraftbeobachtungen. Erstere ließen sich mit verhältnismäßig einfachen Mitteln erledigen, denn für die optischen Untersuchungen genügte das Mikroskop, unter welchem dünngeschliffene Eisplatten untersucht wurden. Die spezifischen Gewichtsbestimmungen am Eis nahm ich in der Weise vor, daß ich Eisstücke auf einer feinen Waage wog und ihr Volumen durch Eintauchen in Petroleum feststellte, wobei das Ansteigen der Petroleumoberfläche an einer vorher genau graduierten Skala abgelesen wurde. Es zeigte sich bei allen diesen Beobachtungen, daß das Eis der Antarktis an sich mannigfaltig ist, daß es aber hauptsächlich aus Schneeeis besteht.

Fernere Beobachtungen während der Winterszeit galten der Physik des Meereswassers und wurden von mir und Philippi gemeinsam ausgeführt. Hier nahm ich Temperaturbestimmungen in verschiedenen Tiefen mit Hilfe eines Siemensschen Widerstandsthermometers vor. Als Resultat dieser Arbeiten läßt sich anführen, daß Temperatur und Salzgehalt des Meeres an unserem Stationsplatz, welcher eine Tiefe von 385 m hatte, das ganze Jahr hindurch gleichmäßig blieben und gleichmäßig auch durch die ganze Wassersäule hindurch.

Andere Arbeiten nahm Gazert im Winter vor, indem er das Blut der Robben und Pinguine auf Konzentration und Temperatur hin untersuchte, Robbenblut hatte 37,6° und Pinguinblut 38,5°.

Vielfach wurden von Gazert auch Gefrierversuche vorgenommen mit den Blutproben, die er gesammelt, und desgleichen mit Proben von Meereswasser, die verschiedenen Tiefen und Orten entnommen waren. Auch ärztlich hatte Gazert jetzt im Winter manches zu tun. Es gab kleine Wunden, die schwer heilten. Die Eiterung war gering, doch ebenso gering auch der Heilungsprozeß, was Gazert zum Teil auf die Abwesenheit von Bakterien schob, welche Wunden sonst reizen und durch diese Reizung zur Heilung bringen. Seine Behandlung solcher Wunden lief deshalb darauf hinaus, künstliche Reizung herzustellen durch Höllensteinbeizungen und anderes, was auch guten Erfolg hatte. Immerhin erinnere ich mich selbst, mit einer geringen Wunde, die ich mir auf der ersten Schlittenreise am Fuße zugezogen hatte, mehrere Wochen mich geplagt zu haben. Heilung wurde erst durch die erwähnten Reizungsmittel erzielt und dadurch, daß die Füße durch Packungen besonders warm gehalten wurden. Von sonstigen Krankheiten kamen Verdauungsstörungen vor, die bisweilen besonders hartnäckig waren. Auch Zahnschmerzen sind häufig gewesen und haben entsprechende operative Eingriffe erfordert.

In dem meteorologischen Dienst haben insbesondere exakte Feuchtigkeitsbestimmungen viel Aufmerksamkeit erfordert. Gazert suchte eine absolute Kontrolle dieser Messungen dadurch zu erhalten, daß er atmosphärische Luft in bestimmten Mengen durch Chlorkalziumröhren sog und diese vorher und nachher wog. Immerhin ergaben diese Versuche, daß unsere sonstigen Vorrichtungen für Feuchtigkeitsmessungen genügend funktionierten.

Viel Arbeit machten auch Stehrs Beobachtungen der Eistemperaturen, weil das schöne, von ihm eingerichtete Mausoleum mit der Zeit und der wachsende Schneemenge allmählich versank. Zunächst wurde der Boden feucht, dann drang das Wasser in die Löcher ein, in welchen die Thermometer standen, darauf sackte die Decke, und nun bedurfte es am 21. Juli nur noch eines allerdings besonders schweren Schneesturms, um es ganz zu zerstören. Als dieser vorüber war, lag der Schnee über der Decke des Mausoleums fast 2 m hoch. Erst nach längerem Suchen wurde es in trauriger Verfassung wiedergefunden. Die ganze Wehe war niedergedrückt und Wasser erfüllte die Höhle, so daß man die feinen elektrischen Instrumente an ihrem Boden nur noch durchschimmern sah.

Die Messungen auf dem Bohrberg konnten ungestört fortgesetzt werden, weil auf der Oberfläche desselben keine Anhäufung von Schnee stattfand. Nur das Aufsteigen auf diesen Eisberg über die Schneewehe an seiner Westecke wurde bisweilen beschwerlich. Häufig pflegten uns dabei unsere jungen Hunde zu begleiten, welche in größerem Schwarm, wie Ratten, den Beobachtern nachkletterten, bisweilen auch mit ihnen zusammen wieder zurückrollten.

Bei einer solchen Tour mußte sie Gazert schließlich im Rucksack hinauftragen, wobei ihnen so wohl war, daß sie den Sack oben gar nicht zu verlassen gedachten, während die Hündin ihnen mit Blicken gefolgt war. Der Abstieg vom Bohrberg war leichter, da er einfach durch Abgleiten bewerkstelligt wurde, wobei man sich nur vor einer Randspalte in acht nehmen mußte, in welche die abgleitende Partie gelegentlich einbrach und tief, aber glücklicherweise niemals bis in das Wasser hineinsank.

Während des ganzen Winters wurden von Vanhöffen Planktonfänge gemacht, die eine starke Abnahme aller dieser kleinsten Meeresorganismen signalisierten. Nach unserer Rückkehr zum Winterquartier wurde zunächst die Ausbeute der Schlittenreise nachgesehen, sortiert und verpackt. Die langen Abende, die während der Schneesturmperiode von morgens bis nachts dauerten, gaben Gelegenheit, bei einer Petroleumlampe die Rückstände der Reusen- und Brutnetzfänge sowie die Planktonproben zu durchmustern.

Die Sturmvögel waren im Winter seltener gewesen, wenn auch niemals verschwunden. Ende August begannen sie uns wieder regelmäßiger zu umkreisen, wenn auch in wenigen Exemplaren, und wurden nach der langen Zeit der Winternacht mit besonderer Freude begrüßt. Nach den Schneestürmen des Mai hatten wir um uns noch vielfach Wasserhimmel gesehen, insbesondere als Ende Mai kurze Zeit Westwinde geherrscht hatten. Im August hatten die Oststürme eine zweite Periode, meistens durch dunkelblaue Wolken angekündigt, die sich rasch am Himmel hinaufzogen, bei dem Aufsteigen zunächst in Fetzen aufgelöst, dann aber bald in dichtem Dunst über den ganzen Himmel verteilt. Der Wind pflegte in böigen Stößen einzusetzen und den Schnee vor sich herzujagen, der auf der Eisfläche lag oder auch gleichzeitig fiel.

Die Taue am Schiff klappten, die »Gauß« selbst legte sich nach Westen hin über, und der Schnee wirbelte vor ihrem Eingang, besonders als dieser infolge des Wachstums der Schneewehen von hohen Wällen umgeben war, in welchen der Wind zurückgestaut wurde und heftige Wirbel schuf, so daß jeder, der aus dem Schiff heraustrat, sich sofort wie in einem Hexenkessel befand. Mehrfach wurde das Wetter so heftig, daß die Gänge zu der meteorologischen Hütte unterbrochen werden mußten und Thermometer neben dem Schiff in Funktion traten. Stehr verirrte sich einmal von den nahe bei dem Schiff gelegenen Eisthermometern und ging in der entgegengesetzten Richtung fort; zum Glück bemerkte er es bald und richtete sich nun nach dem Wind selbst, um das Schiff wiederzufinden, das er trotz unmittelbarer Nähe nicht sah.

Charakteristisch war es, daß das Schneetreiben nicht hoch war, so daß bisweilen die Masten der »Gauß« noch frei standen, während der Schnee unten so dicht trieb, daß man nichts zu sehen vermochte. Die Sonne erschien dann in dem unteren Schneetreiben riesig vergrößert und in wunderliche Gestalten verzerrt, nahm aber plötzlich scharfe Umrandung an, wenn sie über das Schneetreiben heraufstieg. Sie blieb aber in jener ganzen Zeit in geringen Höhen und zog nur dicht über dem Horizont ihren Weg, ohne über die Eisberge emporsteigen zu können, die uns im Norden vorgelagert waren.

Die Verheerung dieser Schneestürme war überaus groß. Der Thermometerkirchhof lag danach metertief unter Schnee, und es war an diesem Tag, daß das Mausoleum darin auf Nimmerwiedersehen versank. Das Reusenloch war bis zur Tiefe von 5 m zugeweht. Beim Aufhacken und Ausgraben des Fischlochs zerriß die Leine und die Reuse versank. Um zwei gefrorene Seehundsfelle aufzutauen und sie danach leichter abspecken zu können, hatte der Erste Offizier sie in diesem Reusenloch ins Wasser gesenkt. Der Schneesturm hatte ihn überrascht, so daß er sie nicht mehr zu bergen vermochte, und als er sie nach dem Sturm aus dem Wasser zog, war der Speck von den Fellen fast gänzlich ver-

Die erste Messe der »Gauß« (in der Mitte vorn Drygalski, rechts daneben Vanhöffen, links daneben Kapitän Ruser)

Die Mannschaft der »Gauß« (1 – Franz, 2 – Schwarz, 3 – Reimers, 4 – Heinrich, 5 – Michael, 6 – Lysell, 7 – Johannsen, 8 – Heinacker, 9 – Reuterskjöld, 10 – Mareck, 11 – Müller I, 12 – Dahler, 13 – Besenbrock, 14 – Klück, 15 – Possin, 16 – Bähr, 17 – Müller II, 18 – Fisch, 19 – Stjernblad, 20 – Berglöf, 21 – Noack, 22 – Björvig)

schwunden und an den kahl gefressenen Fellen hingen Millionen von Amphipoden, die wohl lange nicht so reichliche Mahlzeit bekommen hatten.

An der Leeseite der »Gauß« arbeitete die Mannschaft, um das Schiff wieder auszugraben, damit es sich aufrichten könnte. Björvig ging von Hund zu Hund und revidierte seine Lieblinge, ob sie nicht im Schnee zugrunde gegangen wären. Ott reinigte mit zwei Mann die astronomische Hütte, die vollständig verschneit war. Die elektrische Leitung von ihr zum Schiff war unterbrochen, weil das Kabel zerrissen war.

Die meteorologische Hütte wurde langsam vom Schnee befreit, so daß nach stundenlanger Arbeit die Registrierinstrumente wieder in Funktion treten konnten. Abends leuchtete der Vollmond durch die Wolken hindurch und beschien das Bild der Zerstörung, das die vorigen Tage geschaffen, doch nur, um uns zu erinnern, daß der folgende Tag schon neue Stürme bringen würde, um alles, was man inzwischen gerettet hatte, von neuem zu verschütten. Diese Schneestürme haben auf unser ganzes Denken und Sinnen einen gewaltigen Eindruck gemacht, wenn er sich auch nicht bei allen Mitgliedern in dem Maße steigerte, wie bei dem Zimmermann Reimers, der das Klappern der Taue draußen für Geisterstimmen hielt und diese durch Gebete zu bannen versuchte. Aber es war doch so, daß alle eine gewisse dumpfe Resignation überkam und, wenn es immer noch nicht besser wurde, eine deprimierte Stimmung Platz ergriff.

Trotzdem ging das Leben im Schiff natürlich seinen ruhigen Gang. Ich selbst pflegte vormittags Berichte zu schreiben oder Berechnungen auszuführen und notwendige Laboratoriumsarbeiten zu versehen. Sonst blühte in dieser Zeit die Lektüre und die geselligen Unterhaltungen nahmen ihre lebhaftesten Formen an, besonders in den verschiedenen Vereinen. So übte Abend für Abend ein vierstimmiger Musikverein unserer Mannschaft unter der Leitung des Schweden Lyzell, welcher jedoch mit seiner Kapelle nicht ganz zufrieden war, da sie mehr Eifer als musikalisches Können bestätigte. Immerhin hörte es sich erfreulich an und wurde auch von uns in der Messe gern vernommen. Von den Skatvereinen habe ich schon früher gesprochen.

Allmählich wurde das Schiff durch den Proviantverbrauch immer leichter und leichter. Am 27. Mai hatte sein Tiefgang vorn 19,4 und hinten 19,2 Fuß betragen, und in der Folgezeit kam es noch höher heraus. Die Haupterleichterung schuf der Proviantverbrauch, indem alle zwei Monate eine Gruppe von 50 bis 60 Kisten herausgenommen wurde. Mir selbst brachte dieses Umstauen immer noch insofern etwas Abwechslung, als sich in einigen Kisten Bücher vorzufinden pflegten, welche eine Firma uns freundlicherweise eingelegt hatte, dadurch die von ihr dargebotenen vortrefflichen Genüsse noch in sinnreicher Weise auf anderem Gebiet vermehrend. Dem Proviant, den wir hatten, kann man auch sonst hohes Lob zollen, sowohl was seine Mannigfaltigkeit wie seine Beschaffenheit betraf.

Was die Art des Proviants angeht, so empfiehlt sich entschieden, dieselben Gegenstände von verschiedenen Firmen zu beziehen; denn mögen Konserven noch so gut bereitet sein, so werden sie mit der Zeit doch einförmig und geschmacklos, und zwar derart, daß man es kaum mehr zu unterscheiden vermag, ob man es mit Rindfleisch oder Hammelfleisch oder sonst etwas zu tun hat, und selbst die Gemüsesorten oder gar die Suppentafeln in ihren Charakteren ineinander übergehen. Verschiedenheiten existieren hier eher zwischen den gleichen Produkten der verschiedenen Firmen. Wir pflegten deshalb unsere Menüs mit der Zeit nach den

Firmen zu unterscheiden und nicht nach den Arten, welche sie darstellen sollten, so daß der blühenden Fantasie unseres Stewards, der natürlich immer nach der Art des Gebotenen gefragt wurde, der weiteste Spielraum gegeben war. Er pflegte zunächst mit Sicherheit anzugeben, was für eine Art Nahrung wir genossen, doch mußte er es sich bisweilen gefallen lassen, ad absurdum geführt zu werden, so daß es auch für ihn zweckmäßiger war, nur die Firma zu nennen, welcher das Produkt entstammte.

Die Mengen unseres Proviants waren im allgemeinen richtig bemessen; zuviel hatten wir an Brot und Mehl mit, während wir von allem anderen soviel hatten, daß wir die dafür veranschlagte Zeit bequem durchhalten konnten und meist auch noch etwas erübrigten. Nur der Butterverbrauch, der auf 150 Gramm pro Mann und Tag veranschlagt war, war so stark, daß man daran denken mußte, etwas zu sparen.

Wir haben, wie schon erwähnt, auch viel frische Fleischnahrung gehabt. Besonders geschätzt war die Leber der jungen Robben, nachdem es durch unsere erste Schlittenreise erwiesen war, daß der Weddellseehund, den wir an der Station fast ausschließlich hatten, bei richtiger Behandlung ebensowenig tranig wie alle übrigen Seehunde schmeckte. Der Geschmack hat kaum eine Ähnlichkeit mit unseren heimischen Fleischsorten; man könnte ihn vielleicht zwischen Rind- und Schweinefleisch stellen, doch ist das Fleisch beiden unähnlich durch seine dunkle Farbe. Pinguine haben wir auch sehr häufig gegessen, wenn auch mit der Zeit nicht so gern wie die Robben, sie haben ebenfalls ein dunkles, fast schwarzes Fleisch und einen etwas strengen Geschmack, doch ließ sich durch die Zubereitung manches verbessern, vielleicht auch noch mehr, als unser Koch es verstand. Diese frischen Fleischsorten haben wir den an sich vortrefflichen Fleischkonserven vorgezogen, wie sie denn auch von den Seeleuten wegen ihres faserigen und einförmigen Charakters als Kabelgarn bezeichnet werden.

Erwähnen möchte ich auch, daß der Zuckerbedarf allgemein sehr erheblich war. Schon während der Seefahrt habe ich den Tee so süß getrunken, wie niemals zuvor, bis zu sechs Stücke Zucker auf eine große Tasse gerechnet. Dieses Quantum ging mit der Zeit etwas zurück, um dann aber wieder zu steigen, und fiel erst endgültig ab, als wir uns im Norden der Heimat näherten. Mein Konsum war indessen noch gering gegen den von anderen Mitgliedern der Expedition. So pflegte Bidlingmaier den Steward dauernd zu mahnen, daß er ihm den Tee oder Kaffee nicht süß genug bringe, war dann aber einmal förmlich entsetzt, als er den Steward vor seinen Augen das zehnte Stück Zucker in eine Tasse hineintun sah und auf seine Frage, für wen denn das wäre, die Antwort erhielt, für ihn selbst. Es mag das ein Zeichen dafür sein, daß große Mengen von Zucker auf einer solchen Reise konsumiert werden können, aber wohl auch dafür, daß der Geschmack etwas abgestumpft wird.

Eine notwendig gewordene Durchlüftung des Schiffes hatte die üble Folge, daß die starke Kälte des August bis in das Innere drang und einen herben Verlust dadurch brachte, daß das vortreffliche, durch Münchener Firmen sowie durch Hofbräu uns geschenkte Bier zum großen Teil verdarb. Als am 2. September eine neue Ladung Proviant ausgepackt wurde, fanden wir von 300 Flaschen Bier 90 verdorben, nämlich ausgefroren, geplatzt und des Alkohols durch die Risse und aufgetriebenen Pfropfen beraubt. Dieses schränkte unseren Bierkonsum noch mehr ein, als er es bis dahin schon gewesen war, da ein Wiederauftauen dem Bier seine Trinkbarkeit nicht wiederzugeben vermochte, so daß es nur noch zu Biersuppen gebraucht werden konnte.

Eine wesentliche Ersparnis in unserem Petroleumkonsum, der sich nach Abstellen des elektrischen Lichtes erheblich gesteigert hatte, bedeutete die Einführung der Tranbeleuchtung. Die Tranquelle war unerschöpflich. Aus 10 kg Robbenspeck wurden etwa 8 1/2 kg guter Tran gewonnen, was gewiß ein befriedigendes Resultat war. Nur ein Übelstand war dabei, nämlich der, daß die Tranbeleuchtung mehr Dochte erforderte als die Petroleumbeleuchtung, und daß unser diesbezüglicher Vorrat dafür etwas gering war. Doch ließen sich Dochte auch aus allem möglichen Zeug herstellen und so jedenfalls leichter ersetzen, als die bei Tranlampen entbehrlichen Glaszylinder, deren Verbrauch in der Zeit der Petroleumbeleuchtung z. B. in Bidlingmaiers Observatorium unheimliche Dimensionen angenommen hatte. Das dort heruntertropfende Wasser hatte, wenn ich mich recht erinnere, an einem Tag nicht weniger als sieben Stück davon zur Strecke gebracht.

In den verschiedenartigsten Beschäftigungen wissenschaftlicher und praktischer Art ging auch das Ende des Winters schnell dahin. In den Arbeiten fanden wir Befriedigung und meistenteils auch genügende Unterhaltung. Es kam wohl vor, daß dieser oder jener zeitweilig unbefriedigt war, sich nach Abwechslung sehnte, doch es muß ausgesprochen werden, daß der Grund dann darin lag, daß er sich selbst nicht die genügende Beschäftigung schaffte. Die Mannschaften waren zufrieden. Teilweise hatten sie Ende August bei dem Zweiten Offizier Ott einen Kursus im Rechnen genommen, sonst begnügten sie sich mit Lektüre, mit Spielen, mit Schnitzereien, mit Laubsägearbeiten und anderem, soweit sie dazu Zeit fanden. Ständig waren Handwerker in Tätigkeit, um unsere Kleidung zu reparieren und um die Schlittenreisen vorzubereiten.

Die Feste des Winters verliefen in vortrefflicher Stimmung und boten willkommene Abwechslung dar. Am 2. Juni wurde Rusers Geburtstag gefeiert und am 3. Juli der unseres allbeliebten Obermaschinisten Stehr. Zweckentsprechende Geschenke wurden dazu präpariert, die seitens der sogenannten noch besitzenden Klasse in der Darbietung angenehmer Getränke bestanden oder auch zunächst in Vorspiegelung solcher Genüsse durch Flaschen mit Zitronensaft unter falschen Etiketts, dem nicht jeder die gleiche Sympathie abgewinnen konnte. In Kapstadt hatten sich die meisten mit einem letzten privaten Vorrat von derartigen Sachen versehen, der aber jetzt schon zum Teil verbraucht oder knapp geworden war. So hatte sich Stehr zunächst noch eine letzte Kiste reserviert mit dem Gelöbnis, sie nicht vor Ablauf des ersten antarktischen Winters anzubrechen, falls nicht vorher Eispressungen eintreten und mit dem Schiff auch die Kiste gefährden würden. Wie es nun mit den Pressungen stand, kann hier unentschieden bleiben. Soviel aber ist sicher, daß ich schon während der ersten Zeit der Fahrt im Eis in einer Nacht aus dem Krachen einer Kiste in der neben mir gelegenen Kabine Stehrs erfuhr, daß solche Pressungen angenommen würden, wonach der Inhalt der Kiste dann einem schnellen Ruin entgegenging. So waren die jetzigen Geburtstagsgaben ein willkommener Ersatz.

Noch ehe wir zur längeren Schlittentour aufbrachen, begannen mit höhersteigender Sonne die Ausflüge immer zahlreicher zu werden. Von den Tagesschlittentouren, die Ruser wesentlich zu Lotungszwecken meist nach Westen hin unternahm, habe ich schon gesprochen. Sie hatten die Umrisse der Westbank, auf der die Eisberge feststanden, näher kennengelernt, einen schnelleren Abfall derselben nach Ost, einen etwas langsameren nach Norden, Westen und Süden ergeben und auch ferner im Westen noch weitere Untiefen gezeigt. Die Technik des Hundeschlittens war durch diese Tagesfahrten noch mehr ausgebildet worden. Freilich, ein Stahlbeschlag, den man zur besseren Festigkeit der Schlittenkufen unter diesen angebracht hatte, bewährte sich nicht, weil er das Gleiten des Schlittens wesentlich erschwerte – sonst aber waren manche Vorteile erzielt.

Die jungen Hunde, die in großer Zahl jetzt um das Schiff herum im Sonnenschein spielten, pflegten den Schlittenfahrten gerne zu folgen, sich unter Umständen auch schon unter die alten Stammesgenossen einreihend, als ob sie mitziehen müßten, meist aber ihren Sondervergnügungen nachgehend, und nur bei Spalten Halt machend und kläglich heulend, weil sie nicht hinüber konnten, während die alten Hunde bei solchen Gelegenheiten mutig in die Spalte stürzten, falls sie nicht das gegenüberliegende Ufer mit einem Sprunge gewinnen konnten, so daß man fast sagen kann, daß dann einer auf dem andern das andere Ufer gewann. Interessant war es zu sehen, wie bei den kleinen Tieren die Jagdlust allmählich erwachte. Mit den Kaiserpinguinen, die in allem gänzlich ahnungslos waren, pflegten sie zunächst zu spielen und hätten bei direkten Angriffen auch sicher den kürzeren gezogen. Dann wurde aber bald bemerkt, wie ein ganz kleiner Hund sich vor einem großen Pinguin duckte, so daß dieser ihn schließlich übersah, dann aber plötzlich losstürzte, um den Pinguin in die Beine zu beißen. Die alten Hunde und allen voran Frau Paula mit ihrem Nachwuchs pflegten die großen Pinguine zu umkreisen, bis sie im Kopfe völlig verdreht waren und umfielen, und bissen sie dann in den Hals oder in den Schwanz und ließen sie so liegen. Bei Touren über die Eisoberfläche war es häufig genug kläglich, wie diese großen schönen Tiere verwundet umherstanden oder sich schleppten. Doch es war trotz großer Sorgfalt nicht möglich, dieses Unwesen zu steuern, da einige der Hunde sich immer wieder zu befreien vermochten.

Mittlerweile nahmen die Vorbereitungen zu der Schlittentour ihren Gang. Ich selbst unternahm vorher noch Touren nach Norden, Osten und Westen, um mich über die Beschaffenheit des Eises und die mögliche Dauer unserer Situation zu informieren, wie weit eine längere Abwesenheit vom Schiff überhaupt noch angängig war. Im Osten von uns herrschte keine Festigkeit mehr, denn schon in sechs Kilometer Abstand von der »Gauß« war dort ständige Bewegung, so daß die Festigkeit der Westbank und die Dauer östlicher Winde, welche unsere Scholle dagegen hielten, die Grundlage unseres Verbleibens bildeten. Falls sich die Witterung ändern und westliche Winde eintreten würden, konnte unserem Winterquartier ein plötzliches Ende bereitet sein.

Unter diesen Eindrücken standen die Vorbereitungen zu unserer Schlittentour, und es war damit zu rechnen, daß wir das Schiff bei unserer Rückkehr nicht mehr an seiner alten Lage wiederfanden. Am 15. September wurden die Schlitten über das unebene Feld nach Süden bis an den Rand der ebenen Flächen geschafft. Bidlingmaier nahm an diesem Tag noch den international vereinbarten magnetischen Termin wahr. Die Schlitten waren schwer beladen, jeder trug etwa 700 Pfund, und jeder war mit sieben Hunden bespannt. Die Abreise sollte am 16. September erfolgen. Am Abend des 15., den Philippi und Stehr zu einem weiten Gang nach Osten benutzt hatten, von dem sie die Kunde von der gänzlich veränderten Lage des Eises brachten, hatte sich Philippi bei einem Sturz den Arm im Ellenbogengelenk verrenkt. Der Schaden wurde durch Gazert schnell und glücklich beseitigt, und am Tag darauf war das Befinden des Patienten so gut, daß der längeren Entfernung des Arztes kein Hindernis im Weg stand. So brachen wir am 16. in der Frühe auf, bei schönem Wetter und zunächst unter dem Geleit der Zurückgebliebenen sowie aller der Hunde, die sich der Freiheit erfreuten und nur ungern wieder zum Schiff zurücksenden ließen. Besonders schlau waren die Gebrüder Kuhlemann gewesen, die sich tagelang vorher vom Schiff entfernt gehalten und erst ganz abgemagert wieder erschienen, als die Schlittentour fort war. Es wurde ihnen vorgehalten, daß sie sich vor der Schlittenfahrt drücken wollten. Doch war wohl eher anzunehmen, daß sie auf dem östlichen Eisfeld gejagt hatten, welches in dem Westwind davontrieb, und so unfreiwillig ferngehalten waren. In diesem Fall hatten sich die Tiere mit erstaunlicher Findigkeit über die neugefrorenen Eisflächen wieder zum Schiff zurückgefunden und waren nur etwas mager, weil es ihnen an Nahrung gefehlt hatte. Die Geschwindigkeit, mit welcher die Hunde sich über das Eis bewegen und in kurzer Zeit große Strecken zurücklegen konnten, war erstaunlich, doch sind bei solchen selbständigen Touren mehrere auch verlorengegangen.

Frühjahrsschlittenreisen

Als wir mit den Hunden nach einstündigem Marsch die ebene Eisfläche südlich von der »Gauß« erreicht und die Schlitten bespannt hatten, teilten wir zwei Partien mit je zwei Schlitten ab. Die eine ging auf direkten Wegen zum Gaußberg, um dort erdmagnetische Arbeiten vorzunehmen, während meine Partie eine südwestliche Route wählte, um über die Ausbreitung des Blaueises weitere Aufschlüsse zu erlangen.

Wir stießen bald auf eine dichte Eisbergkette, von unebenem Eis umgeben, das uns den Zutritt verwehrte, und zogen an ihrer Ostseite entlang in südwestlicher Richtung weiter, wobei viele Spalten zu passieren waren, die teilweise von den Eisbergen ausgingen und quer zu unserer Route verliefen, teilweise auch dem Rand der Kette folgten und auch hier die Auflösung einleiteten. Manche Spalten waren verschneit, so daß man sie oberflächlich nicht sah und ich mit Gazert einmal gleichzeitig wie in einer Theaterversenkung verschwand, während Vanhöffen diese Stelle kurz vorher ruhig passiert hatte.. Seine Fußstapfen standen unmittelbar an den beiden Rändern der Spalte, und er war glücklich darüber hinweggeschritten, während wir beide die Mitte getroffen hatten. Gegen Mittag machten wir Rast, wobei aus den Spalten Pinguine hervorkamen und schreiend auf uns zueilten, als ob wir sie mitnehmen sollten, was zu ihrem Nachteil dann auch geschah. Die Hunde hatten vortrefflich gezogen, doch waren die schwerbeladenen Schlitten immerhin mühsam vorwärts zu bringen: Unser Fortschritt mag vier Kilometer pro Stunde betragen haben.

Am Nachmittag ging die Eisbergkette, deren Ostrand wir bisher gefolgt waren, nach Süden in eine Gruppe von Bergen hinüber, welche schon die runden Formen des Blaueises hatten. Um 5 Uhr etwa schlugen wir das Zelt auf. Es war eine kalte Nacht, die meist schlaflos und ungemütlich verlief, wie auch die erste Nacht bei der früheren Tour.

Am Morgen des nächsten Tages hatten wir nebliges Wetter, doch die Sonne blickte von Zeit zu Zeit hindurch und ließ Besserung erhoffen. Die Eisberge mehrten sich bei unserem südwestlichen Kurs, und wir mußten mehrfach ausweichen, zumal auch das Scholleneis, über das wir hinzogen, buckliger wurde. Um die Mittagszeit stießen wir auf eine mächtige Tafel, die wie Inlandeis aussah und sich mit ihrem Rand viele Meilen nach Osten wie nach Westen hinzog.

Am Nachmittag zogen wir an dem Rand dieser großen Tafel entlang, und zwar nun gegen Südosten, weil ein ferneres Ausbiegen nach Westen uns von der Route zum Gaußberg zu sehr abgebracht hätte. Der Ostwind hatte sich mittlerweile verstärkt und stand uns gerade entgegen, so daß unsere Gesichter in kürzester Zeit mit Frostschäden bedeckt waren, die während der Schlittenreise nicht heilten und uns somit einen vollen Monat geziert haben. Das Zelt schlugen wir an diesem Abend im Lee einer mächtigen Tafel auf, die etwas Schutz gewährte. Die Mittagsmahlzeit hatte aus vereisten Butterbroten bestanden, die wenig genußreich waren, doch abends ließen wir es uns bei gekochtem Reis wohl sein, während unsere Hunde sich mit einem Viertel Stockfisch begnügten, da sie noch von dem Fleisch der erschlagenen Pinguine gesättigt waren.

Am 18. September zogen wir nun direkt nach Süd und hatten die Freude, bald den schwarzen Gaußberg auftauchen zu sehen, freilich nur undeutlich im Schneedunst. Schon den ganzen Morgen waren die Hunde besonders aufmerksam gewesen und hatten ihre Nasen gegen Osten gewendet. Den Grund erkannten wir gegen Mittag, als in einigen Meilen Abstand die Schlitten der anderen Partie hinter einem Eisberg erschienen, die von ihrer weiter östlich gelegenen Route nach Westen hin ausgebogen waren, so daß unsere Ausbiegung in östlicher Richtung uns hier mit ihnen zusammenführte. Wir zogen nun gemeinsam weiter über ein ebenes Feld, das im Westen dicht und im Osten etwas lichter von Blaueis umkränzt war.

Am Abend des 18. September kamen wir in sehr schlechtes Eis, das an unsere Schlitten hohe Anforderungen stellte. Unser Lager lag im Schutz eines Eisbergs und zweier mächtiger Wehen, die von seiner Süd- und Nordseite ausgingen. Betrübend war die Entdeckung, daß ein großer Teil unseres Naphtavorrats verloren war. Durch das starke Stoßen des Schlittens war die Kanne zerbrochen und das Naphta ausgelaufen, so daß wir nur noch 7 Liter abzapfen konnten und im übrigen auf Mittel und Wege sinnen mußten, uns anderes Brennmaterial zu verschaffen.

Am Morgen des nächsten Tages umgab uns dichter Nebel bei

östlichen Windstößen, so daß man auch die nächsten Berge nicht sah und wir den Aufbruch verschoben. Ein kurzer Gang am Morgen hatte mich ungewollt auf die andere Seite der Wehen, zwischen denen unser Zelt lag, geführt. Es war ein Wetter, in welchem alles in einförmig diffusem Licht verschwamm, so daß man Höhen und Tiefen nicht unterschied. Längs meinen Fußspuren zurückkehrend, stand ich dann ebenso plötzlich wieder vor unserem Zeltlager, wie ich durch Überschreiten der Wehe es vorher aus den Augen verloren hatte.

Unsere Hoffnungen auf besseres Wetter am folgenden Tag gingen nicht in Erfüllung. Am Morgen des nächsten war es zunächst besser. Wir brachen deshalb auf und zogen in einer breiten Gasse zwischen runden Eisbergen ostwärts, um an ihrer Ostecke nach Süden abzubiegen, wo ein freier Weg zum Gaußberg begann. Als wir diese Ecke erreicht hatten, zog sich aber das Wetter plötzlich zusammen. Wir wollten noch vorwärts zu kommen versuchen, und ich richtete mich bei der Führung, da sonst nichts zu sehen war, nach der Richtung des Windes und der Schneewehen, die ich unter bestimmten Winkeln zu durchschneiden versuchte. Es war aber schwer, weil die Hunde durch den Wind abgetrieben wurden und so auch uns aus der Richtung brachten. Dabei tobte es immer ärger; plötzlich hatte ich auch hinter mir alles aus dem Gesicht verloren, so daß ich halten mußte, um die Gespanne wiederzufinden, die dann bald auf mich aufliefen, da ich sie in dem dichten Sturm auch auf wenige Schritte nicht zu sehen vermocht hatte. Ein fernerer Fortschritt war unmöglich, zumal man gewärtig sein mußte, sich zu verlieren und dann, wer weiß wie lange, ohne Zelt kampieren zu müssen. Die Schlitten wurden in die Windrichtung gestellt, mit vereinten Kräften ein Schneewall errichtet und dahinter in tosendem Sturm das Zelt aufgeschlagen, was sonst innerhalb weniger Minuten ging, hier aber zweistündige Arbeit gekostet hat. Als wir hineintreten konnten, kam uns dieser spärliche Schutz gegenüber dem tosenden Sturm draußen so behaglich vor, daß uns darin fast ein Gefühl der Ruhe überkam. Es wurde dies der härteste Schneesturm, den ich je erlebt hatte. Er hielt die ganze Nacht und den nächsten Tag und wieder die folgende Nacht an. Jeder von uns hat am nächsten Morgen das Zelt zu verlassen gesucht, um notwendige Gänge zu verrichten, doch es war unmöglich. Sowie man vor die Tür trat, wurde man vom Sturm ergriffen und mußte schnell die Taue des Zeltes ergreifen, um nicht fortgerissen zu werden. So blieb nichts übrig, als innen zu bleiben und sich mit der Unmöglichkeit, auch nur für Momente draußen zu sein, abzufinden, so gut es ging. Als einmal klägliches Hundegeheul in unmittelbarer Nähe erscholl, kämpfte sich Johannsen hinaus und rettete eine Hündin, die im Schnee ertrank. Sie biß wie rasend um sich und verletzte ihn stark, doch gelang es, sie aus dem Schnee zu befreien. An Fütterung der Hunde war natürlich nicht zu denken, sie lagen sonst auch still und ließen sich vom Schnee verschütten, nur von Zeit zu Zeit darin etwas höher kriechend, soweit die Sielen es zuließen, mit denen sie an den Schlitten befestigt waren.

Wir lagen innen und sangen uns Lieder vor, dann wurden Rätsel aufgegeben, die ich wenigstens vom Tage vorher schon wieder vergessen hatte. Auch wurden Logarithmentafeln gelesen oder sonstige interessante Lektüre getrieben, kurz, wir waren anspruchslos genug. Dabei sank das Barometer noch weiter, nachdem es am Morgen eine kurze Periode des Steigens gehabt, und gegen Abend erneuerte sich der Sturm mit verstärkter Gewalt. Das Schlimmste war nun, daß es feucht wurde, da diese Stürme warm sind, und zwar um so wärmer, je näher man an das Inlandeis kommt. Im Zelt stieg die Temperatur sogar über 0°C. Es begann von den Wänden zu tropfen, und der Boden wurde feucht.

Im Zelt während der Frühlingsschlittenreise 1902

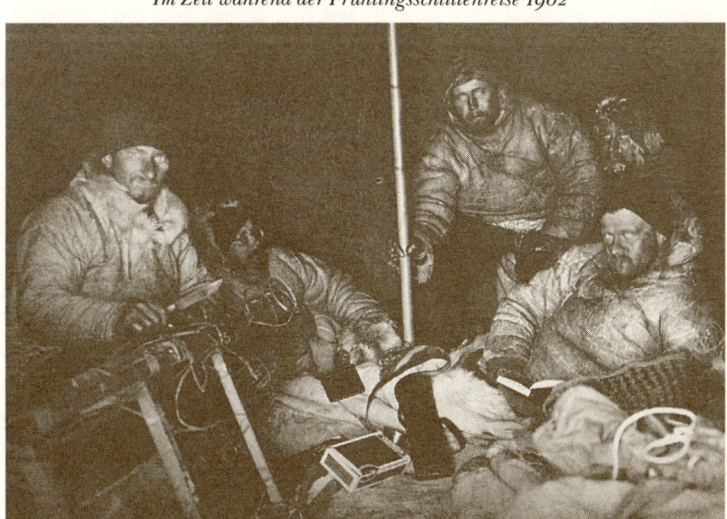

Da wir zugleich vom Schnee immer tiefer verschüttet wurden, bestand die Möglichkeit, daß die Scholle, auf der wir lagen, im Meer versank, wie wir es bei unseren Observatorien kennengelernt hatten. Ich streckte deshalb in der Nacht, als die Feuchtigkeit zunahm, die Hand aus dem Schlafsack, um das Wasser, in dem wir lagen, zu schmecken. Es war aber frisch und keine Salzlake, kam also durch Tauwirkung von oben und nicht von vordringendem Meerwasser her. Auch noch die ganze zweite Nacht raste der Sturm, und nur ein Hohngelächter antwortete mir, als ich von einem Nachlassen sprach. Das Zelt war bereits völlig zusammengedrückt, und wir darin immer näher auf- und aneinandergerückt. Von der Tür wuchs eine Schneewehe zu uns herein, und bis zur Höhe des Zeltes war der Eingang verbaut.

Als die Böen gegen 6 Uhr morgens nach der zweiten Nacht wirklich etwas länger zu pausieren schienen, begannen wir uns auszugraben. Johannsen machte zunächst ein Loch durch die Schneewehe im Zelt und dann durch den Schneewall vor der Tür. Das Wetter war noch trübe, doch wesentlich abgestillt, und es war nach der 48stündigen Gefangenschaft eine Erlösung, wenn auch nur für Augenblicke im Freien zu sein. Die Hunde scharrten sich einzeln aus ihrem gemeinsamen Grab und kamen heraus. Von den meisten waren zunächst nur die aufwärts gerichteten schwarzen Nasen in der Tiefe schmaler runder Löcher zu sehen. Von den Schlitten war überhaupt nichts zu sehen. Doch wir gruben nach ihnen und konnten feststellen, wo sie lagen. Sie hatten ihren Zweck, dem Zelt als Schutz zu dienen, so vollkommen erfüllt, daß von ihnen her eine hohe Schneewehe ausging und über das Zelt hinwegschritt. Die Freude, draußen zu sein, sollte an diesem Tag nicht lange währen. Nachdem der Wind kurze Zeit aus Norden gestanden, war es still geworden. Dann begann es zu schneien, ein östlicher Wind setzte ein und trieb uns in das Zelt zurück. Am Abend aber wurde es besser, in dem Schneedunst traten einzelne Sterne hervor und erweckten Hoffnungen für den folgenden Tag, wenn auch im Osten noch graues Gewölk stand, das neue Stürme weissagen konnte. Der nächste Tag war zunächst noch nicht schön, doch wir brachen auf, nachdem es stundenlang gedauert hatte, bis Schlitten und Zelt ausgegraben waren.

Wir zogen nun direkt südwärts, zunächst noch bei östlichem Wind und etwas Schneetreiben, doch bald kam die Sonne hervor. Wir befanden uns, wie wir nun erst sehen konnten, an dem Nordende der sogenannten Sahara und auch ungefähr auf dem richtigen Kurs. Der Gaußberg lag direkt im Süden, blaue Eisberge in der Nähe westlich von uns und nach Osten hin bis zu weiterer Ferne ein ebenes Feld. Der Schnee lag tiefer, als wir ihn hier im Herbst gehabt, doch glitten die Schlitten gut darüber hinweg, und die Freude der Hunde, wieder ziehen zu können, war groß. Freilich vergriffen sie sich infolge des langen Fastens bei der Frühstückspause an unseren Nahrungsmitteln, was den Bootsmann, der dabei der leidende Teil war, mit Ingrimm gegen seinen sonst so geliebten Leithund »Wolf« erfüllte.

Nach dem Erreichen des Gaußberges teilten wir die Zelte derart, daß wir zu sechst in dem größeren schliefen, während Schwarz und Johannsen einen gemeinsamen Schlafsack in dem kleineren bezogen und daneben noch Platz für die Küche hatten. In unserem Zelt hatte jeder einen Schlafsack für sich, was wohl ein wenig mehr Gewicht für die Schlitten bedeuten mochte, aber für die Nacht um so größere Annehmlichkeiten brachte. Unter dem gemeinsamen Schlafsack hatte in diesem Fall der Koch Schwarz trotz seines ebenso wackeren, wie friedfertigen Genossen Johannsen zu leiden, da dieser lebhaft träumte und dabei in einer Nacht den Koch fast erwürgt hätte, weil ihm träumte, daß Schwarz in eine Spalte gefallen sei, und er ihn retten müsse.

Auf dem Inlandeis nordwestlich vom Gaußberg

Unsere Reise zum Gaußberg hatte im Ganzen zehn Tage gedauert und war infolge der Schneestürme so lang gewesen, wie noch keine zuvor. Dafür wurden wir aber am Gaußberg durch ein prachtvolles Wetter belohnt und hatten bei ersprießlicher Arbeit in unserem Zeltlager mit die schönste Zeit, die wir in der Antarktis hatten. Meist schien die Sonne und wärmte stark, so daß wir dann selbst bei den Arbeiten auf dem Inlandeis die Pelzbekleidung ablegen konnten. Wir begannen am folgenden Morgen unsere verschiedenen Arbeiten. Bidlingmaier suchte sich an dem Nordkap des Berges in der von demselben nach Westen ausgehenden Schneewehe einen Platz für sein magnetisches Observatorium aus. Bei den magnetischen Registrierungen handelte es sich darum, festzustellen, ob hier unmittelbar auf dem Land, auf festem Gestein, andere Schwankungen der magnetischen Kraft herrschten als an unserem Winterquartier, wo die Instrumente auf schwimmenden Schollen über einem fast 400 m tiefen Meer registrierten. Da man annimmt, daß die magnetischen Schwankungen von Erdströmen herrühren, die sich in den obersten Lagen der Erdrinde bewegen, war dieses nicht allein für unsere Station, sondern ganz allgemein von großer Wichtigkeit, da es auf das Wesen der magnetischen Kraftäußerungen einiges Licht zu werfen versprach.

Vanhöffen setzte seine Reusen mit Hilfe des Kochs und füllte bald seine Gläser, die er zur Konservierung mitgenommen hatte: Von Interesse war unter anderem ein großer Wurm mit stark gefurchter weißer Haut, der zum Köder gekommen war. Ferner sind schöne Seeigel und Seesterne, große Schnecken, Bryozoen und Schwämme zu erwähnen. Auffallenderweise fanden sich Amphipoden recht spärlich.

Vahsel übernahm die Aufgabe, möglichst viele astronomische Beobachtungen auszuführen, um die Position des Gaußberges so häufig und genau zu messen, als das Wetter es zuließ. Er machte seine Messungen mit dem Sextanten morgens, mittags und abends, oft bei starkem Wind, der die Finger völlig erstarrte. Gazert hatte zunächst mit Vahsel unser Zeltlager verbessert und nahm dann wieder an meinen Vermessungsarbeiten teil, die er durch Aufnahme von photogrammetrischen Bildern wesentlich ergänzte. Auch die trigonometrischen Marken auf dem Gaußberg hatte er umzusetzen, da diese fast alle im Laufe des Winters umgestürzt waren, wobei sich aber ihr früherer Standort aus den daneben aufgesetzten Steinen noch mit Sicherheit feststellen ließ. Mir lag es ob, die Vermessung des Inlandeises, die ich im Herbst gemacht, zu wiederholen, um jetzt nach Verlauf von fünf Monaten festzustellen, wie weit sich die Position der Marken auf der Eisoberfläche nach Richtung und Stärke geändert hätte, und um daraus die Bewegungsverhältnisse des Inlandeises abzuleiten.

Der 28. September hatte so klares Wetter, daß ich ihn einer Besteigung des Gaußberges zu widmen beschloß, die in Begleitung von Gazert und Johannsen prachtvoll gelang. Wir stiegen in der Nische zwischen den ersten vorspringenden Lavastufen der Westseite zunächst über ein hartes Schneefeld empor und dann über Schutthänge, deren dunkle Farbe den Schnee unter der starken Wirkung der Sonnenstrahlen schon dahinschwinden ließ, so daß ihre Oberfläche feucht war. Aus diesem Schutthang ragen über der untersten breiten Stufe, dem Kap Lewald, das wie ein Lavastrom nach Westen vortritt, noch mehrere kleinere Stufen anstehenden Felsens heraus, die aber bröcklig und tief zersetzt sind, so daß man ihre Kanten nur mit Vorsicht benutzen darf, weil sie leicht losbrechen. Die Blendung durch den Schnee daneben war stark, so daß wir Schneebrillen anlegen mußten. Auf dem Gipfel des Gaußberges faßte uns wie gewöhnlich ein heftiger Wind, doch fanden wir für die Peilungen, die wir vornehmen wollten, an den Abhängen Schutz. Das Wetter war so klar und der Ausblick so umfassend und groß, daß wir wie in die Unendlichkeit sahen.

Es ist gewiß nicht leicht zu sagen, worauf bei der Einförmigkeit der dortigen Natur der unvergeßliche Eindruck beruht, den wir davon hatten, vielleicht ist es gerade die Einförmigkeit und die gewaltige Ruhe in allem, die ihn erregt. Was wir vor uns sahen, war auf Jahrzehnte, vielleicht Jahrhunderte angelegt, und so das Walten der Kräfte darin so klar und deutlich ausgeprägt, als wenn sie sich vor unseren Augen bestätigen wollten. Die Fülle der Erscheinungen, die Gleichmäßigkeit, mit der dort ein Eisberg hinter dem andern folgt, läßt uns die Vorgänge schauen, aus denen das Bild im Laufe langer Zeiten entstand, da es in allen einzelnen Phasen erstarrt ist.

Nach Westen sahen wir in dem Inlandeisrand große eckige Buchten, die von Eisbergen gänzlich erfüllt waren. Südlich von dem steilen Rand, mit dem es überall endigt, hoben sich die Flächen des Inlandeises stufenförmig nach Süden empor, in diesem langsamen Ansteigen von langen regelmäßigen Spaltensystemen durchzogen, die nur über den Buckeln wirrer und zahlreicher werden, welche östlich und westlich vom Gaußberg die Oberfläche des Eises emportreiben. In ihrer großen Regelmäßigkeit sind sie ein Zeichen der Langsamkeit der Bewegung, mit der das Inlandeis gegen Norden zum Meer strömt.

Ferner im Westen ging von dem Inlandeisrand eine lange und breite Eiszunge aus, deren Ende nach Norden hin nicht abzusehen war. Bis zu der breiten Zunge wurde die Küste – also der Inlandeisrand – von einer Zone gerundeter Eisberge begleitet, eben jenem Blaueis, durch welches wir gekommen waren; dieselbe hatte eine Breite von fünf Kilometern und mehr. Sie ordnen sich vor dem Inlandeisrand zu so dichten Gruppen und langgezogenen Rändern, daß sie vom Meer her gesehen dem Inlandeis ähneln.

Das Gewaltige in dem Ausblick vom Gaußberg war eben, daß man das lebende Meer und das ewig starre Eis des Landes innig verbunden sah und die Grenze des Bleibenden und des Veränderlichen nicht mehr zu unterscheiden vermochte: Die Erstarrung des Meeres ist so dauernd und fest, daß es dort in absehbaren Zeiten nicht mehr zur Bewegung zurückkehren kann, und die Bewegungen des Inlandeises sind so langsam und starr, daß seine strömenden Massen sich mit den für lange Zeit erstarrten Flächen des beweglichen Meeres stetig verbinden.

Und in dieser gewaltigen Natur ist der Gaußberg das einzig Feste, an dem das Auge haften kann, und wer noch zweifeln will, erhält durch ihn den evidenten Beweis für das Auge, daß es dort Land gibt. Und doch ist er in dieser Umgebung ein gänzlich fremdes Gebilde, fremd in Beziehung auf das Inlandeis, welches er mit der Glut des Erdinnern, die er mit sich brachte, durchbrochen, fremd auch in Beziehung auf den Bau des Landes, welches das Eis sonst verhüllt. Denn er besteht aus junger Lava, während der Südpolarkontinent, der unter dem Eis ruht, altes Gestein ist, und es ist von hohem Interesse, daß auch dieser Kontinentalrand, wo er zum tiefen Meer abbricht, ein jungvulkanisches Gebilde trägt, wie es auch sonst die Kontinentalränder tun. Ob es freilich im Süden Gruppen oder Reihen von solchen vulkanischen Bildungen gibt, bleibt eine offene Frage. Denn aus den Buckeln, welche die Oberfläche des Inlandeises östlich und westlich vom Gaußberg noch mehrfach emportreiben, wissen wir wohl, daß dort noch Hügel liegen, die das Eis verhüllt. Wir wissen aber nicht, ob auch diese Hügel vulkanisch sind oder nur abgeschliffene Formen der aus alten Gesteinen aufgebauten Gebirge des Kontinents.

Noch anziehender fast wie nach Norden, Westen und Süden war der Ausblick nach Osten, weil sich die Eisoberfläche dort in weiter Ferne zu größeren Höhen erhob und fast unmittelbar vor unseren Füßen zahlreiche Eisberge losgelöst waren, die aber trotzdem noch im Zusammenhang mit dem Inlandeis standen, durch Eisbrücken mit diesem und untereinander verbunden. Es ist wunderbar zu sehen, wie die Eisbergbildungen dort so langsam vor sich gehen, daß lange Zeiten entschwinden, ehe sie beendet sind. So wird man dort gleichzeitig an zwei Arten der stürmischsten Katastrophen der Erde erinnert, die wir heute noch haben: an vulkanische Ausbrüche aus dem Innern, durch welche der Gaußberg entstand, und an die Entstehung der Eisgebirge, welche im Norden große Gebiete verheert; im Süden sind diese beiden gewaltigen Kräfte miteinander erstarrt und gebannt, so daß man ungestraft nahen und ihre ganze Größe genießen kann.

Während wir diesen herrlichen Ausblick genossen, hatte Johannsen seine Augen aufmerksam nach Norden gerichtet und dabei auf dem Meereis an einer Spalte zwei Robben gesehen. Unsere scharfen Ferngläser ergaben, daß er recht haben könne, wenn eine Verwechslung mit Steinen auch nicht ausgeschlossen war. Die Sache war zu wichtig, als daß wir uns nicht sofort Gewißheit verschaffen sollten, denn unser Brennvorrat ging zur Neige, da wir auf dem Hinweg so viel Naphta verloren hatten, und wir mußten darauf sehen, Tran zu erhalten. Johannsen stieg deshalb eilends hinab, um sich nach der Stelle zu begeben, wo er von oben die Robben zu sehen gemeint hatte, und kehrte in der Dunkelheit mit der Meldung zurück, daß er zwei Tiere erlegt hatte, ein Männchen und ein Weibchen, letzteres schon mit einem großen lebenden Jungen. Die Freude war groß, und am nächsten Tag wurden beide geholt. Die Länge des Weibchens betrug fast 3 m und die des Embryo darin 1,20 m; die Specklage war 8 cm dick und gab uns Brennvorrat in Hülle und Fülle. Das Fleisch wurde von uns gegessen und auch an unsere wackeren Hunde verfüttert.

Am 3. Oktober wandten wir unsere Arbeiten den Abhängen des Berges zu und studierten seine Stufenbildungen. Andere Gänge führten uns an dem vorderen Rand des Inlandeises unten wie oben entlang. Von oben sah man in ein großartiges Gewirr von engen Gassen zwischen den Bergen hinab, in welchen Robben in Ruhe schliefen. Einzelne Eisberge waren aufgekantet und zeigten in den Teilen, die früher unter Wasser gewesen waren, gelbliche Wucherungen von Diatomeen. Unten am Eisrand lag viel reichlicher Schnee als im Herbst, so daß die Stauungen der Schollen davon verhüllt waren. Vanhöffen hatte gelegentlich seiner Fischzüge die Dicke des Jungeises gemessen und ein Wachstum von 5 bis 10 cm pro Tag gefunden, während in zwei Tagen 12, in drei Tagen 17 cm Eisdicke entstanden.

Am 6. Oktober konnte ich die Vermessungen auf dem Inlandeis abschließen und ergänzte in den folgenden Tagen noch die astronomischen Arbeiten durch Beobachtung von Azimuten für magnetische Zwecke und andere Einzelheiten. Am 8. Oktober löste auch Bidlingmaier sein Observatorium auf und machte mit uns noch einen herrlichen Gang oben am Steilrand des Inlandeises entlang nach Westen, der uns unvergeßliche Eindrücke bot. Überraschend war es, an diesem Tag in dem tiefen Einbruchskessel des Eises südlich von Kap Lewald in zwei Spalten Wasser zu finden. Da noch Kältegrade von 10 °C bis 20 °C herrschten, die nur in den Böen milderen Lüften wichen, haben wir zunächst an warme Quellen in Verbindung mit den vulkanischen Eigenschaften des Gaußberges gedacht. Doch ergab die Untersuchung, daß es frisches Wasser von der Schmelztemperatur war, welches wohl unter der starken Rückstrahlung von den dunklen Lavafelsen entstand.

Seit wir am Gaußberg die erste Robbe geschlagen hatten, kochten wir nur mit Speck in einem Ofen, den der Bootsmann Müller aus der bei der Hinreise leck gewordenen Naphtakanne hergestellt hatte, was dem Koch anfänglich gegen den Strich lief, dann aber so gefiel, daß er auch für die Rückreise dabei zu bleiben wünschte. Wir hatten hierfür aber den Rest unseres Petroleum- und Naphtavorrats reserviert, weil damit das Kochen viel schneller ging. Mittlerweile waren auch die Schlitten repariert, und zwar durch Ersatz des auf der Hinreise zerstückelten Neusilberbeschlages unter den Kufen durch einen neuen Beschlag aus Konservendosen. Das noch vorhandene Robbenfleisch wurde in Stücke geschnitten und als Hundefutter verpackt. Zum Abschied hatten wir in einer Steinpyramide auf der ältesten und höchsten Moräne an der Westseite von Kap Lewald eine Urkunde niedergelegt, welche von den bisherigen Schicksalen der Expedition Kunde gab. Die Urkunde liegt in einer Flasche eingeschlossen und dürfte kaum wieder von einem Menschen erblickt werden, wenn sie dort auch hundert Jahre und mehr zu überdauern vermag. Diesen einsamen Ort der Erde, wo die deutsche Expedition geweilt hatte, dürfte sobald keine andere wieder betreten.

Am 9. Oktober hatten wir die Rückreise nach vierzehntägigem Aufenthalt am Gaußberg begonnen. Wir brachen um die Mittagszeit auf, nachdem wir vorher noch einmal Umschau über die Gegend gehalten hatten. Die Reise verlief die ersten Tage bei gutem Wetter recht glücklich. Am dritten Reisetag jedoch sollten nach der Zeit schönen Wetters wieder die Schrecken der Antarktis in Erinnerung gebracht werden. Schon am Morgen war der Himmel wolkig bezogen und die Sonne in Dunst gehüllt. Im Laufe des Tages wurde es dicht, so daß wir vorzeitig Halt machen mußten, nachdem sich noch vorher die erste Raubmöwe als Zeichen des beginnenden Frühlings bei uns zeigte. Um die Mittagszeit war das Wetter ganz zusammengezogen, so daß ich nach der Richtung der Schneewehen und des Sturmes führte, mich dabei aber plötzlich unmittelbar vor einem gewaltigen Eisberg befand, der sich weit nach Osten und nach Westen erstreckte, und den wir von unseren bisherigen Zügen in jener Gegend nicht kannten. Ich folgte ihm nach Westen, fand dort aber dicht zusammengeschobenes Staueis, in welchem die Schlitten nicht vorwärts kommen konnten. Dann versuchte ich ihn zu überschreiten, kam aber damit nicht zurecht, als mir Vahsel zurief, daß er im Osten in einem lichteren Moment einen ihm bekannten Eisberg zu sehen geglaubt hatte. Wir hielten nun auf diesen zu, mußten aber, da Sturm und Schneetreiben gewaltig wuchsen, das Zelt aufschlagen, ohne ihn gefunden zu haben. Diese Zeit, die wir in der Richtung auf ihn wanderten, ließ uns vermuten, daß wir entweder schon vorbeigegangen wären oder daß Vahsel sich geirrt hätte. Als das Zelt aber gegen 4 Uhr stand, wurde es plötzlich klar und der Berg war in unmittelbarer Nähe. Es war der sogenannte Kronenberg, von dem wir hoffen konnten, die »Gauß« am nächsten Tag zu erreichen. Diese Hoffnung wurde getäuscht. Als ich am 12. Oktober nach schönen Träumen über die Heimat erwachte, raste draußen von neuem der Sturm und wirbelte den Schnee umher, daß an einen Aufbruch nicht zu denken war, und so blieb es noch den folgenden Tag. Nach den üblichen Beschäftigungen im Zelt mit Rätselraten und der Lektüre von Mark Twain oder Logarithmentafeln hatten wir am Abend des 13. die besondere Enttäuschung, nichts zu essen zu bekommen, weil das Zelt, in dem der Koch und Johannsen lagen, so zusammengedrückt wurde, daß sich der Kochapparat darin nicht in Gang setzen ließ. Da die Mahlzeit einer der wenigen Lichtpunkte solcher im Zelt zu verlebender Sturmtage ist, bei dem die Gedanken schon vorher mit Vorliebe verweilen, zumal wenn Reis mit Äpfeln in Aussicht steht, war es wirklich sehr betrübend, nach langem Harren die Nachricht zu erhalten, daß es nichts gab, da man auch nicht mehr über einen überflüssigen Vorrat von innerer Wärme verfügte. Doch es ließ sich nicht ändern; etwas Schokolade und Brot boten dem, der es wollte, einen dürftigen Ersatz.

Am 14. Oktober war das Wetter besser. Der Sturm hatte dieses Mal das Zelt nicht verschüttet, sondern ausgeweht, so daß es wie auf einem Podium stand und über die Umgebung hervorragte, was den Aufbruch wesentlich erleichtert hat, so daß wir schon in früher Morgenstunde vom Platz kamen. Die »Gauß« bekamen wir gegen 3 Uhr nachmittags in Sicht, und auch unsere Hunde schienen ihre Witterung zu haben, als wir noch über 15 km entfernt waren. Ihr Eifer war indessen noch nicht durch das Schiff, sondern durch eine Herde Pinguine angespornt, die von dort her wie Schützenlinien gegen uns vorrückten. Am Rand des schwierigen Scholleneises, in dem das Schiff lag, kamen uns Philippi, Ruser und mehrere Leute entgegen und halfen über den letzten, schwierigen Teil der Reise hinweg.

Das Schneedach fanden wir noch über das Schiff gespannt, was auch in der Folgezeit nützlich war, da die Schneestürme sich noch häufig wiederholten. Die Lockerung des Eises in der Umgebung der »Gauß« hatte insofern Fortschritte gemacht, als am Fuß der Schneewehen verschiedentlich feuchter Brei stand und die Oberfläche stark zersetzt war. In der Folgezeit nahmen die Tauwirkungen zu.

Unter den Bewohnern des Schiffes hatte vielfach Schneeblindheit geherrscht, weil sich viele zu spät zur Anlegung einer Schneebrille entschlossen. Die nicht sehr angenehme Höllensteinkur war dann die notwendige Folge, welche der Schneebrille erst zu ihrem Recht verhalf. Bei unserer Rückkehr fanden wir Stehr schneeblind vor, nachdem er wenige Tage zuvor einen weiten Weg nach Süden gemacht hatte, um nach uns auszuschauen, und wobei er den Gebrauch der Brille versäumte. Sonst waren gesundheitlich nur kleine Schäden zu verzeichnen gewesen. Der Matrose

Noack hatte eine Geschwulst am Arm und Björvig am Fuß, die dem Arzt schon am Tag der Rückkehr Beschäftigung gaben. Die Luft innerhalb des Schiffes war so warm geworden, daß schon verschiedene Ventilatoren aufgesetzt waren. Wir folgten diesem Beispiel für unsere Kabinen, da wir durch den ständigen Aufenthalt im Freien noch an größere Frische gewöhnt waren. Durch Umstauungen im Innern des Schiffes war jetzt etwas Platz geschaffen worden, der zur Anlage von Kammern für die übersichtliche Aufbewahrung der Schlittenausrüstung, der Instrumente und der Pelze Verwendung fand.

An der Schlittenausrüstung gab es nach unserer Rückkehr sogleich manche Arbeit, um eine neue Expedition abgehen lassen zu können, solange das Eis es noch zuließ. Die Erfahrungen auf der letzten hatten wieder gezeigt, daß die Schlitten zu leicht gebaut waren, wenigstens für das antarktische Eis. Neue Erfahrungen hatten wir auch mit unserem Kochapparat gemacht, welcher durch Primusbrenner geheizt wurde, wie sie auch Nansen verwandt hatte. Mit Petroleum brennen diese bei kundiger Handhabung gut, erfordern jedoch viel Achtsamkeit, weil sie leicht unrein und verstimmt werden. Mehr noch ist das bei Verwendung von Naphta der Fall, indem die Öffnungen, aus welchen das vergaste Petroleum oder Naphta austreten soll, durch Ruß verklebt und zu eng oder andererseits auch infolge zu starker Erhitzung erweitert werden. Dieses gibt andauernde Betriebsstörungen, die bei Schlittenreisen verhängnisvoll werden können, weil man bei ständigem Leben in 20 °C bis 30 °C Kälte die durch warme Nahrung zuzuführende Wärme dringend nötig hat.

Einer Ansicht waren wir alle über die Vortrefflichkeit unserer Zelte. Als Nachteil wurde bei ihnen nur die graue Farbe empfunden, welche wohl gut ist, um das Zelt auf den weißen Oberflächen des Eises wiederzufinden, aber schlecht für die Beleuchtung im Innern, wenn man in den Schneestürmen auf langes Ausharren darin angewiesen ist.

Andere Erfahrungen haben wir mit unserem Schuhzeug gemacht und waren alle darin einig, daß es für eine Expedition wie die unsrige kein universelles Schuhwerk gibt. Die norwegischen Skaller, Rentierschuhe mit der Haarseite nach außen, waren gut und zur Erwärmung unentbehrlich. Sie wurden stets angelegt, wenn wir auf Schlittenreisen rasteten, an den Instrumenten tätig waren oder im Zelt zusammensaßen. Auch zu Touren über das

Eis wurden sie benutzt, sogar mit Steigeisen, die unter die Schuhe geschnallt wurden. Leider waren sie aber wenig haltbar. Das gewöhnliche Rentierfell genügte in dieser Beziehung gar nicht. Das Beinfell und Kopffell war etwas haltbarer, doch ist das letztere nur in so geringen Größen zu erhalten gewesen, daß die daraus gefertigten Schuhe alle zu klein waren. Ein zweckmäßiges Schuhwerk waren die norwegischen Komager, die für Wanderungen über den Schnee mit Sohlen versehen waren. Wenn man auf Glatteis kam, wurden Eissporen daruntergeschnallt. Für noch besser als die Komager halte ich die Kamik der Grönländer, welche ich früher in Grönland ausschließlich verwandt habe und auch in geringer Anzahl für die Südpolarexpedition erhielt. Durch ihre Weichheit und Dehnbarkeit sowie durch die Möglichkeit, sie behufs besserer Erwärmung auch noch mit Heu oder mit Holzwolle zu füllen, haben sie alle Vorzüge der Komager und dazu den großen Vorteil längerer Schäfte, welche bei Wanderungen über Schnee besser schützen. Ganz vortrefflich waren die Bergschuhsandalen, zum Teil Gazerts Erfindung und ganz seiner Empfehlung entstammend, und zwar deshalb, weil man sie zu jedem verschiedenen Schuhzeug jederzeit und an jedem Ort anlegen und ihrer Leichtigkeit wegen ohne Beschwerde mitführen kann. Die Oberbekleidung betreffend, haben uns Windjacken aus leichtem, aber dichtem Baumwollzeug vortreffliche Dienste geleistet, die man über nicht sehr dickes wollenes Unterzeug zog. Pelzkleidung war für die Bewegung bei den Schlittenreisen zu schwer und verursachte lebhafte Transpiration, so daß man abends im Zelt dann fror. Wir pflegten deshalb Pelzkleidung immer erst anzulegen, wenn wir abends im Zelt saßen oder wenn wir an den Instrumenten arbeiten mußten; dann war sie allerdings unentbehrlich.

Ganz vortrefflich sind unsere Schlafsäcke gewesen, die aus chinesischem Wolfspelz bestanden. Sie waren warm und leicht und hatten vor den anderen Schlafsäcken aus Rentierfell, die wir ebenfalls mitführten, den großen Vorzug, daß sie weicher waren und nicht so leicht die Haare verloren. Rentierhaare brechen leicht ab.

Über alles Lob erhaben sind bei den Schlittenreisen unsere Kamtschatkahunde gewesen. Sie waren entschieden stärker als die grönländischen Eskimohunde und wohl auch als die westsibirischen, die Nansen verwandte. Dabei waren sie gutmütig und auf das Ziehen förmlich erpicht. Es wird erzählt, daß die Lust zum Ziehen diesen ostsibirischen Hunden dadurch angewöhnt wird, daß sie in ihrer Jugend in Höhlen gefangengehalten werden und sich nicht im Freien bewegen dürfen, wodurch eine unbändige Sehnsucht nach Bewegung entsteht. Jedenfalls war diese vorhanden, und es gab stets eine gewaltige Aufregung unter der ganzen Meute, die sich in einem erschütternden Geheule kundgab, wenn die Schlitten beladen wurden. Jeder war erst zufrieden, wenn er geholt und angespannt war, und die anderen heulten so lange, bis die Schlitten außer Sicht kamen, wobei sich besonders die jungen Hunde mit aller Kraft in die Sielen legten. Ich habe es mehrfach gesehen, daß gerade junge Tiere, wenn der Schlitten an einem Hindernis hielt, einen Anlauf nahmen, solange es ihre Sielen gestatteten, um den Schlitten so durch Stöße vorwärts zu treiben. Überaus wertvoll ist ein guter Leithund, der den anderen mit gutem Beispiel vorangeht. Wunderbar ist die Genügsamkeit dieser Tiere, indem ein halber gefrorener, selbst ein fauler Stockfisch oder ein Hundekuchen einmal am Tag genügt. Besser ist es natürlich, wenn man reichlicher Nahrung gibt, denn wir haben den Erfolg unserer Robbenbeuten auf meiner zweiten Schlittenreise merklich gespürt. Gegen Kälte sind die Hunde sehr unempfindlich. Sie liegen auch bei $-40\,°C$ ruhig draußen, nur zusammengerollt und die Nase mit dem Schwanz bedeckt, ohne sonst Zeichen des Unbehagens erkennen zu lassen. In Stürmen ließen sie sich mit Schnee verschütten. Sie begehrten dann auch keine Nahrung und sorgten nur dafür, daß ihnen ein Luftloch verblieb. Untereinander sind sie überaus rauflustig und fallen häufig über unliebsame Kameraden her, was auch mit deren Tod endigen kann. Während unserer letzten Anwesenheit am Gaußberg war unser Hauptzuchthund »Hannes« besonders unbeliebt, weil die Hündinnen ihn mit ihrer Gunst beschenkten. Es kam dann vor, daß alle andern über das arme Tier herfielen, so daß es mit Gazert und mir auf das Inlandeis hinaufstieg, um sich vor seinen Kameraden zu retten. Hundekämpfe sind täglich und gewöhnlich und wenn einige mit der Abstrafung eines Kameraden beschäftigt sind, pflegen auch die übrigen herbeizulaufen, um sich zu beteiligen.

Am 20. Oktober 1902 brach ich mit Philippi, Bidlingmaier, Ruser und zwei Matrosen auf, um das Eis im Osten der »Gauß« daraufhin zu prüfen, ob unsere Lage für eine neue Schlittentour noch genügende Sicherheit bot. Wir nahmen dazu einen sibirischen

Schlitten, der mit den Hunden aus Kamtschatka gekommen war, spannten 11 Hunde davor, mit denen wir auch verhältnismäßig rasch vorwärts kamen. Vor dem großen Eisberg fanden wir kaum eine Veränderung vor. Wir bestiegen den unmittelbar nördlich von ihm gelegenen Berg und hatten von dort eine schöne Umschau über die Umgebung. Man sah kein Wasser, an zwei Stellen war dunkler Himmel über dem Horizont, aber kein offenes Meer. Nachdem wir uns umgesehen hatten, fuhren wir am Rande des Wakeneises noch etwas südlich, wo uns Philippi prächtige Stauwälle zeigte. Jüngere Schollen waren mit den Oststürmen gegen die festliegenden älteren des Wakeneises vorgedrungen und zu 5 bis 8 m hohen, aus zermalmten Blöcken getürmten Wällen zusammengeschoben. Davon ausgehend rissen einige Spalten in das festliegende Feld hinein, ohne dieses aber loszulösen.

Reich war das Tierleben in diesem Gebiet. Bei dem ersten Eisberg, auf dem wir gewesen, hatten wir acht Robbenmütter mit ihren Säuglingen liegen gesehen. Zwei davon wollten scheinbar angreifen, um ihre Jungen zu schützen, doch eine andere ließ es ruhig geschehen, daß wir uns näherten, zumal unsere Hunde verhältnismäßig vernünftig waren. Die jungen Robben waren hübsche Tiere, die teilweise noch die Nabelschnur trugen. Eine Robbe schwamm in einer breiten Spalte und lag darin furchtlos an der Wasseroberfläche. Rührte man sie an, so tauchte sie unter, um wenige Schritte weiter unter heftigem Strudeln des Wassers wieder oben zu erscheinen. Als ein junges Tier ins Wasser geworfen wurde, kroch die Alte ihm nach und schob es mit der Nase empor. Björvig half ihm auf eine Scholle hinauf, worauf die Alte behende nachkletterte. Die alten Robben blöken fast wie Kühe, während die Laute der Jungen mehr denen der Schafe gleichen. Bisweilen hört man von ihnen auch einen trillernden Laut, wenn man sich ihnen naht. Auch pfeifende Töne wurden vernommen, wenn sie unter dem Eis durch das Wasser schossen. Zwischen den Robben standen Kaiserpinguine umher oder schossen in unserer Anwesenheit aus den Spalten hervor. Über dem Ganzen schwebten Raubmöwen, um sich der Reste der getöteten Robben zu bemächtigen, wenn wir die Stätte verließen. Bald danach zeigten sich auch Kaptauben, Petersvögel und Riesensturmvögel, so daß jetzt das Tierleben immer reicher und reicher wurde.

Das Ergebnis dieses Ausflugs war, daß eine neue Schlittentour noch abgehen könnte, ohne ein Aufgehen des Eises während derselben befürchten zu müssen. Ihre Aufgabe war es, gegen Südwest über die Gebiete hinaus vorzudringen, über welche ich mit der letzten Schlittenexpedition in dieser Richtung gefahren war, um dort noch mehr vom Verlauf des Blaueises zu sehen. Diese Expedition kehrte früher als erwartet nach zehntägiger Abwesenheit am 5. November zurück. Sie hatte auf ihrem südwestlichen Kurs zunächst dieselbe lange Eismauer getroffen, an welcher wir einen Monat zuvor nach Südosten abgebogen waren, und diese dann mehrere Kilometer weit nach Westen verfolgt, wobei sie auf zusammenhängende Eismassen stieß, die sie für Inlandeis hielt. Den Rand der Eismasse, welcher mit dem Meereis in sanften Abhängen verschmolz und in welchen viele Buchten hineinführten, hatte sie gegen Südosten nicht ganz bis zur Breite des Gaußbergs verfolgt und darauf gegen Nordwesten zurück, ohne schon das nördliche Ende erreicht zu haben, welches noch nördlich von der Breite der »Gauß« lag. Dann kehrte die Expedition mit östlichem Kurs zu uns zurück.

Die erwähnte Eismasse war für uns eine wichtige und neue Erscheinung, die sofort zu einer weiteren Fahrt anregte. Ihr besonderer Zweck war, die magnetischen Verhältnisse der Station in ihren Veränderungen gegen Westen hin zu verfolgen, dann aber auch, an dem Rand der großen Eismasse Lotungen vorzunehmen, um die Frage zu entscheiden, ob diese schwamm oder nicht und ob sie mithin Inlandeis war oder nicht. Von der Eismasse selbst gab Bidlingmaier nähere Schilderungen, wonach sie schwamm. Um über ihre Natur und die anderen dadurch angeregten Fragen weiter Aufschluß zu erhalten, entschloß ich mich zu einer weiteren Entdeckungsfahrt. Diese währte vier Tage; wir brachen am 1. Dezember bei schönem Wetter auf und waren am 4. Dezember wieder zurück.

Die Sonne schien hell und heiß und erforderte dauernden Schutz der Augen und des ganzen Gesichts. Wir trugen rote Schleier, da sonst das Gesicht und namentlich die Lippen in Blasen und Risse zersprangen, die recht schmerzhaft waren.

Viele Pinguine, meistens die großen, schwammen am Rand einer Wake wie Robben im Wasser umher und sprangen gelegentlich auch in mächtigen Sätzen auf das Eis zu uns hinauf. Auch kleine Adelie-Pinguine waren dazwischen. Dicht dabei schwamm ein mächtiger Wal mit breitem Kopf, etwas fleckigem Fell und glatter Haut, die nur längere Rinnen zeigte. Wir konnten ihn aus

Während einer Schlittenreise

der geringen Entfernung von wenigen Schritten gründlich besehen. Sein Blaseloch war ein länglicher Trichter, in dem sich das Wasser sammelte, das er dann mit dem Atem emporblies. Etwas ferner von uns tummelten sich in der Wake noch andere Wale, die sich in munterem Spiel von Zeit zu Zeit in hohem Bogen mit dem ganzen mächtigen Körper aus dem Wasser emporschnellten.

Gegen Mittag hatten wir den Rand des Westeises erreicht, und zwar an einer Stelle, wo er sich mit einer 15 bis 20 m hohen steilen Eismauer über das Meereis erhob, an welcher deutliche Schich-

tung kenntlich war. Der Rand senkte sich nach Norden hin und
hatte bald nur noch 4 bis 5 m Höhe, um an einzelnen Stellen auch
ganz bis zur Meereisfläche herabzusinken. Schneewehen bildeten
Brücken von dieser hinauf, und in den Niveauverhältnissen zwischen Meereis und Westeis fanden keine Verschiebungen statt.
Beide hoben und senkten sich gleichmäßig mit den Gezeiten, so
daß wohl Risse durch die Wehen hindurchsetzten, aber nicht infolge von Verschiebungen der beiden Seiten daran, wie es am Inlandeis unter dem Einfluß der Gezeiten der Fall ist. Auch keiner-
lei Eisfußbildungen wurden bemerkt, kurz, alles vereinigte sich
zu der Erkenntnis, daß die Eismasse wie das Meereis schwamm.
Nach allem, was ich von dem Westeis sah, mußte ich schließen,

daß es eine heute nicht mehr mit dem Inlandeis zusammenhängende, abgestoßene, tote Eismasse ist – ein besonderer Typus, könnte man sagen, wie man ihn im Nordpolargebiet nicht hat, wie er aber im Süden häufiger zu sein scheint. Auch die Discovery-Expedition und Nordenskjöld scheinen in ihren Arbeitsgebieten solche Eisbildungen getroffen zu haben, die man weder für Inlandeis noch für Eisberge ansprechen wollte und die ein Zwischenglied zwischen beiden bilden, wie es auch unser Westeis tut. Seinem Charakter nach ist es ein Eisberg, weil es ohne inneres Leben und ohne eigene Bewegung nur passiv ist, während das Inlandeis durch eigene Bewegung Spaltensysteme und Bänderungen bildet, wodurch es seine Oberflächenformen wie sein ganzes Aussehen erhält. Nur seiner Ausdehnung wegen ist man versucht, das Westeis für Inlandeis zu halten, und es ist sicher auch ein ganz gewaltiger Eisberg, den wir darin zu erblicken haben, oder richtiger, eine Gruppe von Eisbergen, da die Grabenbrüche, die wir gefunden, wohl ursprüngliche Grenzen einzelner Berge bedeuten, welche durch Schneestürme oder Stauungen auf Untiefen und Bänken später nur zu einer einheitlich scheinenden Masse zusammengeschweißt sind.

Nach viertägiger Abwesenheit kehrten wir zum Schiff zurück, die ganze Zeit hindurch in erfreulicher Weise vom Wetter begünstigt. So war es die leichteste Schlittenreise, die ich gehabt, wenn man an die Schneestürme der früheren dachte. An Hundefutter war kein Mangel, denn Robben lagen überall auf dem Eis umher, und aus den Spalten sprangen Pinguine hervor, auch wenn wir uns ganz in der Nähe befanden, bisweilen mitten unter die Hunde, die diese Dreistigkeit natürlich mit unverzüglichem Morden bestraften. An unserem letzten Zeltlager hörten wir abends ringsum das Blöken der Robben, so daß man an heimische Almen erinnert wurde, wenn die Umgebung nicht gar so eisig gewesen wäre. Auch Adelie-Pinguine hatten wir reichlich getroffen und uns über ihre Dreistigkeit oder Frechheit gefreut. Einen davon suchte ich zunächst mit Sanftmut und dann mit Gewalt vor der Annäherung an unsere Hunde zu bewahren, doch ohne Erfolg. Das kleine Tier eilte immer wieder auf mich zu, obwohl ich es mit Fußtritten und Schlägen zurücktrieb, und die Szene endete damit, daß es schließlich an mir vorbeikam, die Hunde erreichte und unter deren Behandlung natürlich im Umsehen endete.

An der »Gauß« fanden wir trotz der kurzen Abwesenheit auch

einen merklichen Fortschritt in der Zersetzung. Wasserlöcher standen am Bug und am Heck. Die Wehen an der Westseite waren zusammengesackt, neben der einen dehnte sich eine häßliche Lache, die unter dem Einfluß von Pinguinblut und Abfällen aller Art entstanden war, sich in der Folgezeit noch mehr erweiterte und später Titicacasee hieß. An Bord war alles wohl. Die Zimmerleute arbeiteten an Reparaturen der bei früheren Reisen zerbrochenen Schlitten. Aus den Resten der Windmühle war eine Reppschlägermaschine konstruiert, auf welcher die Bootsleute Kabelgarn drehten. Vahsel hatte sich des Ruderbrunnens angenommen und die infolge der letzten Arbeiten zur Befreiung des Steuers vom Eis wieder entstandene Leckage von neuem gestopft. Stehr hatte den Lotungsdraht von der Maschine ab- und wieder aufgewickelt, um ihn zu revidieren und seiner für die Folgezeit sicher zu sein. Gleich am Tag nach unserer Rückkehr steckte ich mit Ruser den Weg ab, auf welchem dunkle Körper zur besseren Zerstörung des Eises gestreut werden sollten, da die Zeit jetzt dazu gekommen schien. Ich will bemerken, daß es besser gewesen wäre, wenn wir die Streuungen schon einen Monat früher begonnen hätten. Damals hielten uns noch die häufigen Schneestürme ab, weil wir dachten, daß das Gestreute in diesen wieder bedeckt werden und so verloren gehen würde. Die Besorgnis war aber grundlos, weil dunkle Körper bald auch aus neuen Schneedecken wieder emporkommen. Ich ging nun häufig umher, um die Wirkung der verschiedenen Körper zu betrachten, welche ausgestreut worden waren. Am stärksten wirkte Asche, wovon aber nur ein geringer Vorrat von sieben Eimer gesammelt worden war. Nächstdem wirkten am besten Trümmer von Korksteinplatten, was uns dazu bestimmte, noch vorhandenes, aber überflüssiges Korkmehl jetzt in Tran zu sieden, bis es schwarz war, und dann zu dem gleichen Zweck zu benutzen. Bis zur Länge eines Eispickels, also bis zu 1 m Tiefe, war unter solchen Korkstücken bald alles Eis gelockert. Die Wirkung ging auch noch tiefer hinab, als man oberflächlich sah, wie man merkte, wenn man mit dem Stock hineinstieß. Blut von Pinguinen hatte auch gewirkt, doch nicht so stark wie schwarze Körper. Faule Stockfische hatten unbedeutende Löcher erzeugt, weil sie zu groß geblieben waren und das darunter liegende Eis mehr schützten als zerstörten. Gute Wirkung taten verschimmelte graue Erbsen, und so wurde in der Folgezeit alles Erdenkbare benutzt, um diesen Weg zu erweitern. Die Matrosen fuhren

Tag für Tag die Materialien hinaus, so daß die Straße innerhalb eines Monats etwa vollendet war.

Die Wirkung begann sofort und hatte innerhalb eines Monats eine Wasserrinne von 1 bis 2 m Tiefe erzeugt. Da die Dicke des Eises aber im Durchschnitt 5 bis 6 m betrug, hatte es gute Wege, bis die Schmelzwirkung ganz hindurchkam. Immerhin war es erfreulich zu sehen und ein Gegenstand steter Aufmerksamkeit bei allen Mitgliedern der Expedition, wie die Rinne sich vertiefte und das Wasser sich mehrte, auch abgesehen davon, daß es eine Straße wurde, auf welcher sich bald Kajaks zum Vergnügen tummeln konnten und auf welcher später hier und dort, wo das Eis dünner war und die Schmelzwirkung hindurchkam, auch Robben emportauchten. Die stärkste Zersetzung war an der Westseite des Schiffes, wo man überall tief durch die Oberfläche hindurchtrat und häufig in Risse und Spalten hineinfiel, von denen man oben nichts sah. Der Grund hierfür lag, wie erwähnt, in dem feinen Ruß, der aus dem Schornstein in dieser Richtung abgezogen war und besonders kräftig gewirkt hatte, obgleich man von seiner Anwesenheit auf der Oberfläche kaum etwas merkte.

Antarktischer Sommer

Mit der Schlittentour zum Westeis endeten unsere weiteren Fahrten, während kürzere noch bis Ende Januar fortgesetzt werden konnten, teils zur Unterhaltung dienend, teils dem Einsammeln von Robben, von denen wir zu verschiedenen Zwecken gegen hundert gebraucht haben – teils zu wissenschaftlichen Arbeiten, Vermessungen, Fischzügen, magnetischen Beobachtungen oder anderen Zwecken. Mehr und mehr wurde mit aufsteigender Sonne unser Leben aber auf die Station beschränkt, wenn auch aus anderen Gründen, wie es im Winter gewesen. Die Zersetzung der Eisoberfläche nahm zu, jeder Schritt war mit großen Mühen verbunden, weil man tief einsank, und die Hunde selbst brachen überall durch. Weitere Fahrten verboten sich auch schon dadurch, daß die Spalten und Waken sich überall mehrten, so daß ein Aufgehen des Eises in Bälde zu erwarten war, wie wir es in unserem Interesse auch erhoffen mußten.

In diesen Beziehungen war unser Winterlager gänzlich anders beschaffen als das der englischen und schwedischen Expedition. Jene hatten feste Landpunkte, von welchen sie ausgehen und wohin sie auch sicher zurückkehren konnten, nach denen sie vor allem auch ihre Kurse zu legen vermochten. Wir dagegen lagen vor einer offenen Küste in einem unübersichtlichen Eisberggewirr, in welchem eine Stelle der anderen glich, und wo man nichts wiederfand, wenn der Kompaß versagte. Vor allem aber lagen wir noch an 90 km vom Land entfernt, hatten mithin bei jeder Schlittentour eine Auflösung der Rückzugslinie gewärtigen müssen.

Wohl hatte die Zeit uns der Festigkeit unserer Lage vertrauen gelehrt, doch es lag kein Anhalt darüber vor, wie lange sie dauern würde. Dazu schritt die Zersetzung des Meereises, in dem wir eingeschlossen lagen, kräftiger und in anderer Weise als die des Landeises, nämlich durch Vordringen des Meereswassers, auch von unten her fort, was freilich weniger die Auflösung des ganzen als eine Schwächung und damit wesentliche Verkehrshindernisse zur Folge hatte. So sind wir für unsere Schlittenreisen nicht auf den Sommer, sondern auf Herbst und Frühjahr, teilweise noch auf den Winter angewiesen gewesen, was auch dadurch nicht widerlegt worden ist, daß wir später bis Mitte Februar hin an dieser Stelle verbleiben mußten. Denn das Eis war im Sommer nicht fest und nicht locker. Allen Anstrengungen, mit dem Schiff hindurchzubrechen oder mit Sprengmitteln Öffnungen zu schaffen, hat es bis in den Februar hinein widerstanden, und es hätte uns auch nimmer freigegeben, wenn die Natur nicht geholfen hätte. Andererseits war es im einzelnen aber so locker, daß es den Verkehr und alle Arbeiten darauf außerordentlich erschwerte.

Naturgemäß haben wir, als die Zeichen der Lockerungen zunahmen, Vorbereitungen treffen müssen, um das Schiff und die Expedition für den Fall der Auflösung des Eises instand zu setzen. Die beiden Kessel waren schon Mitte November gefüllt, die Segel wurden getrocknet und die Gestänge der Masten entfernt, um für die Fahrt durch das Eis weniger Angriffspunkte für den Wind zu haben und so das Abtreiben zu vermeiden. Die Füllung der Kessel geschah selbstverständlich mit Eis, welches durch kleine Sprengungen in der Nähe des Schiffes gewonnen wurde. Von wissenschaftlichen Arbeiten wurde auf der Station noch erledigt, was fehlte. Mitte Oktober hatte ich vollständige Beobachtungen der Schwerkraft vornehmen können, welche die ersten

Nachrichten über die Größe der Schwerkraft in hohen südlichen Breiten bringen werden.

Außerdem erfolgten Meeresuntersuchungen, die in Schöpfzügen Philippis und in der Beobachtung von Temperaturreihen mit Thermometern und auch mit dem Siemensschen Widerstandsthermometer bestanden. Hierbei passierte es, daß die Isolierung des Kabels verletzt wurde, wie man vermutete, durch den Biß einer Robbe. Vanhöffen hatte reichliche Fänge gemacht. Am 18. Oktober waren Salpen gefangen, als Warmwassertiere bekannt, die vermuten ließen, daß ein anderes Wasser nun zu uns hinabzudringen begann. Das Plankton wurde Ende Oktober reichlicher, hatte freilich noch keine Diatomeen, die erst am 10. November in Fülle erschienen. Um den 19. November wurde viel Fischbrut gewonnen und auch von ausgewachsenen Fischen schöne Exemplare verschiedener Arten gefangen. So zeigte auch die Meeresfauna einen Fortschritt zum Sommer, der vor allem auch bei den Robben ersichtlich war, deren Gebärzeit mit dem Oktober abschloß, wobei noch konstatiert werden konnte, daß das Gebären auf dem Eis erfolgt. Jetzt machten einzelne Tiere längere Wanderungen über das Eis, vielleicht auch, um den Kämpfen in der Paarungszeit zu entgehen.

Auch das Vogelleben wurde reicher. Am 1. November war die erste Kaptaube erschienen. Am 13. kamen Adelies bis zum Schiff heran und flößten unseren jungen Hunden, die mit ihnen ebenso wie mit den ruhigen Kaiserpinguinen zu spielen versuchten, nicht geringen Schrecken ein, als sie in großer Lebhaftigkeit mit ihren starken Schnäbeln auf sie zuschlugen. Mehrere davon wurden nun an Bord gehalten und gewährten uns viel Unterhaltung. Sie sind lange nicht so schön wie die großen. Ihre Füße sind fleischrot, ihr Rücken grau meliert wie bei den Kaiserpinguinen, ihr Kopf ist ebenfalls schwarz, die Brust rein weiß und ohne den schwarzen Seitenstreifen. Der Schnabel ist kurz und dick, ohne weitere Schattierungen. Charakteristisch sind die weißen Ringe um die Augen, die den Adelies ein boshaftes Aussehen geben, das auch ihrem Charakter entspricht. Da Vanhöffens Geburtstag bevorstand, versuchte Gazert die Stimme der Pinguine mit dem Phonographen aufzunehmen, was in Einzelheiten auch gelang, wobei die Tiere allerdings sehr geärgert werden mußten, ehe sie ihre Stimme erschallen ließen, und auch dann wurde es nicht ganz so, als wenn sie freiwillig geschrien hätten.

Die meteorologischen Arbeiten konnten im November verein-
facht werden, da die Registrierapparate nun besser funktionierten. Doch drohte die meteorologische Hütte zu versinken. Sie
hatte früher auf einem Eishügel gestanden, mußte jetzt aber versetzt werden, weil sie im Wasser stand. In den Observatorien und
auf dem Schiff tropfte das Wasser; im magnetischen Variationshaus senkte sich die Decke unter dem Einfluß der Wärme. Sie
wurde dann oben mit Schnee beschüttet, was aber nur den Erfolg
hatte, daß auch dieser taute und Wasserströme sich in das Innere
ergossen.

Das Wetter war anhaltend schön, so daß man Ende November
leichtere Kleidung verwenden konnte. Die dicken isländischen
Wollwesten wurden abgelegt und statt ihrer leichte Sweater gewählt. Im Schiff wurde es unter dem Einfluß der Tranlampen, die
wir noch nicht entbehren konnten, häufig so heiß, daß mehr Ventilation notwendig wurde.

Die mausernden Kaiserpinguine – die kleinen Adelies hatten
wir im Jahr vorher erst im Februar, also zwei Monate später,
mausernd gesehen – welche in allen möglichen Kleidern vor uns
erschienen, zur Hälfte im Daunenkleid, zur Hälfte schon mit frischen Federn, und in mannigfachen anderen Kombinationen, erregten viel Interesse. Mehrfach hatten sie nur noch dicke Dau-
nensäcke unter den Augen, unter dem Schnabel oder auf dem
Kopf.

An Gesteinen wurde im Dezember viel gesammelt. Sie fanden
sich auf den Oberflächen der Eisberge verteilt, aber nur auf solchen, welche nicht tafelförmig waren, oder auch im Innern eingeschlossen, in deutlich geschichteten Bändern oder an unregel-
mäßigen Lagen, die in verschiedenen Richtungen die Eisberge
durchsetzen. Wo der Schutt auf der Oberfläche lag, war er vielfach schon auf sekundärer Lagerstätte und rührte dann von dem
Zusammenschmelzen früherer Bänder her. Wo er im Innern auf-
trat, war er häufig in ganz verschieden gerichteten Lagen ange-
ordnet, die sich auch nicht mehr auf primärer Stätte befanden.
Früher zusammenhängende und gleichgerichtete Lagen waren
zerbrochen und in ihren Bruchstücken anderweitig wieder zusammengeschweißt. Petrographisch bestand im allgemeinen
große Einförmigkeit. Ein einziger Berg gab Quarzite her, sonst
war alles altkristallin. Die Quarzite waren fein geschichtet, wie
man an frischen Bruchflächen erkannte.

In größerem Umfang wurden jetzt auf weiteren Touren von Gazert und mir im Dezember Eisbergstudien angestellt. Ich erinnere mich heute noch mit Vergnügen der vielen Tagestouren, welche uns an den Eisbergen und Schollen in der Umgebung der »Gauß« umherführten und der eingehenden Betrachtung der verschiedenen Bildungen galten. Im Laufe des Monats wurden diese Ausflüge jedoch immer schwerer, weil die Eisoberfläche so zerfiel, daß man mit jedem Schritt einbrach, oft auch bis in das Wasser hinein. Im Januar war es überhaupt nicht mehr möglich vorwärtszukommen, es sei denn, daß man Schneeschuhe nahm, welche in jener Zeit ein absolutes Bedürfnis wurden. Da das Eis in der Umgebung der »Gauß« für den Gebrauch der norwegischen Skier aber nicht günstig war, wenn die Schneewehen große Strecken auch völlig ausgeebnet hatten, so blieb es einigermaßen schwierig.

Vergnügen machte uns bei solchen Touren stets auch das Tierleben, jetzt namentlich die Robben, welche an besonders günstigen Stellen bis zu Mengen von 50 verteilt lagen und sich durch uns und die Hunde nicht stören ließen. Die Hunde pflegten sich zunächst auf die großen Tiere zu stürzen, konnten ihnen aber dann wenig anhaben und wichen zurück, wenn die mächtigen Robben sich erhoben oder schnell gegen sie drehten. Das Fell der Robben bietet den Hunden wenig Angriffspunkte. Paul Björvig machte in dieser Beziehung Versuche, indem er den Hunden ein Robbenfell zu durchbeißen gab und stellte fest, daß sie verhältnismäßig wenig eindringen konnten. Ende Dezember hatten wir für unseren Bedarf über 70 Robben gesammelt, um ihre Felle teils zur Kleidung und teils als Schneedach des Schiffes für den nächsten Winter, wenn wir fest bleiben sollten, zu benutzen. Björvig hatte sie geeignet dazu präpariert.

Die Zersetzung des Eises war jetzt ja überaus stark. Mitte Dezember stieg die Temperatur auch in der Luft über 0 °C, am 21. hatten wir Regen. Die Lachen auf der Eisoberfläche wuchsen an Zahl und Größe, die Seen neben dem Schiff vereinigten sich, Spalten rissen und Robben kamen aus ihnen hervor, kurz – es gab eine Menge Spuren dafür, daß das Eis sich löste, aber kein Anzeichen, daß wir freikommen würden. Diese Umstände wirkten zusammen, um damals ungeduldige Stimmungen zu erzeugen, die sich jedoch bald beseitigen ließen. Einen Grund dieser Vorgänge sah ich auch darin, daß bei der gegenwärtigen Entwicklung unse-

rer Schiffahrt die Mannschaften sonst wohl nicht lange auf demselben Schiff und in derselben Stellung zu bleiben pflegen. Mit
unserer Mannschaft jedoch konnte man alles erreichen, was zu erreichen war, wenn man auf sie einging und mit ihr lebte.

Am 24. Dezember nachmittags bauten wir den Weihnachts-
tisch auf, bei hellem Sonnenlicht draußen, das in einzelnen Strahlen auch in das Innere des Schiffes hineindrang. Geschenke waren dank der Freigebigkeit unserer Freunde in der Heimat noch
reichlich vorhanden. Jeder von uns erhielt die für ihn besonders
bestimmten Pakete, wozu als hochwillkommene Gabe je 10 Virgi-
nias kamen, welche die Wiener Geographen gespendet hatten, je
10 lange Holländer und je 25 Havannas, welche uns andere Spen-
der gesandt hatten. Der Gesangverein hatte Lieder vorbereitet,
und es klang harmonisch und schön, wie »Stille Nacht, heilige
Nacht« jetzt auf dem Höhepunkt des langen polaren Sommer-
tages erscholl.

Die letzten Tage des Dezember wurden dazu benutzt, um das
Schiff zu säubern, nachdem am 28. das Schneedach abgenommen war, welches uns 9 Monate überdeckt hatte, so daß wir die
Wohltat empfanden, in den Kabinen und in dem Salon die Tranlampen wenigstens gelegentlich auslöschen zu können. Ferner
wurde der Eingang nach Westen, welcher bei den Oststürmen die

Die Norweger und Schweden der Mannschaft

einzige Möglichkeit geboten hatte, das Schiff zu verlassen, eingezogen, weil die Abfälle durch das Fortschmelzen der Oberfläche dort so angehäuft waren, daß sie unangenehm zu passieren waren. Der Eingang wurde nun an die Ostseite verlegt, weil die Stürme aus dieser Richtung jetzt seltener waren. Am 30. Dezember wurde Proviant ausgepackt, und zwar die neunte der Gruppen, die für je zwei Monate reichten. Das Deck wurde aufgeklart, Kajaks und Schlitten ins Zwischendeck hinuntergebracht und alles gereinigt, so daß die »Gauß« danach in ihrer ursprünglichen Schönheit erschien.

Die Neujahrsfeier wurde fröhlich begangen und war sicher das ausgedehnteste Fest, das wir gehabt. Aus der Festzeitung bereitete die Erforschungsgeschichte des Titicacasees besonderes Vergnügen, jener großen Lache an der Westseite der »Gauß«, wo die meisten und dunkelsten Abfälle gelegen hatten. Sonst wurde Zinn gegossen, Glück gegriffen und Lieder gesungen, und zwar bei Tageslicht in den Messen, bis oben an Deck die Neujahrsglocke erklang. Als ich hinauftrat, von der Mannschaft, die oben auf Kohlenfeuer Zinn geschmolzen und andere Scherze getrieben hatte, mit einem frohen »Prosit Neujahr« begrüßt, war der Himmel noch bewölkt, wenn auch taghell, doch gerade jetzt trat im Süden die Sonne hinter einem Eishügel hervor, um einen strahlenden Neujahrsgruß über die blitzenden Eisflächen zu senden. Es war ein gewaltiger Eindruck, den mir dieses Zusammentreffen erregte, nach den trüben Tagen, dem wolkigen Himmel und den wilden Stürmen des alten Jahres ein leuchtender Sonnenstrahl für die Zukunft.

Lange stand ich auf der Kommandobrücke und sah mit Bewunderung, wie sich Eisberge und Schollen durch die Sonne belebten, und gleichzeitig kamen im Innern Hoffnungen und Pläne für die kommende Zeit auf. Neben dem Schiff wurden die Hunde lebhaft und äußerten ihre Freude durch ein markerschütterndes Geheul, das die Stille der Polarwelt durchdrang. Dann ging ich hinunter, wo gerade dieser und jener aus seiner Kabine von Proviantmitteln herbeischaffte, was er noch hatte, da die offiziellen Getränke erledigt waren. So wurde es Morgen, ehe wir zur Ruhe kamen.

Das neue Jahr begann mit ernstlichen Erwägungen, was zu unserer Befreiung noch geschehen könnte, da die Zersetzung des Eises trotz ihrer Stärke im einzelnen die Lösung des Ganzen wenig gefördert hatte. Jetzt waren Wasserlachen schon wieder fest, und auch das Einschmelzen der Schuttstraße schien ein Ende erreicht zu haben.

Das Schiff war für alle Fälle gerüstet. Die Kessel waren gefüllt, die Trinkwasserbehälter mit Eis versehen, das allmählich zerging, und die Vorräte bei dem jetzt verfügbaren größeren Raum so übersichtlich geordnet, daß man sie auch schnell aufs Eis schaffen konnte, wenn es das Schicksal verlangte. Eine Maschinenprobe, auch um zu erkennen, welche Wirkung die Schraube auf das zersetzte Eis ausüben könnte, war am 16. Dezember erfolgt. Die Maschine hatte langsam angedreht und war in kürzester Zeit in bestem Gang gewesen. Innen war also alles in Ordnung, doch außen strudelte das Wasser gegen das Eis, überflutete seinen Rand und drang auch in die Spalten und Löcher hinein, so daß ein längere Zeit festgeklemmtes Netz dadurch frei kam, auch einzelne Eisblöcke tauchten empor und nicht minder Sägespäne aus den Fugen des Schiffes. Doch dieses selbst rührte sich nicht, und als nach viertelstündigem Gang die Maschine wieder stillstand, war alles auf demselben Fleck und unbewegt wie zuvor, so daß uns hieraus keine Aussichten entstanden.

Auch Sprengungen größeren Umfangs waren zur Probe vorgenommen worden. Eine Kapsel mit 7 kg Roburit wurde mit Hilfe von Bambusstangen von der geodätischen Spalte aus unter min-

Arbeiten zur Befreiung aus der Umklammerung des Eises

destens 3 m dickes Eis geschoben und elektrisch entzündet. Aber ein Aufbruch des Eises erfolgte nicht, nur die Ränder der geodätischen Spalte waren ein wenig zusammengebrochen. Am folgenden Tag wurden die Versuche mit 8 kg Pikrinsäure an derselben Stelle wiederholt. Die Wirkung war eine andere, denn man sah dort, wo die Patrone gelegen hatte, die ganze Eisdecke sich heben und verspürte einen einzelnen, kurzen Stoß. Nach kurzer Zeit war diese Wirkung aber wieder verschwunden und alles durch die im Eis zirkulierende Lake von neuem zusammengeschweißt. Die Sprengmittel können eben im Polareis wenig ausrichten, weil sich die Lücken immer schnell wieder schließen. Bei der Dicke des Eises, welches die »Gauß« umgab, war damit garnichts zu erreichen. Später kamen wir darauf, Sprengmittel in kleinen Dosen zu verwenden, nämlich, um bei Abgrabungs- und Sägearbeiten nachzuhelfen, und haben hierdurch wesentliche Erleichterungen gehabt, während bei der Verwendung von größeren Mengen die Wirkung mit der starken Detonation, die sie erzeugen, verraucht.

Am 3. Januar wurden große Mengen von Riesensturmvögeln auf dem Ostfeld gesehen und dienten in den nächsten Tagen unseren Leuten zur Belustigung, indem sie sie mit Schlitten und Hunden jagten. Die Tiere hatten sich an den herumliegenden Abfällen von Robben und Pinguinen bisweilen so vollgefressen, daß sie sich nicht mehr erheben konnten. Sie liefen dann über die Eisfläche, ließen sich aber mit Hunden einholen und fangen. Es waren mächtige Tiere, deren Flügelspanne über zwei Meter betragen mochte, von grauer und brauner Färbung, am Kopf hellere Töne. An einer Stelle sah ich drei von ihnen um einen kranken Pinguin herumstehen und auf seinen Fall warten. Der Pinguin stand blutig da und mit geneigtem Kopf, bis sein Leben erlosch. Dann fielen die Sturmvögel über ihn her.

Von Anfang Januar an hatten wir auch größere Mengen von Fischen als zuvor. Besonders die jungen Tiere pflegten sich in den Löchern des Eises zu verstecken, aber auch die älteren zogen sich mit dem Kopf in Löcher zurück, wenn sie verfolgt wurden. Augenscheinlich verstecken sie sich in dieser Weise vor den Robben, wie man daraus entnehmen konnte, daß sich in den Robbenmägen vielfach Fische ohne Schwanz vorfanden und andere mit vernarbtem, ausgeheiltem Schwanz, der vielleicht abgebissen war, während er aus den Löchern hervorsteckte. Die größten Fische aller Arten waren nicht mehr als 30 cm lang. Sie traten im Januar so reichlich auf, daß wir mehrere Mahlzeiten davon hatten. Die Tiere schmeckten vortrefflich, so daß wir nur bedauerten, sie nicht noch öfter genießen zu können.

Zu den Vorboten einer Lösung des Eises gehörten auch zwei Wale, die in der Wake östlich von der »Gauß« erschienen, nachdem wir fast ein ganzes Jahr keine gesehen hatten. So war es im ganzen deutlich, daß im Meer eine Veränderung vorging, welche sich durch Temperatur- und Salzgehaltsmessungen allerdings nicht nachweisen ließ. Auf der Eisoberfläche verschoben sich die Höhen, denn wo die Wärmewirkung am kräftigsten war und der Schnee feucht wurde, so daß der Oberfläche größere Mengen verlorengingen und als Wasser zu Tiefe sickerten, tauchte die ganze Eismasse dadurch empor. Die Höhenveränderungen hatten zur Folge, daß veränderte Neigungen auf der Eisoberfläche entstanden, so daß zum Beispiel die großen Lachen neben dem Schiff mit der Zeit immer mehr entleert wurden. Gelegentlich sind bei diesen Niveauverschiebungen im Eis auch Brüche entstanden, und vor allem war es bemerkenswert, als gegen Mitte Januar alle möglichen Gegenstände emportauchten, die im vergangenen Herbst neben dem Schiff gestapelt und dann von Schnee bedeckt worden waren. Hier erschien eine alte Tür, dort eine Kiste und auch Schlittenproviant tauchte empor, den man längst verloren gegeben. So wartete ich darauf, daß in der großen Wehe am Heck auch die versunkenen elektrischen Thermometer zurückkehren würden, doch war das vergeblich: Nur ein Loch entstand, wo früher Stehrs Mausoleum gelegen, und weitete sich mit der Zeit bis zum Meer hindurch.

Die weitere Öffnung der Spalten wurde im Januar mehrfach zu Kajakpartien benutzt, wenn es auch nicht sehr bequem war, in den engen Spalten sich entlang zu stoßen. So ist es passiert, daß zwei Mitglieder kenterten, da sie die Unvorsichtigkeit begingen, jenseits eines Hindernisses, welches den Weg versperrt hatte, mit dem Kajak vom Eis ins Wasser hinabgleiten zu wollen. Der Erfolg war, daß beide Kajaks umschlugen, und es war nur der Geistesgegenwart des einen Inhabers zu danken gewesen, daß er sich aus dem gekenterten Kajak zu befreien vermochte, während er in der engen Spalte mit dem Kopf nach unten stand. Er kam glücklich zur Oberfläche empor, schwamm in der Spalte entlang, bis er eine niedrige Stelle fand, an der er auf das Eis hinaufklettern konnte, und befreite dann seinen Begleiter aus einer ähnlichen Situation.

Am 20. Januar kam ein Ostwind auf, der alle Hoffnungen zu zerstören schien. Das Wetter war vorher trocken gewesen und dazu benutzt worden, um die Taue und Wanten der »Gauß« zu teeren, wobei sich zeigte, wie sehr alles ausgetrocknet war, da größere Mengen Teer fast gierig verschlungen wurden. Nun aber brach ein Ostwind mit Niederschlägen herein und dazu ein Schneetreiben, das an die ärgsten Zeiten des Winters erinnern konnte. Es begann vormittags und raste den ganzen Tag mit elementarer Gewalt. Das Schiff war jetzt von keinem Schneedach geschützt, und so war am Abend das Oberdeck so dicht unter Schnee, daß die Türen verbaut waren und man nur mit großer Mühe hinauskommen konnte, wie einst im Mai. Die Hunde flüchteten an Deck, und Paula barg ängstlich ihre neugeworfenen Jungen. Vom Eis wurde nach Möglichkeit geborgen, was in unserer Sorglosigkeit schon liegengeblieben war, und von neuem begann der stündliche, meteorologische Beobachtungsdienst, da alle Instrumente verschneiten. Im Schiff wurde es feucht, und unangenehm berührte auch die Nässe des Schnees, der anfangs an Deck schmolz und erst später liegenblieb. Der Barometerstand war außergewöhnlich tief. Wir hatten einen solchen Sturm lange nicht mehr gehabt, der letzte im Dezember war bei weitem nicht so schlimm gewesen.

Am Abend des 20. schien es besser zu werden, doch begann es dann von neuem und hielt die Nacht über an, noch am 21. früh wurden Stärken von 7 bis 9 nach der Beaufortskala erreicht. Wieder überschritten die Wehen das Schiff und alle Abgrabungsarbeiten, die bis dahin erfolgt waren, gingen verloren. Die Spalten wurden verschlossen und man konnte darüber hinweggehen, als ob sie nie existiert hätten. Trübe gingen wir am Nachmittag des 21. Januar, als es besser geworden war, über die Eisflächen hin und sahen, daß wir wieder auf dem Fleck waren, wie sechs Monate zuvor. Es war wohl die allgemeine Empfindung, daß dieser Sturm unsere definitive Festlegung für den zweiten Winter bedeute. Unter diesen Verhältnissen reiften Pläne, die ich seit einigen Wochen verfolgt und auch schon meinen Gefährten dargelegt hatte. Sie gingen einmal dahin, Vorkehrungen für den zweiten Winter an derselben Stelle zu treffen und zweitens, die Unternehmungen vorzubereiten, welche durch den zweiten Winter sonst noch erforderlich würden.

Drift im Scholleneis

Wer konnte sagen, wann das Eis an der »Gauß« überhaupt aufgehen würde? Dem zweiten Winter konnte der dritte folgen und dem dritten der vierte, bis die Widerstandskraft der Expedition, an derselben Stelle zu verharren, nicht mehr ausreichend war. Am 12. Januar wurden die ersten Vorversuche zur Befreiung der »Gauß« begonnen, in einem Abgraben der Schneewehen an der Westseite des Schiffs bestehend, wozu die Beteiligung aller Leute notwendig war. Die Wehen waren hart, doch noch nicht gänzlich vereist. Sprengschüsse mit je 250 Gramm Pikrinsäure halfen zur Zertrümmerung, worauf sich die losen Blöcke besser entfernen ließen. Sie wurden in den Titicacasee geworfen, um dort zu schmelzen, was zunächst auch gelang. Nach zweitägiger Arbeit war die Westwehe abgetragen.

Mittlerweile wurden die wissenschaftlichen Stationen schon teilweise aufgelöst. Die im Eis versenkten Thermometer wurden am 28. Dezember entfernt, nachdem die Eisdecke durch die ganze Dicke hindurch die gleichmäßige Temperatur von null Grad angenommen hatte. Ende Januar wurde mit dem Sägen des Eises begonnen, und zwar auf Wunsch von Kapitän Ruser in der Mitte des Schiffes im Osten. Tag für Tag wurde nun gesägt, gerammt und gesprengt. Das Eis war 5 bis 6 m dick und auch unter das Schiff gekeilt. Sprengschüsse wurden in Rissen oder vorher gebohrten Löchern bis zur Mitte der Dicke des Eises gesetzt und elektrisch gezündet. Sie zertrümmerten das Eis, daß die Blöcke dann leicht entfernt werden konnten, und gaben mitunter so heftige Erschütterungen, daß einmal die Lampe in Vanhöffens Kabine aus ihrem Rahmen herabsprang.

In dieser Situation wurde uns die Freude zuteil, daß die Berge im Osten bis auf zwei davonzogen, und zwar unvermutet, ohne merklichen Anlaß, wie ihre Vorgänger so akkurat und ruhig aus dem Scholleneis ausbrechend, daß in diesem selbst zu unserer Betrübnis auch nicht die geringste Zerstörung zu bemerken war. Sie trieben gegen Nordosten hin und blieben in nicht weiter Ferne wieder liegen, so daß sie noch nach Tagen zu sehen waren. Wenige Tage später meldete der Matrose Noack, daß die geodätische Spalte, an der er gerade fischte, sich plötzlich stark erweitere. Um

2 Uhr hätte die Breite etwa 5 m betragen, um 4 Uhr schon über 6 m, und ich fand, sofort hinausgehend, schon über 12 m vor.

Bidlingmaier und Ott waren noch unterwegs, doch Ruser hatte sie aus der Aussichtstonne des Mastes verfolgt und traf bereits die nötigen Vorkehrungen, um sie zurückzuholen, falls sie abgeschnitten würden. Man sah ihren Schlitten schon zurückeilen, doch man sah auch das Scholleneis, über das sie fuhren, zerbrechen und sich auseinanderziehen. Als sie das ebene Ostfeld überwunden hatten und das zusammengeschobene Eis erreichten, in welchem wir lagen, war die Spalte an dessen Rand, die auf dem Hinweg noch ganz schmal gewesen war, schon 1 $\frac{1}{2}$ m breit. Ott schob den Schlitten hinüber und sprang dann nach, doch für Bidlingmaier, der nachgeschoben hatte, war es schon zu breit. So wurde schnell nach Süden ausgebogen und dort noch eine Stelle gefunden, wo auch er glücklich hinüberkam. Wo der Schlitten passiert hatte, war die Spalte nun schon über 5 m auseinandergezogen; sie hatten aber das noch unzerbrochene Eis um die »Gauß« jetzt erreicht und waren nach kurzer Zeit bei dem Schiff. Alles versammelte sich nun auf der Brücke, um die Veränderungen zu beobachten, die um uns vorgingen, ohne daß eine Kraft bemerkbar war, die sie bewirkte. Am großen Tafelberg entstand eine Wake; der Bohrberg, auf welchem noch Thermometer lagen, schwankte hin und her, und der Kuhlemann zog bereits gegen Osten hin fort. Der Steinberg und der Eckberg folgten. Während die beiden in 6 km Abstand von der »Gauß« im Osten verbliebenen Berge noch festlagen, verschwanden die andern, welche sich weit näher an uns zwischen jenen und dem Winterlager befanden. Das ebene Wakenfeld des Ostfelds war kreuz und quer von Rissen durchteilt, und durch diese zogen die Eisberge fort bei stillem Wetter, von Kräften getrieben, die man nicht sah. Überall entstanden große offene Stellen. Nach Westen griffen die Spalten nördlich von der »Gauß« bis zur geodätischen Spalte hin und in derselben, die sich südlich verbreiterte, auch nach Süden hinab. Im Meer herrschte Dünung, wie man am Schiff verspürte, denn dieses knarrte in seinen Fugen, und in den Seen daneben tauchten Schollen empor, neue Risse waren auch hier entstanden. Wir selbst aber blieben noch fest; ein Weg zum offenen Meer zeigte sich heute noch nicht, wenn um uns herum auch alles gelöst war.

Bidlingmaier und Ott mit sechs Mann bargen die Instrumente aus dem Pinguinberg, während Noack die Reusen holte. Zunächst wurde alles lose auf Deck gestellt. Wir andern verblieben auf der Brücke und sahen dem großartigen Schauspiel zu, dem stillen Walten von Kräften, auf die wir kaum mehr gehofft. Die ganze Mannschaft stand auf dem Quarterdeck und war auch teilweise in die Masten geklettert. Sie sahen im Süden, im Osten, im Westen, im Norden Wasser entstehen und jubelten laut. Es war ein großer Moment, den wir alle herbeigesehnt hatten und von dem doch keiner wußte, wie er eintreten würde. Kein Westwind, auf den wir gehofft, kein Ostwind, den wir gefürchtet, brachte sie mit sich, sondern lediglich die Kräfte des Meeres von innen heraus; Strömungen, von kosmischen Kräften getrieben. Und die Zersetzung des Eises, von der Sonne gebracht, lange schon ringend im ewigen Spiel und nun endlich zum Erfolg geführt. Die Zeit war gekommen, und das Eis mußte gehen.

Am 5. Februar trat Westwind ein, der sich abends verstärkte und wie gewöhnlich unerfreulich kalt war. In diesem Wind war es, als wir plötzlich von Westen her ein lautes Knacken und Brechen vernahmen, welches die Stille der Polarwelt durchdrang. Wir gingen zur geodätischen Wake, um dem Ort des Geräusches näher zu sein, und sahen von Westen her Scholleneis gegen uns antreiben und das 4 m dicke Neueis der Wake vor sich herschieben. Diesem Schieben entsprang das laute Geräusch. Am nächsten Tag waren wir sichtlich weiter nach Norden getrieben, so daß wir das Nordende der Westbank vor uns sahen und an ihren Bergen Eisansätze erkennen konnten, bei denen es aber zweifelhaft war, ob es Eisfuß oder Scholleneisansätze wären, ob die Berge mithin festlagen oder nicht. Wahrscheinlich war das letztere. Das Wetter war still und sonnig, niedriger Eisnebel lag auf der Oberfläche, stellenweise zu dunkelblauem Wasserhimmel verdichtet.

Für uns drängte jetzt alles zur Entscheidung, und die nächsten Tage mußten erweisen, ob wir festbleiben oder freikommen sollten, und es war vielleicht etwas mehr als Zufall, wie eine Vorahnung, die mir am Abend des 7. Februar die Prophezeiung entlockte: »Morgen kommen wir frei!« und mich in der Nacht auch mit solchen Träumen erregte. Die Voraussagung wurde von Vanhöffen mit der Frage entgegengenommen, ob ich mir dieses Geburtstagsgeschenk bestellt hätte, und doch sollte es danach geschehen.

Der nächste Morgen brachte Eisnebel ringsumher, bei leisem West und bitterer Kälte, die noch um sieben Uhr morgens elf

Grad überstieg. Im Laufe des Tages kam die Sonne hervor, und es wurde zeitweilig klar. Nur darin lag etwas Neues, daß draußen im Eis ein Tönen und Knarren zu merken war wie noch niemals zuvor. In den Seen am Schiff herrschte heftige Dünung. Aus dem Loch, in welchem meine Widerstandsthermometer versunken waren, flutete das Wasser hervor und wieder zurück. Der Riß an Backbord erweiterte sich und desgleichen auch jener am Heck. Die Spalten am Pinguinberg arbeiteten stark, und am Rand der geodätischen Wake brach sich das Wasser in dem Steigen und Senken der Flut. Es war Leben im Eis und in uns die Ahnung, daß die Befreiung bevorstand.

In dieser Situation war es, als wir plötzlich zwei kurz aufeinanderfolgende Stöße verspürten. Der erste ließ mich mit der Tasse am Mund stocken, und ich lauschte gespannt. Als der zweite aber gleich darauf folgte, war es wie eine Offenbarung, und mit dem Rufe: »Das Eis bricht!«, stürzte ich an Deck, und mit demselben Ruf war auch sofort die Messe entleert und die Mannschaft vereint und alles mit einem Schlag, wie beordert, oben versammelt, in den Aufzügen, in welchen jeder gerade gewesen: Der Stoß des Eises hatte alle erregt. Oben fanden wir schon eine Kehle zwischen dem Eis und der Westseite des Schiffes und die Spalte an der Ostseite weiter wie zuvor und ebenso auch die Spalte am Heck.

»Alles einziehen!«, lautete der schnelle Befehl, und im Umsehen war die Mannschaft, Offiziere und Gelehrte, über das Eis verteilt. Es fehlten noch drei Leute, die mit den Kajaks unterwegs waren, und von denen man auch vom Mast aus nichts sah. Es wurden Flaggen gehißt, mit Gewehren geschossen und mit der Dampfpfeife getutet, und glücklich genug wurden sie auch bald bemerkt, wie sie gegen den wachsenden Ostwind ankämpfend, den Rand unseres Feldes zu erreichen strebten. Um das Schiff herum arbeiteten alle mit größter Anstrengung. Bidlingmaier holte seine letzten Instrumente, Gazert brach die meteorologische Station ab, Philippi photographierte, die Mannschaft zog die auf dem Eis liegenden Gerätschaften ein. Die Hunde wurden unter fürchterlichem Heulen durch die Norweger an Bord gebracht und gezerrt, so daß auf Deck ein wildes Getümmel und Beißen und Kämpfen entstand.

Gleich nach 4 Uhr waren die Kajaks glücklich an Bord, um 5 Uhr wurden die letzten Leute am Bug des Schiffes mit Seilen

herübergeholt. Sie hatten dort noch Vorräte an Speck und Holzmaterial bergen wollen, doch gelang es nicht mehr. Die Spalten
erweiterten sich jetzt schnell. 1 ½ Stunden nach dem ersten Stoß
mußte das Eis verlassen werden und alle an Bord bleiben. Nun
begann die Arbeit mit dem Schiff, das von dem Eisfuß im Westen
herabgeglitten war. Um 5 Uhr waren die ersten Maschinendre-
hungen erfolgt, langsam zunächst, doch mit allgemeiner Spannung erwartet, und nun schnell mit wachsender Kraft. Ein Riß
war in der Richtung unserer Schuttstraße entstanden, klaffte aber
noch nicht weit genug, um der »Gauß« Durchgang zu gestatten.

Der Wind nahm an Heftigkeit zu und drohte, die Spalten von
neuem zu verschließen und uns mitsamt dem Eisfeld, in dem wir
arbeiteten, wieder gegen die Westberge zu drücken. Auch mit
dem Bug voran kam das Schiff nicht in die Heckspalte hinein, es
stieß sich bald hier, bald dort und wurde dadurch immer zu anderen Richtungen abgelenkt, als man sie brauchte. Mit gespannte-
ster Aufmerksamkeit wurde das anregende Schauspiel von allen
verfolgt. Jedem war klar, daß es in der nächsten Stunde gelingen
mußte, frei zu kommen, sollte nicht der wachsende Oststurm wieder alles verschließen. Da zog sich plötzlich die Schuttstraße auf,
weit auseinander, und nur der Zugang war für das Schiff noch
durch die mächtige, vereiste Wehe versperrt, die sich an seine
Mitte angesetzt hatte und wenigstens 15 m Dicke besaß. Doch ein
weiterer Riß ermöglichte den unter allseitigem Jubel begleiteten
Austritt, das Schiff war frei! Langsam und sicher dampften wir
durch die Schuttstraße fort. Der Kampf hatte fast 4 Stunden gewährt, und es war nun auch die höchste Zeit gewesen, daß er zu
Ende ging, denn der Wind wuchs zum Schneesturm aus Osten.

Hinter uns blieb eine gewaltige Menge von Spuren zurück.
Tote Robben, die wir nicht mehr geborgen, Pinguine, Pinguin-
köpfe, Speckhaufen daneben, Pfähle, zerbrochene Hundeställe,
Bretter, Stangen und Dosen. Wo die »Gauß« gelegen hatte, sah
ich noch beim Abzug in der westlichen Schneewehe eine Reihe
von Schmutzschichten übereinander, jede mit Dosen und Flaschen, Asbestpappe, Strohhülsen und sonstigem Wust durch-
setzt, ein deutliches Zeichen dafür, daß 32 Mann hier ein Jahr gelebt hatten.

Langsam fuhren wir durch die Straße an der Stelle der astronomischen Hütte vorüber. Auch dort lagen noch Zeichen unserer
Tätigkeit, und ein zerbrochener meteorologischer Drachen ragte

aus einer Schneewehe ausschmelzend oben heraus. Dann kamen wir an dem Fischloch vorüber, wo Vanhöffen seine Reusen gesetzt hatte. Raubmöwen und Riesensturmvögel tummelten sich an dem Platz und genossen die Abfälle, die wir übriggelassen hatten. Aber an der Ecke, wo die Schuttstraße in die geodätische Wake einmündete, stand ein einsamer Kaiserpinguin, mit den Flügeln schlagend wie zum Abschiedsgruß.

Die Zeit, welche jetzt für die Expedition folgte, war vielleicht die aufregendste, welche sie hatte, einförmig durch die Umgebung, einförmig durch das, was zu tun war, und doch in steter Spannung über den Erfolg. In der Nacht schien sich eine große Scholle unter das Schiff geschoben zu haben, und wir lagen fest. Es wurde viel manövriert, um vorwärtszukommen, und manchmal gelang für kurze Zeit auch etwas Bewegung. Der langsame Fortschritt erweckte unter den Insassen des Schiffes mehrfach Ungeduld. Man hatte schnell vergessen, daß wir vor 14 Tagen noch ohne jede Bewegung gelegen und kaum mehr an Befreiung geglaubt hatten. Schrecklich war allerdings die Hundewirtschaft an Bord. Die vielen jungen Tiere machten einen furchtbaren Lärm und wurden erst etwas beruhigt, als der alte Invalide »Fritz Müller« mit in ihren Verschlag gesperrt wurde und dort lediglich durch seine stumpfsinnige Anwesenheit alles in Furcht und Schrecken hielt.

Am 16. Februar loteten wir zu unserer Überraschung eine größere Tiefe, die dann schnell zunahm. Wir hatten damit die Grenze des Kontinentalsockels zur Tiefsee überschritten, noch in Sicht des Westeises. Erst einige Tage später gab es etwas längere Fahrt, nachdem sich gegen Mittag das Eis auseinandergezogen hatte. Nach zweistündiger Fahrt trafen wir stark zertrümmertes Eis und kleinere Schollen. Gegen 6 Uhr traten wir dann in eine große Wake ein, die sich westwärts erstreckte und vorläufig kein Ende absehen ließ. Robben schaukelten sich auf dem lockeren Eis ihres Randes. Viele Vögel umschwärmten das Schiff, als ob wir im offenen Meer wären. Die Wake hatte Neueis, das jedoch unter dem schweren Schiff leicht zerteilt wurde. Wir liefen mit fünf Meilen Fahrt und kamen wirksam nach West.

Es sollte aber nicht lange so währen, denn gegen Abend war das Westende der Wake schon erreicht. Eisblöcke, junge Schollen und Trümmer von älteren Schollen hemmten den weiteren Weg und dazwischen dicker Brei, der wieder große Schwierigkeiten bereitete. Hin und wieder öffneten sich Waken, die auch benutzt wurden, doch rechtweisend westliche Kurse ließen sich hier nicht mehr einhalten. So ertönte gegen 10 Uhr abends in der Maschine das Kommando »Auslaufen lassen!«. Wir befanden uns zwischen zahlreichen Bergen mit frisch durchrissenen Wehen und Scholleneisansätzen in der Wasserlinie, welche offenbar noch nicht lange aus ihrem Winterlager befreit waren. Die Schollen dazwischen trugen aber mehr Zeichen von Umbildungen und Drehungen wie früher.

In der Nacht verstärkte sich der östliche Wind, so daß die »Gauß« an einer Scholle befestigt werden mußte, wodurch sie aber keine Ruhe erhielt, da gegen 2 Uhr alles um uns her in Bewegung kam und gegen Westen zu treiben begann. Das Schiff befand sich dabei in der Dunkelheit plötzlich dicht vor einem Eisberg und nur noch durch kleine Schollen von ihm getrennt. Schnell wurden Eisanker geworfen, und es gelang, die »Gauß« so an dem Eisberg vorbeizudrehen, wobei ein Eisanker verlorenging. Schließlich schlug uns kurz nach 4 Uhr morgens die Schiffsschraube auf eine Eisscholle und zerbrach. Man merkte es im Innern sogleich an dem starken Vibrieren des Schiffes bei dem Weiterarbeiten der Maschine. Wir beschlossen, zunächst mit der zerbrochenen Schraube weiterzufahren. Als die Schraube später in

Ein Pinguin besucht die »Gauß«

ihrem Tunnel gehoben wurde, um den Grad der Beschädigung festzustellen, fehlte von dem einen Flügel über ein Viertel. Wir entnahmen aus diesem Unfall aber, daß es wünschenswert war, bei der Fahrt im Eis auch auf dem Hinterschiff einen Ausguck zu haben, um beim Rückwärtsziehen des Schiffes auf derartige Gefahren aufmerksam zu machen.

In jenen Tagen bereiteten wir einen neuen Ballonaufstieg vor, um womöglich noch einmal eine Sicht des Westeises oder der Küste zu gewinnen, doch ein Unstern ließ ihn nicht zur Ausführung kommen. Alles war klar, eine große Scholle am Schiff vertaut, um den Ballon darauf auszubreiten und die Stahlzylinder mit Wasserstoffgas zur Füllung bereitgelegt und geprüft. Wir warteten dann von Tag zu Tag, doch an dem einen war es zu stürmisch und am nächsten, als es still war, stiegen Nebel empor, so daß keine Aussicht zu erwarten war. Schließlich zog sich am 14. März das Eis auseinander, so daß wir die Scholle verloren. Die Öffnung des Eises war wieder bei Stille erfolgt. Am nächsten Tag war das Eis schon so zerteilt, daß wir Kurse wählen konnten, welche wir wollten. Bald kam auch wieder leichteres Eis. Adelie-Pinguine sprangen lustig von Scholle zu Scholle oder schwammen durch die Waken dazwischen, um auf die nächste Scholle heraufzuspringen. Sie trotzten allen Versuchen, sie zu erlegen, da sie sich schwer greifen ließen und gegen Feuerwaffen wie gefeit waren. Auf eine Gruppe dieser kleinen Tiere wurde ein wahres Schützenfeuer mit Schrot und mit Kugeln abgegeben, welches aber damit endigte, daß mehrere Matrosen auf das Eis eilen mußten, um die getroffenen Pinguine einzusammeln, was nur bei zweien und nach wilder Jagd gelang, während die anderen entkamen.

Wir befanden uns hier schon einen Breitengrad nördlich von der »Challenger«-Route, nämlich ungefähr in 64° südlicher Breite, während die »Challenger« im Februar 1874, ohne durch das Eis behindert zu sein, im 65. Grade entlanggefahren war. Nun kam mit dem 16. März aber auch für uns die definitive Befreiung, durch starkes Schlingern in heftiger Dünung schon am Morgen angekündigt. Am Nachmittag wurde das Eis ganz leicht, dann kam eine Zunge mit stärkeren Schollen, die gegen Norden verlief. Um 4 Uhr trafen wir gänzlich offenes Meer, in welchem nur noch einzelne Streifen gedrehter Schollen umhertrieben. Wir fuhren nun an der Außenkante des Eises nach Westen entlang, um bis an die »Challenger«-Route zu kommen und dort einen neuen Vorstoß nach Süden zu machen. Wir waren jetzt nicht weit vom Polarkreis entfernt, doch in keiner so günstigen Lage wie im Jahr vorher. Denn um uns herum lag jetzt loses, schwankendes und treibendes Eis, welches keine Ruhe aufkommen ließ und keine Sicherheit für den Winter bot. Am nächsten Tag mußte die Maschine uns mehrfach helfen, Eisbergen auszuweichen.

Der Wind schlug auf Nordwest um, und dabei widerfuhr uns das Mißgeschick, daß das Tau eines Eisankers in die Schraube geriet, weil die Scholle, in welche es eingegraben war, sich drehte. Die Arbeiten zur Befreiung der Schraube begannen sofort. Zuerst stieg der Maschinist in den Schraubenbrunnen hinab, um das Tau zu durchschneiden. Da das nicht gelang, mußte man sich zur Hebung der Schraube entschließen. Es geschah in der Nacht beim Licht eines Scheinwerfers, welcher auch die Umgebung erhellte, und es war ein gewaltiger Anblick, wie in dem hellen Licht Eisberge geisterhaft aus der Nacht emportauchten und vorüberzogen. Wer konnte wissen, ob nicht der nächste Berg das Schiff treffen und zerdrücken würde. Als einer plötzlich in unmittelbarer Nähe am Bug erschien, war die Schraube noch fest. Segel setzen war nicht möglich, weil der Sturm zu heftig raste und das Schiff schon ohne Segel ganz auf die Seite drückte; auch hätte man jetzt kaum manövrieren können. Fieberhaft arbeitete die Besatzung, um die Schraube zu heben und zu befreien. Um 3 Uhr morgens war es vollendet und zur richtigen Zeit: Denn gerade tauchte ein mächtiger Koloß in unmittelbarer Nähe vom Bug aus dem Schneetreiben auf. Vollkraft rückwärts – und wir waren frei! Der Sturm raste fort. Es war eine verhängnisvolle Nacht gewesen, aber gewaltig war der Anblick des machtvoll treibenden Eises, Schollen in rasender Fahrt und die Berge dazwischen in langsamem aber unaufhaltsamem Zuge.

An den nächsten Tagen besserte sich das Wetter. Die Segel wurden zum Trocknen hochgezogen. Wir hatten einen seltenen Fund in Gestalt einer Robbe, die in etwa 1000 m Abstand von der »Gauß« an einem Eisberg lag und besonders groß erschien, so daß man schon an alle möglichen Ungeheuer glaubte. Ott zog mit vier Mann und zwei Schlitten über das Scholleneis hin, um sie zu holen, und brachte ein Tier mit, welches keiner der Robben glich, die wir bisher gesehen, und sich bei der Untersuchung als die richtige Rossrobbe erwies, welche in Europa erst in wenigen Exemplaren bekannt ist. Die Länge des Tieres betrug über 2,5 m.

Am 25. März fuhren wir zuerst mit westlichem, dann mit südlichem Kurs unter Dampf und kamen gut von der Stelle in Waken mit dünnem Jungeis, die von Zungen schwereren Eises voneinander getrennt waren. Ruser brachte das Schiff in eine festliegende Kante von schweren eckigen Schollen hinein, durch das Jungeis hindurchbrechend. Dann wurde die »Gauß« vertaut in der Hoffnung, nicht nach Norden abzutreiben, und wir begannen uns also für die zweite Überwinterung einzurichten. Unsere Lage lockerte sich aber leider schnell, während wir noch mit den Vorbereitungen für den Winter an dieser Stelle beschäftigt waren. Schon am 28. März erschien ein Wal beim Schiff, was uns unliebsam auffiel, da er offenes Wasser in nicht großer Entfernung vermuten ließ. Die Drift wechselte, meistens ging sie noch nach Westen und Süden, wie wir es wünschten. Am Schiff öffneten sich Waken, und die Schollen schwankten in der Dünung, sich am Schiff reibend, kurz – die Hoffnung auf festen Einschluß und einen sicheren Winterplatz für das Schiff wurde täglich mehr in Frage gestellt.

Am 31. März geriet um die Mittagszeit alles um uns her in Bewegung. Schollen wurden unter das Schiff gedrückt und schräg an seinen Seiten emporgetürmt. Im Innern konnte man sein eigenes Wort nicht verstehen. Die Balken krachten und knarrten, doch man sah sich in diesem Drängen des Eises selbst zur Untätigkeit verdammt. Da alle Schollen, die uns umgaben, in gleicher Weise zerdrückt werden konnten wie das Schiff, durfte man jetzt wenigstens noch keine wählen, um irgendwelche Vorkehrungen darauf zu treffen, denn alles war in lebhaftem Strom. So gingen wir zum Mittagessen hinunter, nachdem wir dem gewaltigen Schauspiel eine Zeitlang zugeschaut hatten und haben eine schnelle Mahlzeit bei unglaublichem Getöse unten verbracht. Eine Verständigung war unmöglich. Ich versuchte mit Ruser zu sprechen, der neben mir saß, konnte aber kein Wort verstehen.

Als wir wieder hinaufkamen, begann der Lärm nachzulassen, und es dauerte dann nicht mehr lange, bis es ganz still wurde. In der Nacht war Schurren und Schieben nicht mehr zu bemerken gewesen, doch am Morgen hörte ich schon in der Frühe Kommandorufe in der Maschine und sah an Deck, wie das Eis sich gänzlich auseinandergezogen hatte. Die »Gauß« selbst hatte sich gedreht und lag nun zwischen losen Schollen, schwankend, mit dem Bug gegen die große Tafel gekehrt und langsam von ihr abrückend. Von dieser hatte sich kurz zuvor an der linken Ecke eine

gewaltige Eislawine gelöst, die herabfiel und das Meer ringsherum in starkes Schwanken versetzte. Hätte sie das Schiff getroffen,
wäre sein Schicksal besiegelt gewesen. Eine andere solche Lawine
war in der Nacht schon niedergebrochen. Die Tafel war also ein
ungemütlicher Nachbar, der nicht zu längerem Bleiben in seiner
Nähe einlud, zumal er bei einer solchen Gelegenheit sich wohl
auch ganz umwälzen konnte.

Wir gingen nun unter Dampf und kamen leicht an der großen
Tafel vorbei. Wir mußten zunächst etwas nach Norden ausbiegen, kamen aber dann in eine Wake hinein und in ihr eine gute
Strecke gegen Westen vorwärts, bis uns auch dort Halt geboten
wurde in unserem, wie sich erweisen sollte, letzten Lager im Eis.
Immerhin ließ sich feststellen, daß wir uns nahe dem Ort befanden, wo die »Challenger« 1874 mühelos den Polarkreis überschritten hatte, während wir hier schon unter 65° südlicher Breite
zurückgehalten wurden. Auch die große Zahl von Eisbergen, die
hier umherlagen, entsprach den Angaben der »Challenger« über
dieses Gebiet. So lagen die Unterschiede nur in der Jahreszeit:
Die »Challenger« hatte Mitte Februar ein offenes, schiffbares
Meer, wir dagegen Anfang April schon viel kräftiges Jungeis, so
daß wir nicht mehr hindurchkamen.

In dieser Situation reifte bei mir die Erkenntnis, welche ich
schon an unserer letzten Liegestelle erwogen hatte, daß ein erneu-
tes Überwintern nicht mehr zu erreichen war. Es war ein schwerer
Entschluß, sicher der schwerste, den ich gefaßt, doch er war notwendig. Ein festes Winterlager gab es hier nicht, und neue Versuche, es zu erreichen, waren in dieser Jahreszeit vergeblich. Ein
Verbleiben im losen Eis konnte aber mit dem Bestand der Expedition auch jeden schon erzielten Erfolg in Frage stellen. So gab
ich die Order zum Kurs nach Nord.

Heimwärts

Wir verließen die letzten Eistrümmer am 9. April 1903 und hatten hellen Eishimmel noch zu beiden Seiten. Zur Rechten rührte
er augenscheinlich von zwei Eisbergen her, deren einer sehr lang
war, doch bog sich die Kante des Scholleneises gegen Nordnord-

osten hinauf, so daß man mit Sicherheit auch hieraus eine nach Süden hinabreichende Bucht annehmen durfte, durch welche wir die Freiheit erreicht hatten. Am 13. April, dem letzten Ostertag, sahen wir auch den letzten Eisberg.

Der Seegang war so stürmisch, daß wir mehrfach beidrehen mußten. Am 16. April kam die Holzlast, die auf Deck verstaut war, dadurch in Bewegung und mußte über Bord geworfen werden, damit sie das Schiff nicht zerschlug. Auch Pinguine und Taucher wurden gesehen. Einen Tag später hatten wir bereits die Breite der Heardinsel erreicht. Zwischen der Heardinsel und den Kerguelen aber stand eine so gewaltige See, daß sie alle Mühen vereitelte, eine korrekte magnetische Messung vorzunehmen. Die Wellen schlugen von Steuerbord über, während das Schiff von Backbord schöpfte.

Am 19. April traten die Kerguelen-Inseln um 3 Uhr hervor. Das Wetter klarte auf, und wir konnten die bekannten Formen erkennen, die wir vor 1 ¼ Jahr zum letzten Mal gesehen hatten. Von der Tragödie, die sich inzwischen dort abgespielt hatte, wußten wir nichts und haben davon auch erst in Kapstadt erfahren. Wir dachten uns unsere Kameraden schon glücklich abgeholt und in der Heimat.

Unser Kurs ging nun direkt auf St. Paul. Am 21. April holte ich meine Sommersachen hervor, weil ich es in der Winterkleidung nicht mehr aushalten konnte. Am 26. April in aller Frühe kam die Insel in Sicht, und wir fuhren bei stillem, schönem Wetter an ihre Ostseite. Von Süden her sieht man eine Steilküste, welche durch die Brandungswelle entsteht. Schon von hier hatten wir die zweite Insel, Neu-Amsterdam, gesehen, die nur um etwa 60 Seemeilen von der ersten entfernt liegt.

Am nächsten Morgen lagen wir davor, um zu landen. Schon bei der Anfahrt sahen wir auf den Abhängen der Insel Rinderherden weiden. Da wir natürlich frisches Fleisch haben wollten, waren wir bei unserer Landung auf Stierkämpfe in wildester Form gerüstet. Die Jagdlust war allseitig groß, und so wurde ein Kesseltreiben veranstaltet, welches zwei jungen Stieren den Garaus machte. Während wir bei der Zerlegung saßen, kam die ganze Herde, die nach den Schüssen geflohen war, wieder zurück und umringte uns, so daß wir uns auf eine europäische Alm versetzt glaubten.

Charakteristisch für die Insel sind die Lavagrotten, in denen die französische Regierung ein Depot für Schiffbrüchige angelegt hat. Wir haben es revidiert und durch mehrere Kisten unseres Proviants ergänzt. Mit der Dunkelheit kehrten wir zur »Gauß« zurück und konnten die Küste auch sogleich verlassen. Am Abend aßen wir zum ersten Mal von den frischen Vorräten.

Am 11. Mai 1903 erlebten wir eine freudige Überraschung! Wir sichteten das erste Schiff seit Dezember 1901 und bald darauf folgte ein zweites. Wir konnten hieraus schließen, daß wir uns jetzt auf der üblichen Segelroute nach Afrika befanden. Am Nachmittag des 30. Mai kam die afrikanische Küste in Sicht, in der Gegend von Durban. Auf ihren Höhen sahen wir gegen Abend ein gewaltiges Feuer, das bald hoch aufflackerte und dann wieder in sich zusammensank, wohl ein Grasbrand, wie wir ihn in den nächsten Tagen noch mehrfach beobachten konnten. An Bord wurden Postkarten und Briefe geschrieben, um sie sogleich in die Welt hinauszusenden. Leider konnten wir zur Betrübnis aller Seeleute nicht an Land gehen, da in Durban die Pest herrschte. Wir fuhren nun an der afrikanischen Küste entlang nach Süden und hatten sie meistens in Sicht. Nach Mitternacht auf den 8. Juni kam das Feuer von Kap Agulhas, des südlichsten Punktes von Afrika, in Sicht und es wurde kurze Zeit klar, so daß man weit sehen konnte. In der nächsten Nacht erreichten wir schon das Kap und fuhren langsam in die Bai hinein.

Bald sahen wir die Häuser von Simonstown vor uns. Ein Marineoffizier kam in einem Boot heraus, um uns in den Hafen zu führen, und bald auch der Hafenmeister, der uns die Boje anwies. An Bord der »Gauß« entwickelte sich nun sofort ein reger Verkehr: Die Kommandanten der Kriegsschiffe, die Behörden der Werft und der Stadt kamen zur herzlichen Begrüßung und vom Land her wurde Depesche auf Depesche gebracht. Freunde hießen uns aufs wärmste willkommen, und dann erschien der Generalkonsul von Lindequist selbst, um uns die Grüße unseres Vaterlandes zu überbringen. Wir erhielten auch von ihm die ersten Nachrichten über die Ereignisse auf Kerguelen und Enzenspergers Tod, die auf die Freude der Rückkehr einen tiefen Schatten warfen.

Da unsere Berichte und die Bitte um Fortsetzung der Expedition nun bereits von Durban aus unterwegs waren und bis zur Ankunft in Berlin nur noch zwei Wochen Zeit brauchten, unser Schiff aber nach den stürmischen Tagen am Kap mindestens so viel Zeit zur Rüstung für eine fernere Reise bedurfte, glaubte ich erst den Erfolg meiner Bitte abwarten zu dürfen, ehe ich weitere Entschlüsse faßte. So wurde die Weiterreise zunächst nicht angetreten, sondern mit den unter allen Umständen erforderlichen Arbeiten begonnen, in Erwartung weiterer Entscheidungen von Berlin her.

Unter den Nachrichten, die wir erhielten, hat uns Enzenspergers Tod auf den Kerguelen tief berührt. Er erkrankte an Beriberi, das durch die chinesische Besatzung der »Tanglin« übertragen wurde. Eine erschütternde Sprache spricht sein Testament, das er im Januar 1903 schrieb, nachdem er noch am Weihnachtstag unter den Gefährten geweilt hatte. Er sah bereits vollständig klar; er dachte an die Heimat, an Eltern und Brüder, nicht an sich selbst. Durch die Teilnahme an der Expedition war ihm ein Herzenswunsch in Erfüllung gegangen. Wir trauerten tief um den verstorbenen Kameraden und Freund.

Unsere wissenschaftlichen Arbeiten in Südafrika hatten gleich nach der Ankunft begonnen. Das Schiff wurde in der Simons-Bai auf verschiedene Kurse gedreht, um die magnetischen Konstanten zu bestimmen. Wir selbst haben im Kapland verschiedene Reisen unternommen. Die erste Tour galt dem Kap der Guten Hoffnung, wohin man von Simonstown etwa sechs Stunden zu gehen hat, auf interessanten, lohnenden Wegen, die aber wenig benutzt werden. Die nächste Reise, die wir unternahmen, galt der großen und der kleinen Karroo. Die große Karroo ist jenes gewaltige, einförmige Gebiet, welches sich nördlich von der Kette der sogenannten Zwarteberge erstreckt und im Norden durch die Nieuwveldberge begrenzt wird. Südlich von den Zwartebergen liegt die kleine Karroo, ist aber von ersterer unterschieden durch das Klima und die Bodengestalt.

Mittlerweile hatte sich unser Schicksal entschieden. Am 2. Juli traf die amtliche Weisung ein, daß wir heimkehren sollten. Ich darf wohl erwähnen, daß dieser Bescheid nicht allein mir, sondern allen Mitgliedern der Expedition, auf die es ankam, schmerzlich gewesen ist. Ich sehe einen Grund für diese Entscheidung darin, daß die Auffassungen über Zwecke und Ziele unserer Expedition in Deutschland vielfach nicht mit denen übereinstimmten, welche wir selbst hatten und welche bei unserer Ausreise auch allgemein galten. Was wir wollten, war auch für die Fortsetzung der Expedition nicht Rekord oder die Erreichung hoher Breiten, sondern die Fortsetzung unserer Forschungen nach

Westen, Verfolgung der neuentdeckten Küste mit allen Erscheinungen, welche ihr eigentümlich sind, abschließende Klärung des Problems der Kerguelenroute, also völlige Lösung der Frage nach Ausdehnung und Verlauf der Küsten des Südpolarkontinents in jenem großen Gebiet, wo sie noch am dunkelsten waren. Ausschlaggebend für die Ablehnung waren finanzielle Erwägungen. Die für die Expedition veranschlagten und bewilligten Mittel gingen auf die Neige, neue Anforderungen zu stellen, erschien nicht möglich.

Am 2. August schlug für uns die Abschiedsstunde, und wir dampften langsam aus dem Hafen heraus. Rasch war das Wetter kälter geworden, und draußen begrüßten uns ein bedeckter Himmel, Regen und westlicher Wind. Am nächsten Tag waren wir im offenen Meer und wandten unseren Kurs nach Norden der Heimat entgegen.

Unsere Fahrt sollte jetzt nach St. Helena gehen und ist verhältnismäßig schnell verlaufen. Mit der Annäherung an die Insel kamen wir auf bekannte Walgründe und machten deshalb unsere Harpunenkanone klar, um zu guter Letzt auch noch diese Jagd zu versuchen. Ein Probeschuß, den Björvig abgab, mißriet aber gänzlich. Die Kanone war auf der Reling befestigt, welche bei dem Schuß zerbarst. Die Harpune, welche an einer Leine herausgeschleudert wird, hatte eine so starke Geschwindigkeit, daß sie losriß und im Meer verschwand. Sie fand keinen Wal, in den sie sich einbohren konnte.

Am 28. August erreichten wir die Insel. Wir fuhren nach der Nordwestseite herum und ankerten vor der Stadt Jamestown, die in einem engen Tal gelegen ist und sich in diesem lang hinzieht.

Der Empfang, der uns auf der Insel bereitet wurde, war sehr freundlich, zumal er in der Einförmigkeit des dortigen Daseins auch eine gewisse Abwechslung bot. Der Gouverneur der Insel gab uns zwei schöne Feste in seiner entzückend gelegenen Residenz, wohl dem schönsten der Landhäuser, die auf der Insel weit zerstreut sind.

Die fünf Tage, welche wir auf St. Helena weilten, wurden nach allen Richtungen ausgenutzt. Vanhöffen freute sich seiner Sammlungen und Bidlingmaier beobachtete an der gleichen Stelle, wo es vor 60 Jahren J. C. Ross tat. Danach machte er noch eine Reihe anderer magnetischer Stationen an verschiedenen Stellen der Insel. Fischzüge wurden von der »Gauß« aus auf der Reede

Bei der Heimreise in Ponta Delgada

gemacht. Sie ergaben einige interessante Fischformen, die in Schwärmen erschienen, sobald man etwas Sand in das Wasser warf. Ich selbst habe mit Vanhöffen und Gazert die Insel nach allen Richtungen hin durchquert und dabei geologisch gesammelt.

Am Morgen des 2. September lichteten wir die Anker und drehten noch auf verschiedenen Kursen vor der Reede in Jamestown. Unser nächstes Ziel war die Insel Ascension, auf der wir vier Tage weilten. Zum Abschluß schenkte uns der Herr Gouverneur noch eine Schildkröte, die gut 450 Pfund wiegen mochte und der Besatzung für mehr als drei Tage frische Nahrung gab.

Auf dem Ozean stand uns jetzt ein besonders interessantes Ar-
beitsfeld bevor, in welchem wir noch loten und fischen wollten,
nämlich die sogenannte Romanchetiefe. Diese hatten wir schon
auf der Hinreise gefunden und damals als die größte bisher bekannte Tiefe am Äquator sichergestellt. Es handelte sich nun
darum, zu untersuchen, ob wir es hier mit einem isolierten Kessel
oder mit weiteren Mulden oder Becken zu tun hätten. Wir loteten
in den folgenden Tagen täglich zwei- bis dreimal. Die Romanchetiefe erwies sich als ein trichterförmiges Becken von nicht großem
Umfang, dessen Seitenwände nach allen Richtungen schnell an-
stiegen. Augenscheinlich ist es vulkanischen Ursprungs, wie auch
die schon bei der Hinfahrt dort erlangten Bodenproben bewie-

sen. Der eigenartige Charakter dieses Gebietes wurde uns am 19. September durch ein Seebeben vor Augen geführt. Es äußerte sich in drei ein bis zwei Sekunden währenden Stößen, welche in dem Schiff so empfunden wurden, als wenn Fässer im Schiffsraum umherrollten oder als wenn das Schiff auf den Strand lief. Das Maschinenpersonal eilte auf Deck und die Navigationsoffiziere auf die Brücke, um zu sehen, was geschehen war.

Am 16. Oktober traten wir in das Gebiet des Sargassomeeres ein und haben uns für seine Besonderheiten bis zu den Azoren lebhaft interessiert. Knapp 2 Wochen später sahen wir als erste der Azoreninseln São Miguel in dunklen Umrissen aus dem Nebel emporsteigen, durch eine Schar von Möwen, die wir lange entbehrt hatten, schon vorher angekündigt. Bald kam der Lotse an Bord, und gegen Mittag etwa liefen wir in den Hafen von Ponta Delgada ein, von einem deutschen Schiff mit lautem Hurra begrüßt.

Wir haben im ganzen 10 Tage auf der Insel geweilt, zunächst ich selbst mit Berichten beschäftigt, die unsere Heimkehr vorzubereiten hatten, Bidlingmaier mit magnetischen Messungen, Vanhöffen mit Fischzügen, die uns auch schmackhafte Nahrung lieferten, das Schiff selbst mit der Einnahme von Kohlen, um für den letzten, voraussichtlich stürmischen Teil unserer Fahrt nicht zu leicht zu sein.

Am 9. November waren alle Arbeiten beendigt und die Post empfangen, so daß wir den letzten Teil der Heimreise antreten konnten. Regen rauschte hernieder, der Himmel war bedeckt wie im deutschen Herbst, und zahlreiche Möwen umkreisten den Mast, gerade das richtige Wetter zum Abschiednehmen von den unvergeßlichen Eindrücken der Expedition. Mit der Annäherung an den englischen Kanal mehrten sich die Schiffe und erforderten große Aufmerksamkeit der Besatzung. Das Wetter war naß, windig und kalt, etwa wie im Sommer auf Kerguelen, nur daß hier im Norden jetzt Winter war.

Zwei Tage mußten wir vor dem Eingang des Kanals kreuzen. Die Nächte waren dunkel, denn es war Neumond und die Winde entgegen. In der Nacht auf den 20. November wurde der Wind besser. Am nächsten Tag passierten wir die Insel Wight und erlebten dort unseren letzten Sturm, der uns aber erkennen ließ, was unsere »Gauß« leisten konnte. Wir liefen mit vollen Segeln vor dem Sturm her und mit einer Geschwindigkeit, wie wir sie bis dahin während der ganzen Expedition noch niemals erreicht hatten.

Am Abend des nächsten Tages erreichten wir die Nordsee und näherten uns der deutschen Küste, von zahllosen Möwen umkreist. Wir fuhren weiter auf die Elbe zu. Imposant war die Menge von Schiffen, als wir uns ihr näherten. Wie in einer belebten Straße leuchteten von allen Seiten die Feuer umher, zum Glück war kein Nebel. Der Lotse übernahm nun die Führung. Von zwei starken Schleppern bugsiert, liefen wir 1 Uhr mittags glücklich in den Kaiser-Wilhelm-Kanal ein. Entlang des Kanals war alles beflaggt, und von den Ufern erschollen Hurrarufe, wo man uns sah. Um 12 Uhr waren wir in Kiel und gingen an Land, es war ein herrlicher klarer Wintertag.

Die äußere Auflösung der Expedition vollzog sich nun schnell. Notwendig waren noch magnetische und elektrische Arbeiten im Hafen von Kiel zur Bestimmung der Schiffskonstanten, um die während des letzten Teils der Reise gewonnenen Ergebnisse darauf beziehen zu können. Am 30. November wurde die Ladung gelöscht. Am gleichen Tag erfolgte die Abmusterung der Mannschaft. Am 1. Dezember wurde die »Gauß« an die kaiserliche Werft in Kiel übergeben und später verkauft, um unter dem neuen Namen »Arctic« der kanadischen Regierung zu neuen Zwecken zu dienen.

Nur ungern sei es aber vermerkt, daß sich nun auch Stimmen erhoben, welche in einiger Breite absprechende Urteile fällten, während Freunde der Expedition Zurückhaltung übten. Schilderungen von Gefahren und Abenteuern wurden häufig vermißt, nachdem wir damit zurückgehalten, um lieber über positive Erfahrungen berichten zu dürfen, also, wie man schwere Zwischenfälle überwindet und nicht, wie man ihnen unterliegt. Schließlich wurde am meisten wohl der nicht erreichte Rekord in der Breite beklagt und dabei verkannt, daß allein die »Gauß« in einem gänzlich neuen Gebiet gearbeitet hatte und dabei auch gänzlich Neues entdeckte und fand.

Uns berührten diese und ähnliche Urteile nicht. Eines Sinnes stehen zu uns auch die Leiter und die Mitglieder der Expeditionen des Auslands, alle wie wir unserer gemeinsamen Erfolge froh und, auch wie wir, in warmer Teilnahme und in vollem Verständnis für die Eigenheiten und die besonderen Erfahrungen des anderen.

Wir selbst waren von dem Erreichten befriedigt. Ein großer Plan war glücklich durchgeführt worden, soweit er an uns lag, und mit uns zugleich und in unseren Plänen hatten viele wissenschaftliche Observatorien, Stationen und Schiffe gewirkt, die über die ganze Welt zerstreut waren. Drei Expeditionen waren mit uns gleichzeitig im hohen Süden tätig gewesen, ebenfalls nach dem gleichen Plan wirkend wie wir: Ein Unternehmen, von einer Ausdehnung wie noch niemals zuvor, hatte seinen Abschluß gefunden, und die deutsche »Gauß« hatte ihre wichtige und bestimmende Stellung darin behauptet, die sie von Anbeginn hatte.

Das Schönste von allem aber ist die Erinnerung, welche die gewaltigen Eindrücke, die wir gehabt hatten, mit manchem Schweren, das uns betroffen, zu einem strahlenden Bild harmonisch vereint; mag der volle Wert des Erlebten sich auch jetzt erst in der Heimat ergeben, unübertroffen und unvergänglich bleibt die Erinnerung an das Erleben selbst.

Nachwort des Herausgebers

»Wenn je ein Reisewerk das Zeug dazu gehabt hat, ein Lieblings-buch des deutschen Volkes zu werden, so ist es dieses« schrieb der Forschungsreisende Hans Meyer im Dezember 1904. Sein Lob galt dabei nicht nur der Aktualität des Buches – es erschien knapp ein Jahr nach Abschluß der Expedition –, es galt vielmehr dem durch Drygalski anschaulich gestalteten umfangreichen Stoff, der nicht in sachlich-trockener Aufzählung, sondern in einpräg-samer Weise, voller Leben, die Ereignisse am Leser vorüberzie-hen läßt.

Die Reisebeschreibung »Zum Kontinent des eisigen Südens« erschien 1904 im Verlag von Georg Reimer in Berlin. Sie umfaßt rund 700 Seiten mit 400 Abbildungen, 15 Tafeln und Karten.

Als Gesamtbericht der ersten deutschen Südpolarexpedition war sie für die weitesten Leserkreise bestimmt. Die vorliegende Ausgabe wurde stark gekürzt, folgt aber im wesentlichen dem tat-sächlichen Handlungsablauf und beschränkt sich nur auf die wichtigsten Entdeckungen. Auf die umfangreiche Beschreibung der wissenschaftlichen Forschungsarbeit und der gewonnenen Erkenntnisse auf den Gebieten der Geophysik, Geologie, Glazio-logie, Meteorologie, Meeres- und Länderkunde, Zoologie sowie Botanik mußte verzichtet werden. Der interessierte Leser findet sie in vollem Umfange und ausführlicher Breite in den 20 Bände und 2 Atlanten umfassenden »Wissenschaftlichen Ergebnissen der Deutschen Südpolar-Expedition auf dem Schiff Gauß«, er-schienen ebenfalls bei Reimer in den Jahren 1905–1931.

Die Diktion des Autors wurde durch behutsame Kürzungen mancher Wiederholungen und Weitschweifigkeiten nicht be-rührt. Das rein Fachwissenschaftliche wurde auf ein Mindestmaß begrenzt, wie auch Fachtermini aus Botanik und Zoologie, zahl-reiche geographische Längen- und Breitenangaben und anderes entbehrlich erschienen. Die erstmals veröffentlichten Abbildungen – das Original enthält nur schlecht reproduzierbares Material – wurden dankenswerterweise aus dem Archiv des Instituts für Geographie und Geoökologie der AdW der DDR bereitgestellt, das im übrigen sämtliche Unterlagen der Expedition aufbewahrt.

Die Suche nach dem sagenhaften Südland, der Terra australis incognita, wurde schon seit dem Altertum betrieben. Heute wissen wir, daß das Südpolargebiet, die Antarktis, tatsächlich einen »sechsten« Kontinent, Antarktika, enthält. Der Festlandsockel wird von einer mächtigen, bis zu 4000 m hohen Eiskappe bedeckt, die am Rand des Kontinents entweder steil abfällt oder als Schelfeisgürtel in den Ozean hineinragt.

Die Hypothese des »Vaters der Geographie«, des Ägypters Claudius Ptolemäus, der einen mächtigen Kontinent im Süden vermutete und auf seiner Weltkarte einzeichnete, hatte 1 ½ Jahrtausende Bestand. Trotz zahlreicher Vorstöße und kühner Entdeckungsfahrten eines Magellan, Le Maire, Schouten und Abel Tasman, die die Kenntnis neuer Länder und Meere erbrachten, glaubte man an das geheimnisvolle Land. Berühmte Gelehrte wie Schoner, Mercator und Ortelius verewigten das Phantom auf ihren Landkarten und Globen. Am Ende des ersten Zeitalters der Entdeckungen, das durch die Umsegelung Australiens abgeschlossen wurde, war man hinsichtlich des Südlandes so klug wie zuvor.

Es sollte erst James Cook, dem großen englischen Forschungsreisenden, gelingen, diese Legende zu zerstören und den Schleier zum eigentlichen »Kontinent des eisigen Südens« zu lüften. Auf seiner zweiten Weltreise 1772–1775 umsegelt Cook systematisch das gesamte Südpolargebiet. Dabei stößt er erstmals über den Südpolarkreis bis zur Packeisgrenze vor und erreicht 71 Grad südlicher Breite. Dahinter vermutet Cook Land, doch die Unmöglichkeit weiteren Vordringens und schlechte Sichtverhältnisse lassen nur eine Ahnung des sagenhaften »Südlandes« zu. Cooks berühmtes »nec plus ultra«, das die Aussichtslosigkeit weiterer antarktischer Forschungen bedeuten sollte, ließ für ein Menschenalter allen Tatendrang erlahmen. Vor Cook wurden lediglich die Franzosen Bouvet und Kerguélen-Trémarec fündig, die die nach ihnen benannten Inseln entdeckten.

Einen Höhepunkt in der Erforschung der Antarktis bildete die wissenschaftliche Expedition unter den Russen Bellingshausen und Lasarew, die 1820–1821 mit den Schiffen »Mirny« und »Wostok« bis auf 30 Seemeilen an den Eisschelf des Kontinents herankamen. Mit der Entdeckung der Peter-I.- und der Alexander-I.-Insel, den ersten Inseln jenseits des Südlichen Polarkreises, gelang ihnen der Nachweis von Antarktika. 1823 stieß der Robbenfänger Weddell in einer tiefen Bucht weit bis auf 74°15' südlicher Breite vor und brach damit das Cooksche Veto.

Englischen und amerikanischen Walfängern und Robbenschlägern blieb es nun vorbehalten, entdeckungsgeschichtlich hervorzutreten. Kapitäne wie Smith, Palmer, Davis, Powell entdeckten Inselgruppen und Küstengebiete und kartierten neues Land. Die Kapitäne Biscoe, Kemp und Ballemy der Londoner Reederei Enderby machten zwischen 1831 und 1838 zahlreiche kleinere Entdeckungen.

Eine neue Etappe, die letzte in der »klassischen« Zeit der Antarktisforschung, setzte mit Reisen von Dumont d'Urville, Wilkes und Ross ein, die maßgeblich durch die wissenschaftlichen Vorgaben des deutschen Physikers Gauß und die Protektion Alexander von Humboldts beeinflußt wurden. Besonders Ross gelang es, auf seiner Fahrt 1839–1843 zahlreiche neue Erkenntnisse zu sammeln, darunter die Entdeckung der Eisbarriere.

Und wieder stagnierte die Erforschung des Südpolargebietes für Jahrzehnte. Erst die Fahrten der »Challenger« 1873–1874 und der »Belgica« 1897–1899 brachen den Bann. Die englische »Challenger«-Expedition unter dem Kommando von Nares fand den günstigen Seeweg im Süden der Kerguelen, weilte zwar nur kurz im antarktischen Eismeer, zeichnete sich aber durch ihre grundlegenden Untersuchungen in allen Zweigen der Geographie des Meeres aus. Die belgische »Belgica«-Expedition unter de Gerlache erforschte vor allem das im Westen der Antarktis gelegene Grahamland, entdeckte den Belgica-Kanal und schloß ihre Forschungsreise 1898–1899 in Driftfahrt ab.

Am 23. Januar 1895 betrat als erster Mensch der Norweger Borchgrevink in der Robertson-Bucht unweit Kap Adare den sechsten Erdteil. 1899–1900 gelang ihm mit 10 Kameraden an der gleichen Küste die erste Überwinterung.

In diese Zeit des Aufbruchs zum Sturm auf Antarktika wird Erich Dagobert von Drygalski am 9. Februar 1865 im damaligen

Königsberg, heute Kaliningrad, geboren. Er stammt aus bürger-
lichem Haus, der Vater war Direktor des Kneiphöfischen Gymna-
siums, die Mutter Tochter eines Gutsbesitzers. Schon mit 17 Jahren
beginnt er in der Heimatstadt Mathematik und Physik zu studie-
ren. Dann gerät er zusehens in den Bannkreis des großen Geographen Ferdinand von Richthofen, dem er an die Universitäten
Bonn, Leipzig und schließlich Berlin folgt. Den Forschungsme-
thoden Richthofens bleibt Drygalski zeitlebens verhaftet. Richthofen machte ihn zum Geographen, der sich vor allem den physi-
kalischen Problemen des Eises und der Ozeane widmete.

Drygalski promoviert 1887 in Berlin, seine Doktorarbeit trägt
den Titel »Die Geoid-Deformation der Kontinente zur Eiszeit
und ihr Zusammenhang mit den Wärmeschwankungen in der
Erdrinde«. Als Assistent am Geodätischen Institut in Potsdam
beschäftigt er sich immer mehr mit der Problematik des Eises,
seiner Struktur, Bewegungsart und Wirkung auf die Erdrinde.
Da wird er zum Leiter einer nach seinen Plänen konzipierten Forschungsreise der Gesellschaft für Erdkunde zu Berlin nach Grönland ernannt. Einer 1891 unternommenen Vorexpedition folgt
1892−1893 das Hauptunternehmen nach dem Karajak-Fjord in
Westgrönland. Die Reise ist von Erfolg gekrönt, die zahlreichen
wissenschaftlichen Ergebnisse werden in einem zweibändigen
Expeditionswerk dargelegt.

In Vorbereitung der ersten deutschen Südpolar-Expedition
wird Drygalski 1895 in die Kommission für die Südpolarforschung berufen. Die nächsten Jahre stehen ganz im Zeichen uner-
müdlicher Bemühungen und Aktivitäten Drygalskis auf dem Gebiete der Antarktisforschung. Auf Grund dieser Leistungen und
seiner Grönland-Erfahrungen wird er 1898 zum wissenschaftlichen Leiter der ersten deutschen Südpolarexpedition ausgewählt.
Der Verlauf der von ihm mit Umsicht geführten Expedition und
die erzielten Ergebnisse lassen Drygalski zu einer international
anerkannten Kapazität auf dem Gebiet der Polarforschung werden. Nach seiner Rückkehr veröffentlicht er das vorliegende Reisewerk. Die gesamten Ergebnisse der Expedition werden unter
seiner Leitung in aufwendiger, bestechend exakter Arbeit in dem
schon genannten großen Werk vereint (1905−1931). Seine reichen Erfahrungen kann Drygalski auch noch als Teilnehmer an
der Zeppelinfahrt nach Spitzbergen 1910 und als Ratgeber für die
Expeditionen von Filchner 1911−1912 (Antarktis, Weddell-See),

Wegener 1930−1932 (Grönland), Ritscher 1938−1939 (Antarktis, Neu-Schwabenland) sowie für die Deutsche Atlantische Expedition der »Meteor« 1925−1927 einbringen.

Neben diesen wissenschaftlichen Tätigkeiten absolvierte Drygalski seine Laufbahn als Hochschullehrer. Nachdem er sich 1898 habilitiert hatte, wird er 1899 Professor und 1906 als Ordinarius für Geographie nach München berufen. 1907 heiratet Drygalski, der Ehe entsprangen vier Töchter. 1935 wird er emeritiert. In diesen Jahren hat er seine heute noch gültige Theorie des strömenden Eises dargelegt und zahlreiche wissenschaftliche Arbeiten veröffentlicht. Als Vorsitzender der Geographischen Gesellschaft zu München hatte er Gelegenheit, viele Kontakte zu Fachkollegen anzuknüpfen. Diese Tätigkeit dauerte 29 Jahre an und wird seitdem durch die von der Gesellschaft gestiftete »Erich-von-Drygalski-Medaille« gewürdigt. Drygalski selber empfing zahlreiche Auszeichnungen und Ehrungen, darunter die Goldenen Medaillen der Geographischen Gesellschaften von Berlin, München, Hamburg, Paris, New York, Kopenhagen und Ungarn.

In den 20er und 30er Jahren wandte er sein Interesse auch länderkundlichen und politisch-geographischen Fragen zu. In seiner Einstellung zu nationalen Fragen, ob nun bei der Würdigung des deutschen Anteils an der Südpolarforschung oder der Namensgebung neugefundener geographischer Objekte in der Antarktis, in »völkischen« Gegebenheiten und in der Beurteilung der Verhältnisse in der Sowjetunion, die er 1931 besuchte, ist Drygalski noch der bürgerlichen Denkart seiner Zeit verhaftet. Als Rektor, Ordinarius und Emeritus hat er aber auch in schwerer Zeit mutig die Interessen von Forschung und Lehre gegen unberechtigte Eingriffe zu schützen gewußt. Seine vorbildliche Haltung als Hochschullehrer und Forscher, sein aufopferungsvolles Streben und Wirken sind ein Vermächtnis für alle werdenden Geographen geworden. Sein Ideal war die Zusammenarbeit mit Fachkollegen aller Länder zum Nutzen der Wissenschaft.

Am 10. Januar 1949 wurde Erich von Drygalski in München mitten aus einem noch tätigen Leben durch den Tod herausgerissen.

Die Vorgeschichte der ersten deutschen Antarktisexpedition ist gekennzeichnet durch die katastrophalen Auswirkungen der Kleinstaaterei und absolutistischen Ansprüche der einzelnen

Herrscher auf die politischen und wirtschaftlichen Verhältnisse in Deutschland.

Von großer Bedeutung war die Teilnahme von Johann Reinhold Forster und dessen Sohn Georg an der zweiten Weltumsegelung Cooks 1772–1775. Ihnen kommt dabei der Verdienst zu, den wissenschaftlichen Vergleich am frühesten ausgeübt und durch einen genialen Beobachtungssinn und die damit verbundene hohe Kunst der Reiseschilderung das Verständnis für geographische Forschungsreisen in breiteste Kreise getragen zu haben. Schließlich waren es im 19. Jahrhundert Gauß und Humboldt, die zur Bestätigung der Theorie vom Erdmagnetismus Expeditionen fremder Staaten anregten. Kleinere Entdeckungen gelangen den Kapitänen deutscher Wal- und Robbenfängerschiffe zwischen 1873 und 1893.

Der Aufschwung, den das kaiserliche Deutschland nach der »Einigung durch Blut und Eisen« nahm, stellte politische und wirtschaftliche Fragen in den Mittelpunkt. Koloniale Bestrebungen ließen die mehr oder minder ideellen Werte der Südpolarforschung zurücktreten. Dem Ausbau der deutschen Handelsschifffahrt folgte rasch der Aufbau der Kriegsmarine. In diese Zeit fällt das fruchtbare Wirken des Begründers und langjährigen Leiters der Deutschen Seewarte Hamburg, Georg Neumayer, für die Förderung der Südpolarforschung. Mit Geschick und Beredsamkeit versuchte er, Mittel zur Ausführung einer Expedition zu erlangen. Auch anläßlich der Deutschen Geographentage wurde von verschiedenen Gelehrten die Wichtigkeit der antarktischen Forschung betont (Ratzel, Richthofen u. a.). Doch mit dem 11. Deutschen Geographentag in Bremen 1895 begann man neue Wege zu beschreiten: Es wurde eine Deutsche Kommission für die Südpolarforschung gegründet, die Programm und Plan der auszusendenden Expedition erarbeitete und Erich von Drygalski als wissenschaftlichen Leiter bestimmte. Kaiser und Reichstag bewilligten die für die Expedition erforderlichen Mittel, von denen aber auch ein Teil durch Sammlungen und Schenkungen einkam. Den Entwurf und Bau des Forschungsschiffes »Gauß« kontrollierte die Kaiserliche Marine.

Die reichen wissenschaftlichen Ergebnisse der Expedition rechtfertigten alle Aufwendungen. Zwar wurden keine aufsehenerregenden geographischen Entdeckungen erzielt, doch die wissenschaftliche Ausbeute auf den verschiedensten Gebieten war groß. Denn alle Zweige der Physischen und Biogeographie sowie der Botanik und Zoologie waren vertreten. Als wichtigstes Ergebnis wird die Entdeckung des Kaiser-Wilhelm-II.-Landes mit dem jungvulkanischen Gaußberg betrachtet. Außerdem gelang der Nachweis von polarem Wasser, das vom Schelfmeer aus bis etwa 50° südlicher Breite nordwärts geführt wird und von dort in großer Tiefe bis über den Äquator gelangt. Daneben wurden vielfältige Eismessungen getätigt, die unter anderem für den Wasserhaushalt der Antarktis von Bedeutung sind. Nur wenige ausgedehnte Schlittenreisen wurden unternommen, denn die »Gauß« lag fest im Eis. Diese einmalige Lage erbrachte jedoch Meßergebnisse, die bisher noch nie in der antarktischen Forschung erzielt wurden. Die Überwinterung und wissenschaftliche Arbeit in einer festen Station – der Stationsbetrieb – waren beispielhaft für die künftige Südpolarforschung. Der Begriff der »universitas antarctica« wurde damals geprägt.

Die nach Beendigung der Expedition aus verschiedenen Kreisen laut gewordene Unzufriedenheit an den Ergebnissen der Expedition entbehrte nicht chauvinistischer Wurzeln. Gern hätte man die deutsche Flagge auf den Südpol gepflanzt gesehen, doch in Drygalski hatte die Expedition einen besonnenen und auf die Sicherung der Ergebnisse bedachten Leiter. Statt sportlichem Ehrgeiz beseelte ihn die Verantwortung für die gesamte Expedition. Vielleicht beeinflußten diese unschönen Vorwürfe die Regierung bei ihrer negativen Entscheidung zur Fortführung der Expedition. Die neuen spektakulären Ereignisse beim Rennen um den Sieg bei der Erreichung des Südpols begannen die gediegenen Ergebnisse Drygalskis zunächst zu überdecken.

Denn nun setzt ein gigantischer Ansturm auf den Südpol ein. In weniger als einem Jahrzehnt gelingt die Erreichung des Südpols durch den Norweger Amundsen am 14. Dezember 1911 und den Engländer Scott vier Wochen später. Scott findet dabei mit seinen Begleitern den Tod. Neue Hochgebirge werden entdeckt, der Vulkan Erebus (4077 m ü. d. M.) wird bestiegen und der Magnetische Pol gefunden. Der Name des Engländers Shackleton geht um die Welt. Eine zweite deutsche Expedition unter Filchner bleibt leider nur Fragment. Bis 1916 sind die wesentlichen Teile Antarktikas in Umrissen und Struktur bekannt.

Mit dem Flug des australischen Südpolarforschers Wilkins von den Süd-Shetland-Inseln zum Graham-Land und zurück beginnt 1928 eine neue Etappe in der Antarktisforschung: Die Verwendung des Flugzeugs über dem antarktischen Festland. Am 28. November 1928 fliegt der US-Amerikaner Byrd zum Südpol. Für Jahrzehnte wird er die Erforschung des Südpolargebietes mitbestimmen. Wohl am bekanntesten wurde seine 4. Expedition, eine machtpolitische Demonstration der USA, die als »High-Jump-Operation« 1946 gleichzeitig für die beteiligten 13 Kriegsschiffe und 15 Flugzeuge ein Seemanöver darstellte.

Der Engländer Ellsworth überfliegt große Teile von Antarktika. Die zwischen 1938 und 1939 durchgeführte Deutsche Antarktische Luftexpedition mit dem Motorschiff »Schwabenland« unter Kapitän Ritscher und mit 2 Dornier-Flugzeugen brachte die Ausbeute von 11600 Luftaufnahmen.

Nach Beendigung des 2. Weltkrieges verschärfte sich der Kampf um Antarktika. Politische und ökonomische Gesichtspunkte traten immer mehr in den Vordergrund. Die Ausnutzung der bisher bekannten Naturreichtümer, das Wissen um die ungeheuren Bodenschätze und der große strategische Wert für Flugzeug- und Raketenstützpunkte erhöhten den Stellenwert von Antarktika in den Berechnungen der imperialistischen Großmächte. Die Gebietsansprüche verschiedener Länder wurden maßlos und überschnitten sich so stark, daß die USA statt einer territorialen Teilung eine »internationale Verwaltung« der Antarktis vorschlugen. Die Sowjetunion wurde trotz ihrer zahlreichen Proteste nicht hinzugezogen. Diese Haltung mußte die USA später korrigieren.

Ein Ereignis von weltumspannender Bedeutung trug zur Aufweichung der verhärteten Fronten des kalten Krieges entscheidend bei: das Internationale Geophysikalische Jahr 1957/58, das auch für die antarktische Forschung eine neue Etappe einleitete. Ein halbes Jahrhundert früher hatte internationale Zusammenarbeit die Antarktisforschung zu nie geahnter Höhe anwachsen lassen. Durch den Beschluß des Internationalen Geographenkongresses 1899 in Berlin wurden fünf Expeditionen, nämlich die des Schweden Nordenskiöld mit der »Antarctic«, des Deutschen von Drygalski mit der »Gauß«, des Schotten Bruce mit der »Scotia«, des Franzosen Charcot mit der »Français« und des Engländers Scott mit der »Discovery«, beauftragt, nach strenger Arbeitsteilung und genau umgrenzten Aufgaben ihre Forschungen zu betreiben. Dazu kamen noch zahlreiche wissenschaftliche Einrichtungen und Stationen, die rund um den Erdball bei dieser ersten

»internationalen meteorologischen und geomagnetischen Kooperation« mitarbeiteten. Antarktika sollte die letzten Geheimnisse preisgeben!

Und nun ein weiterer Großangriff auf den sechsten Kontinent, der bis heute noch andauert: Am 1. Juli 1957, 0.00 Uhr, beginnen fast 10000 Wissenschaftler aus über 40 Ländern ihre Forschungsaufgaben, die unter anderem in der Dauerbeobachtung und -messung der Wetterverhältnisse bestehen. In 57 Observatorien und Beobachtungsstationen, davon sechs sowjetischen, wird auf dem »Tummelplatz der Weltwissenschaft« (Byrd) gearbeitet. Der hohe technische Aufwand bildet die Grundlage für die Errichtung ständiger Forschungsstationen und solcher Pioniertaten wie der Durchquerung des Kontinents und der Eroberung des Geomagnetischen Pols und des Pols der relativen Unzugänglichkeit. Auf Grund der beispielhaften wissenschaftlichen Kooperation während des Internationalen Geophysikalischen Jahres wird 1959 der Antarktisvertrag von den an der Erforschung der Antarktis interessierten Nationen unterzeichnet. Die DDR erklärt 1974 ihren Beitritt. Das Vertragswerk garantiert für 30 Jahre die friedliche wissenschaftliche Forschung durch Staaten mit unterschiedlichen politischen Auffassungen.

Die Koordinierung der einzelnen wissenschaftlichen Vorhaben in der Antarktis wird von dem internationalen wissenschaftlichen Dachverband ICSU (International Council of Scientific Unions) über sein 1961 gebildetes Wissenschaftliches Komitee für Antarktisforschung (Scientific Committee on Antarctic Research = SCAR) vorgenommen. Mitglied dieses Komitees kann jedes Land werden, das sich aktiv an der Antarktisforschung beteiligt. Auch die DDR gehört diesem Gremium an.

Seit 1984 arbeiten etwa 30−35 besetzte Stationen in der Antarktis. Für 1989/90 ist eine internationale Expedition zur Überquerung des Südpols mit Hundeschlitten vorgesehen, die 600 km vom nordöstlichen Kap der antarktischen Halbinsel beginnen und über den Südpol bis zur sowjetischen Station »Mirny« verlaufen soll.

Die DDR-Wissenschaft, deren Aktivitäten in der Polar- und Gletscherforschung von einer Abteilung für Polarforschung am Zentralinstitut für Physik der Erde bei der Akademie der Wissenschaften der DDR koordiniert werden, nahm zum ersten Mal

1959 an einer Antarktisexpedition teil (5. Sowjetische Antarktis-expedition). Die Leitung der Gruppe wurde damals dem Meteorologen Dr. Günter Skeib übertragen. Seitdem war die Teilnahme von DDR-Wissenschaftlern bei den sowjetischen Unternehmungen gesichert.

Die Sowjetunion als eine der führenden Nationen in der Antarktisforschung führt 1989 bereits ihre 34. Expedition durch. Ihre erste Forschungsreise 1955/56 führte zum Aufbau der weltbekannten Beobachtungsstation »Mirny«, von der aus auch die Eroberung des Geomagnetischen Pols und des Pols der relativen Unzugänglichkeit gelangen. Die Leitung und Zentrale der sowjetischen Antarktisexpedition (SAE) hat seit 1971 ihren Sitz auf der Station »Molodjoshnaja« und dirigiert von hier aus die Arbeiten solch großer Unternehmungen wie »Drushnaja 1« mit 150 Wissenschaftlern oder »Drushnaja 2« mit 60 Wissenschaftlern. Nach dem ungewollten Abdriften der Station »Drushnaja 1« auf einem abgebrochenen Eisberg des Schelfeises der Weddell-See wurde 1986 »Drushnaja 3« am Kap Norwegica eingerichtet.

Die DDR erhielt 1976 während ihrer Teilnahme an der 21. SAE auf »Novolasarewskaja« in der Schirmacher-Oase die Möglichkeit, eine eigene Forschungsbasis aufzubauen. Dabei erlangten die Wissenschaftler wichtige Aufschlüsse über die geologischen Strukturen unter dem Eispanzer des Inlandeises. Hatten die Mitglieder der ersten Forschungsgruppen vor allem Strahlungsmessungen und luftchemische Untersuchungen sowie meteorologische Beobachtungen auf der Drygalski-Insel durchgeführt, so wuchs die Komplexität der Aufgabenstellungen in der darauffolgenden Zeit. Zu den Hauptaufgaben gehören nun auch die Anfertigung von geomagnetischen und ionosphärischen Meßreihen, die vertikale Sondierung des Ozongehalts und ein umfangreiches Isotopenprogramm.

Seit dem 1. Juli 1987 betreibt die DDR auf »Novolasarewskaja« die selbständige DDR-Station »Georg Forster«, und im Oktober des gleichen Jahres hat die 1. Antarktische Expedition der DDR begonnen. Gemeinsam mit ihren sowjetischen Fachkollegen lösen auch die Wissenschaftler der DDR so die wissenschaftlichen Probleme der kommenden Jahre und setzen damit die guten Traditionen der deutschen Südpolarforschung fort.